독일 프리미엄 자동차 3사 성공의 비밀

메르세데스벤츠, BMW, 아우디 스토리

독일 프리미엄 자동차 3사 성공의 비밀

메르세데스벤츠, BMW, 아우디 스토리

다니엘 D
(Daniel D)
지음

이담북스

독일 프리미엄 자동차 3사의 성공의 비결

자동차 산업계는 전 세계에서 치열한 각축전을 벌이고 있다. 현대의 자본주의 시대에서 총칼이 없는 전쟁터라고 묘사할 수 있다. 자동차 브랜드들은 자동차를 제작하고 자국과 해외 고객들에게 판매한다. 벌어들인 수익으로 다시 기업의 경쟁력을 향상하고 국가 전체의 경제력을 발전시킨다. 판매된 자동차는 도로를 달리면서 브랜드를 홍보하고 국가의 위상까지도 높인다. 우수한 자동차를 제조하고 판매할 수 있는 국가는 최고의 신뢰성을 담보한다.

자동차는 모든 산업과 기술의 집약체로 평가받는다. 자동차는 그동안 인류의 발이 되고 라이프 패턴에도 영향을 미쳐왔다. 최초 운송수단으로 발명되어 과학기술과 인류의 경제발전에 큰 족적을 남겼다. 이후 성능 향상과 상품성의 보완을 통해 현대에 이르러서는 최고의 가치를 부여하는 상품으로 변모했다. 고객이 차량을 탑승하고 주행하는 순간에 최상의 경험을 제공해야 한다. 고객의 선택지는 증가했고 셀 수 없는 무수한 모델들이 판매되고 있다.

자동차 회사는 팔방미인이 되어야만 한다. 많은 고객들은 모든 방면에서 우수한 브랜드의 상품을 구매하기를 희망한다. 특히나 프리미엄 브랜드는 더욱 높은 기대치를 요구받는다. 기술력, 성능, 상품성, 디자인, 합리적인 가격 등은 차량 구매에 매우 중요한 요소이다. 품질, 신뢰성, 내구성, 안전성은 양보할 수 없는 영역이다. 우리는 이를 충족시키지 못한 회사들이 역사의 뒤안길로 사라진 발자국을 이미 경험해 왔다. 절대 예외는 찾아볼 수 없다.

기업에도 DNA가 존재한다. 최초 창업주의 의지로부터 회사를 경영하고 발전시킨 모든 사람의 노고는 DNA에 각인되었다. 독일 3사는 분명히 고유한 유전자를 남기고 후세로 전달해 왔다. 자동차 산업을 부흥시켰고 후발 주자들에게도 매우 큰 영향을 미쳤다. 이들이 지금껏 펼쳐왔던 전략들은 매우 높은 가치를 지니고 있다. 누구나 흉내 낼 수 있는 성격은 아니며 의지와 역사의 산물이다. 적극적인 실천을 위해서는 고유한 철학과 긍지가 필요하다.

독일 3사는 최고의 기술력을 바탕으로 성장해 왔다. 내연기관 기술과 구동 성능은 성장의 근간이 되었다. 안전과 품질을 집요하게 강조하며 지속적인 발전을 이끌었다. 이들의 성공에는 함께 시장을 이끈 훌륭한 파트너들이 있었다. 함께 고도의 브랜드 전략을 펼치며 상품성을 발전시켰다. 수익성을 극대화하고 마케팅에 집중하여 누구나 원하는 브랜드의 타이틀을 얻었다. 디자인의 중요성을 일찍이 깨닫고 수많은 명작을 도로 위에서 달리게 했다.

독일은 국가 자체가 브랜드가 되었다. 오랜 역사와 문화를 통해 마에스트로라고 불리는 장인정신을 문화로 꽃피웠다. 자본주의 진출이 늦었지만 국가 지원으로 기틀을 닦았다. 2차례 전쟁의 여파를 이겨내고 다시 한번 기술력을 발전시켰다. 다양한 분야에서 최선을 다하는 국민성과 교육정책을 통해 지속적인 성장을 이루었다. 자동차 산업을 국가와 학계 모두 응원하며 협업체계를 구축했다. 변화하는 새로운 산업혁명에서 위너가 되기를 꿈꾼다.

독일 프리미엄 3사도 꽃길만을 걸어온 것은 아니다. 디젤게이트로 인해 독일 자동차 분야는 역사상 최악의 위기를 경험했다. 다양한 규제들을 극복하고 시장의 요구를 만족해야 한다. 최근 탄소 중립을 비롯한 녹색 전환의 질주에는 제동이 걸렸다. 안전과 품질 문제 리스크는 지속적으로 해결해야 할 과제이다. 글로벌 도전자들은 언젠가 이들의 아성을 깨뜨릴 날만을 손꼽아 기다리고 있다. 전통적인 판매 강국인 중국에서도 경쟁력을 위협받고 있다.

앞으로 CASE로 대표되는 변화의 터널을 지나게 될 것이다. 커넥티드, 자율주행, 공유 & 서비스, 전동화는 피할 수 없는 도전이다. 소프트웨어로 대표되는 SDV로의 전환이 가속화되고 있다. 완전자율주행이라는 목표의 달성을 위해서는 장기 레이스가 필요할지 모른다. 공유와 서비스 산업이 발전하고 플랫폼이 모든 것을 흡수하고 있다. 전동화의 전환 과정에서 글로벌 업계 모두 혼선을 경험하고 있다. 기존과 낯선 상황에 다소 어리둥절할지도 모른다.

이들은 100년이 넘는 긴 시간 동안 왕좌를 차지해 왔다. 많은 경쟁자들의 도전이 있었지만 타이틀 방어전을 훌륭하게 잘 이겨냈다. 기업 내부적인 문제들로 예상치 못한 어려움도 찾아왔다. 넘기 힘든 높은 허들임에도 불구하고 여러 차례의 시도를 통해 극복했다. 이들은 오랜 기간 이기는 방법을 잘 익혀왔기 때문에 강자로 평가받는지도 모른다. 다만, 지금까지와는 게임의 룰 자체가 바뀌고 있다. 이제는 지지 않는 방법을 연구해야 할 차례이다.

자동차 업계는 경험하지 못한 국면으로 진입했다. 테슬라가 당긴 트리거는 전기차 시대를 한 단계 앞당겼다. 현대 전기차 시장의 확대는 다소 주춤한 상태로 보인다. 급격한 변화 속에서 한 박자 쉴 틈이 생겼다. 한국, 일본, 미국,

중국 등 각국을 대표하는 선수들이 이미 참전할 태세를 마친 상태이다. 프리미엄 자동차 브랜드들은 새로운 과제에 직면했다. 변화의 장을 맞이하며 그동안 독일 3사의 발전사를 살펴보고 흔적을 뒤쫓아 보려 한다.

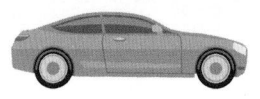

목차

2. 메르세데스, BMW, 아우디의 자동차

3. 메르세데스, BMW, 아우디의 경쟁력

4. 프리미엄 자동차 왕국 독일의 탄생 비결

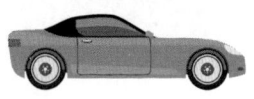

5. 메르세데스, BMW, 아우디,
   그리고 프리미엄 자동차 기업들의 현재와 미래

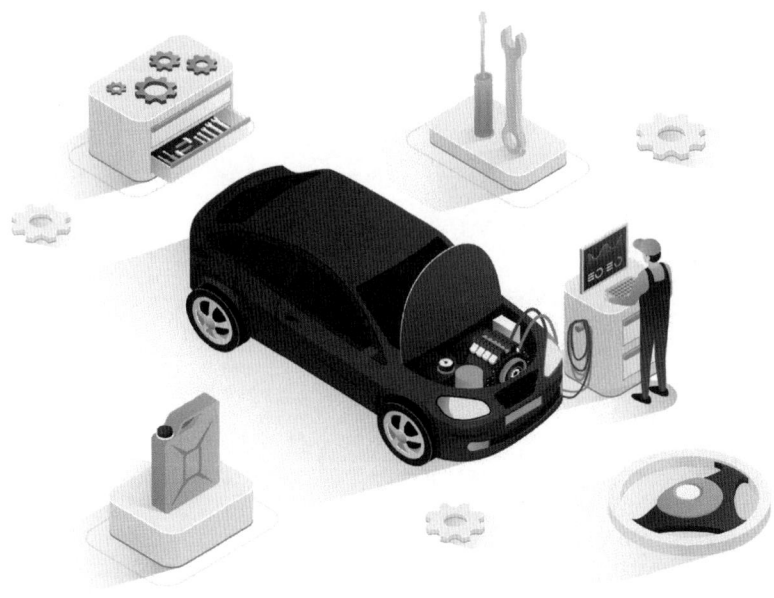

독일 프리미엄 자동차 브랜드

- 메르세데스, BMW, 아우디의 역사와 브랜드

1. 독일 3사의 역사는
전 세계 자동차 역사 그 자체다.

인류의 역사는 바로 이동의 역사이다. 수천 년간 인류는 이동의 효율성을 높이기를 갈망했다. 이동에 대한 욕구는 문명을 발전시키는 원동력이 되었다. 생존을 목적으로 하는 식량의 수렵과 채취를 위한 이동은 필수적이었다. 도구가 발명된 이후에는 수많은 물품을 이동해야 했다. 사람이 직접 물건을 들고 장거리를 움직이는 것은 너무나 어렵고 비효율적이었다. 따라서 역사상 가장 혁신적이고 영향도가 높은 발명품 중 하나는 바퀴로 평가받는다.

바퀴는 회전 운동을 직선 운동으로 변환시켜 주는 도구이다. 수레에 최초로 적용되어 중량물을 운송하는 데 편리함을 제공했다. 수레를 원하는 방향으로 이동하기 위해서는 인간의 힘이 필요했다. 효율성을 추가적으로 향상하기 위해 말이나 소와 같은 동물의 힘을 활용했다. 인간이나 동물의 힘을 투입하지 않고 기계식 이동 수단이 등장하기까지는 수천 년이라는 세월이 필요했다. 반대로 기계식 이동 수단을 사용한 기간은 고작 300년 정도 수준이다.

[사진 - 바퀴]　　　　　　　　　[사진 - 수레]

　18~19세기, 영국에서 시작된 산업혁명은 유럽 전역에 수많은 공작기계를 공급했다. 산업화는 당시 사회적, 경제적 큰 변혁을 이끌었다. 우리는 현시대의 4차 산업혁명을 통해 당시를 이해할 수 있다. 산업이 발전되는 과정에서 이를 선도하는 사람들과 특정한 계기들이 있었다. 증기터빈, 전기, 가스, 화석 연료 등 수많은 동력원들이 대표 주자로 등장했다. 100년이 넘는 시간 동안 인간의 기동력을 극대화한 수단은 바로 내연기관이라 할 수 있다.

　1886년 독일의 카를 벤츠는 자기 동력으로 움직이는 내연기관을 적용한 자동차를 최초로 세상에 선보였다. 이 삼륜 차량은 현재 전 세계 최초의 가솔린 엔진 구동 자동차로 인정받았다. 전 세계 자동차의 이야기는 이때부터 시작되었다고 할 수 있다. 기술의 발명은 현존하는 기술에 새로운 아이디어가 더해져 보완되고 발전되는 형태로 지속적으로 진화되었다. 자동차라는 위대한 발명품은 인류가 살아가는 패러다임을 보다 진보적으로 변화시켰다.

　산업 초창기 유럽 귀족들에게 자동차는 예술 작품과 같은 사치품이었다. 다른 관점에서 구시대 마차보다 더욱 빠르고 신뢰성이 있는 이동 수단이었다. 자동차는 사치품과 이동 수단이라는 두 가지 성격을 가졌다. 차량이라는 상품에 대해 고객들의 기대는 더욱 높아졌다. 자동차 브랜드들은 고객에게 주행성뿐만 아니라 승차감과 고급스러움을 제공하고자 끊임없이 노력했다. 차량 시스템의 기술개발과 모터스포츠를 통한 내구 한계성에 발전이 이어졌다.

[사진 - 1886년 페이턴트 모터바겐 / 출처 - 메르세데스벤츠코리아]

독일의 엔지니어인 아우구스트 호르히는 1901년 쾰른 지역에서 호르히라는 회사를 창립했다. 그는 자신이 만든 호르히를 떠나 1909년에는 아우디라는 이름의 두 번째 회사를 만들었다. 아우디는 당시 모터스포츠에서 큰 족적을 남겼다. 이후 경제 대공황을 거치고 1932년 작센 지방의 4개의 회사들이 아우토 우니온이라는 이름으로 연합한다. 제2차 세계대전을 극복하고 최종적으로 폭스바겐 그룹에 인수되어 현재 기술력으로 대표되는 아우디가 되었다.

자동차는 기존의 세상에 없던 혁신적인 발명품이다. 1908년 미국의 헨리 포드가 컨베이어벨트 시스템을 도입하여 대량생산을 시작했다. 기술의 혜택이 집중된 소수에게서 대중에게 확대되었다. 이것은 변화와 변혁의 상징이었다. 사업가와 자본가는 부를 축적했고 대중은 저렴한 가격에 편리를 이용했다. 자본주의에 특화된 상품은 평등하게 제공된 서비스였다. 일자리를 창출하고 경제가 발전하며 산업, 무역, 문화 등에도 큰 파급효과를 가져왔다.

[사진 – 호르히 엠블럼 / 출처 – 아우디코리아]

때때로 기술은 산업 간의 경계를 무너뜨리며 발전한다. 항공 산업이 호황이었던 1911년 구스타프 오토는 독일 뮌헨 근교에서 항공기 공장을 세웠다. 이후 바이에른 엔진 공장인 BMW로 재편되고 카를 랍의 항공기용 엔진 회사와 합병한다. 이 회사는 모터사이클, 자동차의 순으로 사업을 확장했다. 독일이 제2차 세계대전에서 패전한 후 1950년대에는 파산 지경까지 이르렀다. 이를 극복하고 화려하게 부활한 후 세계적인 브랜드로 재탄생했다.

최초 자동차를 발명한 독일뿐 아니라 유럽의 자동차 브랜드들은 함께 성장했다. 프랑스, 이탈리아, 영국 등 서유럽을 중심으로 산업은 확대되었다. 차량의 생산량이 증가하며 경쟁 또한 치열했으며 차량 개발을 위한 노력이 이어졌다. 다만, 많은 기업들이 2차례의 전쟁과 대공황의 파도를 넘지 못했다. 질주를 멈추고 역사 속으로 사라졌고 대중들의 기억 속에서도 함께 사라졌다. 치열했던 경쟁 속에서 발전한 기술력은 현재 산업의 초석이 되었다.

[사진 – 1913년 오토 베르케 / 출처 – BMW코리아]

제2차 세계대전 이후 유럽의 놀라운 기술력과 북미에서 집대성한 생산력에 힘입어 자동차 산업은 전 세계에서 꽃을 피웠다. 디자인과 성능 등 다방면에서 명작이라고 일컬어지는 수많은 자동차 모델이 탄생했다. 기술의 발전과 보급화와 동시에 자동차는 안전성과 연비, 환경 등 많은 문제와 직면하게 된다. 고객의 안전을 위해 에어백 등 각종 안전 관련 편의장치들이 개발되었다. 전 세계적인 석유 파동을 겪으며 연비와 경제성에 대한 요구도 증가했다.

유럽과 북미 – 양 대륙은 역사와 전통에 힘입어 글로벌 자동차 시장을 지배했다. 석유 파동의 혼란을 틈타 후발 주자인 일본이 자동차 산업 전쟁에 참전했다. 1970~1980년대 누 차례에 걸친 석유 파동은 차량의 효율성을 강조했다. 일본 차량은 가격이 저렴하지만 연비와 품질이 우수하다는 평가를 받왔다. 북미 시장에서의 성공으로부터 글로벌 시장에 일본 차량의 명성을 이어나갔다. 이어서 도요타 그룹은 세계 최고 판매량을 자랑하게 되었다.

자동차 산업의 바람은 일본 열도를 넘어 아시아 대륙까지 상륙했다. 한국의 자동차 기업은 출발은 늦었지만 실용성을 중심으로 품질을 강화하는 전략을 펼쳤다. 자체 기술력을 발전시키고 글로벌 각지에 상품군을 특화했다. 우수한 현지화 전략을 통해서 시장 점유율을 확대하고 단기간 급격한 성장을 이루었다. 유례없는 발전 속도는 전 세계인을 놀라게 했다. 현대자동차그룹의 제네시스 브랜드는 럭셔리 자동차 시장에도 존재감을 키워가고 있다.

그 뒤를 중국과 인도가 맹렬히 뒤따르고 있다. 전 세계 1, 2위 인구의 두 나라는 전통적인 시장에서 새로운 도전자가 되고자 한다. 독일에서 시작한 자동차 이야기는 지난 130여 년의 역사를 거쳐 지구를 한 바퀴 돌았다. 우주의 관점에서 어쩌면 지구가 130번 태양을 공전하는 찰나의 순간일지 모른다. 수많은 자동차 기업들의 발전과 흥망성쇠를 거쳐서 현재에 이르렀다. 자기 동력원을 이용하여 바퀴를 굴리는 자동차의 본질은 변함없이 유지되었다.

그동안 자동차는 기계산업의 꽃이었다. 기계 부품을 안정적으로 조립하고 에너지를 동력원까지 효율적으로 전달하는 방향으로 발전했다. 현재는 전자, 전기, 화학 등 다양한 분야의 산업이 융합하는 방향으로 진화했다. 고객이 자동차에 기대하는 수준은 계속 높아지고 있다. 자동차 메이커들은 안전성, 내구성, 신뢰성, 효율성, 경제성 등 모든 측면에서 제품의 성능을 향상해 왔다. 미적인 요소를 비롯하여 다양한 상품성까지 지속적으로 발전했다.

기술력은 상향평준화 되었고 차별성을 부여하기 어려운 시대에 진입했다. 세상은 기존의 이동 수단을 넘어서 새로운 모빌리티의 정의를 내리고 있다. 향후 전개될 전동화 시대에서는 이미 새로운 경쟁이 예고되고 있다. 아니, 전동화 패권을 차지하기 위한 변화는 이미 많은 진행이 이루어졌다. 글로벌 메이커들뿐만 아니라 각국의 정부에서도 시장을 예의 주시하고 있다. 또한, 항공 모빌리티 및 로보틱스 산업도 새로운 모빌리티의 형태가 될 전망이다.

인류의 역사와 함께 자동차 산업은 깊은 바큇자국을 남겨왔다. 독일 자동차는 그 역사의 시작부터 현재까지 궤를 같이했다. 내연기관과 자동차를 최초로 세계에 등장시켜 이동이라는 단어의 정의를 새로이 내렸다. 시대의 흐름에 발맞추어 기술력을 증대했고 안전성과 편의성을 함께 발전시켰다. 각종 규제와 고객의 요구사항을 충족시켜 지속적으로 차량을 판매했다. 프리미엄 이미지를 견고하게 구축했고 경쟁자들의 끊임없는 도전도 극복하고 있다.

자동차 산업은 지난 1막을 종료하고 새로운 막을 열 준비를 하고 있다. 기존의 강자들이 우위를 유지할 것인가? 독일, 한국, 일본, 미국, 중국 등 주요 자동차 강국을 중심으로 경쟁은 지속적으로 이어지고 있다. 아니면 또 다른 게임 체인저가 전체의 판도를 뒤엎을 것인가? 전동화 시대로의 전환이 진행됨과 동시에 새로운 모빌리티의 개념이 치열하게 고민을 이끌어왔다. 자동차가 이동 수단이라는 기존의 틀은 유지하고 있지만 게임의 룰이 바뀌었다.

누구도 미래를 장담할 수 없는 변화의 시대이다. 하지만 완전히 새로운 개념이 창출되는 것이 아니다. 기존에 인류가 쌓아놓은 기틀 위에 새로운 패러다임이 대체되는 과정이다. 독일 프리미엄 브랜드 메르세데스-벤츠, BMW,

아우디의 이해를 통해 자동차 산업의 트렌드를 읽을 수 있다. 그들은 자동차 사에 큰 족적을 남겼을 뿐만 아니라 그들의 위치를 견고하게 유지하고 있다. 남겨진 바큇자국을 따라가는 과정에서 성공의 비결을 알아보고자 한다.

2. 독일 3사 브랜드의 발전사를 알면 그들을 이해할 수 있다.

[메르세데스-벤츠]

카를 벤츠가 창립한 독일 자동차 기업인 메르세데스-벤츠는 프리미엄 브랜드로 명성을 이어오고 있다. 이들이 걸어온 길은 자동차 역사 그 자체라고 볼 수 있다. 전 세계 자동차 브랜드는 각각의 역사와 상품, 기술력, 시장을 가지고 있다. 다만, 메르세데스는 이름 하나로 전체 자동차 산업을 설명하고 이해할 수 있다. 특히, 자동차를 최초로 발명하고 아직도 최고의 자리를 유지하고 있다. 이는 전체 역사를 대표한다고 말해도 부족함이 없을 것이다.

메르세데스-벤츠는 내연기관과 자동차 산업을 이끈 두 명의 독일인 엔지니어 고틀리프 다임러와 카를 벤츠의 회사가 합병하여 탄생한 브랜드이다. 1886년 카를 벤츠는 세계 최초로 페이턴트 모터바겐의 특허를 인정받았다. 단기통 4행정 내연기관의 의자와 핸들이 장착된 3륜차가 도로를 달렸다. 1883년 킨슈터트 지방에서 고틀리프 디임러는 휘발유를 동력으로 한 내연기관을 개발했다. 1886년 엔진 위에 마차를 얹어 내연기관 기반의 4륜 자동차를 만들었다. 특허 출원이 되지 않아 세계 최초 자동차라는 타이틀은 카를 벤츠에게 돌아갔다.

[사진 – 고틀리프 다임러와 카를 벤츠 / 출처 – 메르세데스벤츠코리아]

카를 벤츠는 슈투트가르트 서쪽 80km에 떨어진 칼스루에라는 도시에서 출생하여 기계공학을 전공했다. 이후 만하임으로 이사하여 최초 강철 판금 회사를 시작하여 대형 엔진부터 배터리 시동, 점화 플러그, 속도 조절 시스템, 기화기, 클러치, 기어 시스템, 수랭식 라디에이터 등 현대 자동차에서 사용 중인 대부분의 시스템을 발명했다. 카를 벤츠의 열정과 기술력으로 페이턴트 모터바겐이 세상에 등장했다. 그의 아내인 베르타 벤츠의 역할도 중요했다.

1888년 베르타 벤츠가 페이턴트 모터바겐을 이용하여 최초로 장거리 운행을 성공했다. 만하임에서 100km 남쪽에 떨어진 친정까지 두 아들을 태우고 운전을 했다. 정비된 도로나 주요소도 없었다. 차량이 고장 나면 직접 수리를 하고 연료는 인근 약국에서 석유 용제를 구입하여 보충했다. 보수적인 독일 사회에서 여성의 자동차 장거리 여행 모습을 대중에게 선보였다. 시민들과 언론의 관심을 이끌어낸 뛰어난 마케팅의 결과물로 해석 가능하다.

최초의 양산형 자동차 벨로(Velo, Velociped 약어)는 1894년 출시되었다. 단기통 엔진의 280kg의 경량 차로 카를 벤츠 조향 차축으로 개발된 4바퀴 차량이다. 독일 및 유럽에서 1902년까지 총 1,200대가 판매되었다. 다임러사(DMG)는 1901년에 35마력을 의미하는 35HP라는 모델을 출시했다. 프레스 강판으로 차대를 만들고 전방부 라디에이터 뒤쪽에 엔진을 배치했다. 이사 에믹 옐리넥의 막내딸 이름인 메르세데스가 브랜드의 이름으로 최초로 사용되기도 했다.

격동의 제1차 세계대전 기간 중 다임러와 벤츠는 독일 군용 차량을 제작했다. 모터스포츠 경기에 참여하며 속도 경쟁을 하는 과정에서 독자적인 기술력을 발전시켰다. 이후 독일에 불어닥친 경기 불황은 인플레이션과 실업률을 높였다. 많은 기업들이 무너지거나 합작하는 과정에서 숙적이었던 다임러와 벤츠는 1926년 다임러-벤츠AG로 합병했다. 또한, 다임러의 브랜드인 메르세데스와 벤츠사의 이름을 합쳐 메르세데스-벤츠라는 브랜드를 최초로 출범했다.

제2차 세계대전 기간 군용 목적으로 차량을 지원했다. 이때 생산시설의 80% 수준이 파괴되는 아픔을 겪었다. 이후 패전국인 독일에서는 국가 재건을 위해 상용차 개발을 진행했다. 승용차 생산을 다시 시작하고 1958년대까지 10만 대 이상을 생산했다. 자동차 산업의 시조로서 오랜 역사와 함께 나양한 원천 기술을 확보했다. 오랜 기간 브랜드가 쌓아 올린 품질의 신뢰도와 고유한 헤리티지를 통해 최고의 자리를 지키고 있다.

독일 프리미엄 3사가 같은 그룹사에 속할 뻔했다면 믿을 수 있겠는가? 메르세데스-벤츠는 사업 영역을 확장하기 위해 BMW는 인수계획까지 추진한 바 있다. 물론 최종 소유권은 크반트 가문에게 돌아갔지만 말이다. 아우디의 전신인 아우토 우니온을 1958년 인수 후 재미를 보지 못하고 1964년에 폭스바겐에 판매했다. 역사에 가정은 없다. 그러나 독일 3사는 각자 다른 영역에서 경쟁하고 발전했기 때문에 함께 성장할 수 있었다고 추측된다.

현재 프리미엄 자동차 브랜드인 메르세데스-벤츠는 승용차량인 소형 A 클래스부터 고급형 S 클래스, 고성능 AMG, 럭셔리 브랜드 마이바흐, 전기차 브랜드인 EQ까지 현재까지 최고의 자동차라는 명성을 유지하고 있다. 그러나 내연기관 시대가 저물고 있고 자동차 산업의 패러다임이 바뀌고 있다. 철옹성같이 단단하던 내연기관 시장의 진입장벽에 금이 가기 시작했다. 내연기관의 챔피언은 도전자들을 물리치고 계속하여 왕좌를 유지할 수 있을까?

[BMW]

메르세데스-벤츠와 함께 BMW는 프리미엄 브랜드의 선두 주자로 알려졌다. 독일 산업 도시로 유명한 바이에른주의 주도 뮌헨에 위치한 자동차 회사이다. 독일명으로 바이에리셰 모토렌 베르케(Bayerische Motoren Werke)로 불린다. 항공기 엔진으로 시작한 이 회사는 현재 프리미엄 자동차와 모터사이클을 생산한다. 콩팥 모양의 키드니 그릴과 프로펠러 모양의 엠블럼은 많은 이들의 가슴을 뛰게 한다. BMW는 현재 스포츠 세단 분야를 선도한다.

1911년 독일에서는 항공 산업이 발전했다. 가솔린 엔진의 선구자인 니콜라우스 오토의 아들 구스타프 오토가 독일 뮌헨 근교 항공기 공장인 바이에른 항공기 공업(Bayerische Flugzeug-Werke, 약칭 BFW)을 창립했다. 2년 뒤인 1913년에 카를 라프가 근방에서 항공기용 엔진 제작회사인 라프 엔진 공업(Rapp Moteren Werke, 약칭 RMW)을 세운다. 프란츠 요세 포프와 막스 프리츠가 1916년 RMW를 인수했다. 이듬해인 1917년 바이에른 원동기 공업사(Bayerische Motoren Werke)의 약칭인 BMW로 사명을 변경했다.

1918년 제1차 세계대전이 끝났다. 패전국이었던 독일은 베르사유 조약에 의해 1920년대 중반까지 항공기 및 엔진을 생산할 수 없었다. 1922년 BMW와 BFW는 합병하였고 그간 양사가 집중했던 모터사이클 분야를 확장하게 된다. 포프는 막스 프리츠에게 오토바이 설계를 지시했다. 좌우배치형 수평대향 2기통 엔진 탑재 방식을 적용한 첫 프리미엄 오토바이 R32가 모습을 드러냈다. 항공기 산업에서 축적한 기술력이 모터사이클 분야에서 꽃을 피웠다.

1929년 BMW에서는 오스틴 세븐을 라이선스 생산하는 딕시사를 인수했다. 이후 본격적으로 자동차 생산을 시작하면서 자동차 기업으로 재탄생한다. 그리고 1934년 베를린 모터쇼에서 차량 전면에 2개의 콩팥 모양의 키드니 그릴을 최초로 적용한 303을 신규 모델로 출시했다. 이를 시작으로 키드니 그릴을 장착한 차량들이 약 100여 년에 가까운 시간 동안 도로를 질주했다. 유행에 휩쓸리지 않고 전통을 중시하는 기업 문화가 이어진 것이다. 이러한 뚝심에서 비롯한 고유의 철학은 전 세계 자동차 브랜드들에게도 많은 시사점을 남겼다.

[사진 – BMW 303 / 출처 – BMW historic motor club]

제2차 세계대전 당시 BMW는 독일 정부에 항공기, 자동차, 모터사이클을 납품했다. 전쟁이 끝나고 연합국에 의하여 전범기업으로 판정을 받았다. 전쟁 기간 동안 공장은 폭격으로 타격을 입었으며 3년간 생산 금지 명령을 받았다. 패전 이후 회사는 동서로 분할되었다. 서부에 위치한 뮌헨 공장은 모터사이클을 전문 생산했다. 동부 아이제나흐 공장은 소련군에 점령되어 EMW라는 이름으로 자동차 및 모터사이클을 생산했다. 1951년 501을 포함한 고급차량들은 메르세데스에 밀리며 1959년 파산 직전에 이르렀다.

분할 매각 및 메르세데스와의 합병이 검토되었다. 소액주주들은 바이에른의 자존심인 BMW를 경쟁사에 매각하는 것을 반대했다. 1962년 헤르베르트 크반트 가문에서 BMW의 주식을 과반 확보했다. 폰 퀸하임, 파울 하네만 등 유능한 경영진을 투입하여 결국 회사를 회생시켰다. 1972년 고급 중형차의 대표인 5시리즈, 1975년 3시리즈, 1977년 7시리즈 등을 출시했다. 1994년 로버 그룹 인수로 재정이 붕괴될 때까지 40여 년 연속 흑자를 냈다.

BMW는 환경 규제 및 오일 쇼크 등의 수많은 어려움을 극복했다. 로버 그룹 인수는 큰 실책으로 평가받고 결국 재매각을 진행했다. 당시 가치가 높았던 미니를 브랜드로 내세웠다. 랜드로버가 가지고 있었던 기술력을 통해 X시리즈의 SUV 분야에도 진출했다. 1998년 롤스로이스까지 인수하며 다양한 자동차 브랜드군을 형성했다. 전기차 브랜드인 I시리즈, 고성능 시리즈인 M 시리즈 등 기본기에 충실했다. 명확한 콘셉트로 사랑받는 브랜드이다.

[아우디]

독일 프리미엄 자동차 브랜드 트로이카의 마지막 회사 – 아우디이다. 아우디는 폭스바겐 그룹을 대표하는 프리미엄 자동차 제조사이다. 독일 프리미엄 브랜드 3사 중에서 가장 후발 주자이다. 프리미엄의 이미지가 메르세데스-벤츠와 BMW와 대비하여 상대적으로 약할지 모른다. 이를 극복하기 위해 혁신과 개척을 기반으로 한 우수한 기술력으로 또 다른 입지를 형성했다. BMW가 있는 바이에른주 내의 잉골슈타트에 본사가 위치해 있다. 영화 '아이언맨'에서 토니 스타크의 애마로 아우디의 R8이 등장하여 한 차례 더 유명해진 바 있다.

아우디의 창립자는 아우구스트 호르히 박사이다. 1896년에 카를 벤츠의 회사에서 근무했고 카레이서로도 활동하여 우승한 경력이 있었다. 1901년 호르히 박사가 츠비카우에 설립한 호르히 엔 시에(Horch & Cie)에서 아우디의 역사가 시작됐다. 엔지니어 성향이 강했던 호르히는 경영진과의 불화로 1909년 자신이 만든 회사를 떠난다. 새 회사에서 동일한 회사명을 사용할 수 없어 동일한 뜻의 라틴어 어원인 아우디를 사명으로 채택했다.

호르히는 모터스포츠라는 스피드를 다투는 게임이 마케팅에서 높은 가치를 지녔다는 것을 일찍이 깨달았다. 여러 자동차 경주에 전략적으로 회사의 차량을 출전시켰다. 1910년대 초반 알루미늄 차체의 3,560cc의 C모델들은 장거리 경주 다수에서 우승을 차지하고 두각을 드러냈다. 아우디를 이끌던 호르히는 제1차 세계대전에서 경제 관료로 발탁되어 회사를 떠났다. 기술력 중심으로 성장하던 회사는 정체되었고 다시 한번 침체기를 경험하게 된다.

1928년 덴마크 출신인 요르겐 스크프트 라수므센이 아우디의 지분을 취득했다. 그는 1916년에 독일 작센 지방에서 증기기관을 도입하여 데카베(DKB)라는 회사를 창립했다. 증기기관자동차(Dampf-Kraft-Wagen)라는 뜻이다. 중량이 낮은 내연기관 차량의 개발을 위해 생산공장이 필요했다. 투자자인 작센 주립은행과 함께 아우디를 인수한다. 1930년대 초반 경제불황 속에서 아우디, 데카베, 호르히, 반더러 – 4개 자동차 브랜드들은 아우토-우니온으로 합병된다.

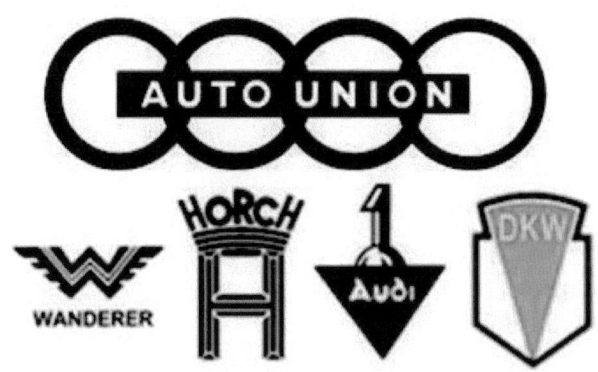

[사진 – 아우토 우니온 / 출처 – 아우디코리아]

아우토-우니온은 모터스포츠에서 두각을 드러냈다. 엔진을 운전석 뒤쪽에 배치한 뒷바퀴 굴림 방식 – 후륜 구동 차량은 유럽 각지 경주에서 높은 성적을 거두었다. 은색 차체를 이용한 이 압도적인 차량은 실버 애로우라는 별칭이 붙여졌다. 아우토-우니온은 기존에 병합한 4개 회사를 각각 다른 가격대와 성능으로 개발하는 전략을 펼친다. 저가의 데카베, 중간급의 아우디와 반더러, 최상급의 호르히 등을 통해 독일 자동차 시장에서 실력을 발휘했다.

1940년대에는 군용 차량 생산체제에 돌입한다. 제2차 세계대전 이후 아우토-우니온 그룹이 소재한 작센 지방은 동독 지역에서 소련의 통제하에 놓였다. 지속적으로 실적은 부진했고 모터사이클, 부품 등을 생산했지만 회복에는 한계가 있었다. 1958년에는 메르세데스-벤츠에 지분이 모두 인수되지만 실적은 기대에 미치지 못했다. 1964년에 폭스바겐으로 매각되었고 1969년 NSU와 합병하며 현재의 아우디라는 브랜드가 탄생하게 된다.

4기통과 6기통 엔진의 장점만을 뽑아 만든 5기통 엔진은 아우디의 상징이 되었다. 아우디만의 고유한 4륜 구동 방식인 콰트로 기술로 현재 세단인 A시리즈, SUV Q시리즈, R시리즈 등을 모두 성공시켰다. 전기차 e-트론 등 신기술 개발에도 투자를 아끼지 않고 있다. 기술력과 철저한 엔지니어링 중심의 브랜드는 고유의 마니아층을 형성했다. 창업자였던 호르히 박사가 생각했던 기술력을 강조하는 프리미엄 브랜드로 계속해서 성장을 멈추지 않고 있다.

3. 독일 3사 브랜드별 특징과 핵심 슬로건은 무엇인가.

브랜드라는 단어의 어원은 "불에 달구어 지지다", "화인하다"라는 뜻이다. 노르웨이의 고어인 "Brandr"에서 유래되었다. 사전적 의미는 "사업자가 자기 상품에 대하여 경쟁업체의 것과 구별하기 위해 사용하는 기호, 문자, 도형 따위의 일정한 표지"이다. 독일 3사가 가진 브랜드의 힘은 실로 강력하다. 깊은 역사와 특유의 헤리티지를 통한 품질에 대한 신뢰도를 나타낸다. 이는 결국 차량의 판매와 높은 영업이익까지 연결하는 강력한 무기이다.

[브랜드 명칭]

자동차 브랜드 이름에는 고유한 뜻과 역사가 담겨 있다. 크게 창업자의 이름, 기업의 설립 배경, 브랜드의 포부, 지명, 약어 등 다양한 의미를 반영한다.

메르세데스-벤츠는 창업주인 카를 벤츠와 다임러 이사 에밀 옐리넥의 막내딸 메르세데스의 이름을 합친 브랜드명이다. 1926년 고틀리프 다임러의 다임러사와 카를 벤츠의 벤츠사가 합병했다. 다임러-벤츠AG로 통합하고 현재 메르세데스-벤츠라고 널리 불린다. 메르세데스(Mercedes)는 스페인어로 우아함을 의미하고 해외에서 더욱 많이 불리는 이름이다. 1900년대에 다임러에서 출시한 35HP라는 차량에서 이어진 역사를 지니고 있다.

BMW는 Bayerische Motoren Werke의 약자로 바이에른 자동차 공업사라는 의미이다. 항공기 엔진 제작사로 출범하여 프란츠 요세프 포프와 막스 프리츠에게 인수된다. 1917년부터 BMW라는 이름으로 불렸다. 회사 이름에도 사용된 바이에른은 독일 남부에 위치한 주이다. 본사는 바이에른의 주도인 뮌헨에 있다. 독일 연방에서 2번째 경제 규모를 자랑하는 경제 핵심 도시이다. BMW와 아우디, 지멘스, 알리안츠, 인피니온, 아디다스 등이 위치해 있다.

아우디는 최초 창립자 아우구스트 호르히 박사가 작명했다. 1969년 폭스바겐 그룹에서 아우토 우니온과 NSU사와 합병하면서 사용되고 있다. 호르히 박사는 본인의 성을 사용한 '호르히'라는 자동차 업체를 설립했지만 상표법 문제로 회사 이름을 새로 지었다. 본인의 성인 호르히가 독일어로 '듣다'라는 의미의 horchen과 유사하였고 라틴어 격언인 '아우디 알테람 파르템'(다른 쪽 의견을 들으라)에서 착안하여 신규 회사 이름을 아우디로 사용했다.

[브랜드 엠블럼]

대다수의 산업 브랜드는 회사를 상징하는 엠블럼 디자인을 가지고 있다. 고유한 엠블럼 내에 자신들의 스토리와 정체성을 담아 회사의 얼굴로 내세운다. 차량의 얼굴인 라디에이터 그릴이나 엔진 보닛 전면에 엠블럼을 부착한다. 차량 곳곳에 엠블럼을 볼 수 있으며 이는 곧 브랜드의 이름이다. 회사 고유 이미지를 고급스럽게 표출하는 역할을 지녔다. 프리미엄 브랜드의 엠블럼은 제품의 신뢰성에 대한 보증이며 구매의 목적이자 이유가 되기도 한다.

메르세데스-벤츠의 엠블럼은 둥근 원 안에 세 꼭짓점을 가리키는 삼각별 모양으로 대표된다. 각각 땅, 바다, 하늘을 가리키고 있고 각 분야에서 최고가 되고자 하는 브랜드의 목표가 내재되었다. 제2차 세계대전 당시 자동차나 전차, 비행선, 전투기, 잠수정 등에 사용되는 엔진을 제작하였다. 여기에서 모든 이동 수단을 대표하는 브랜드가 거듭난다는 강한 의지를 엿볼 수 있다. 이러한 의미를 배제하더라도 디자인적으로 안정감 있으면서 심플한 특징을 가진다.

[사진 – 메르세데스–벤츠 엠블럼 / 출처 – 메르세데스벤츠코리아]

DMG와 벤츠사가 합병 시 삼각별을 중심으로 월계수가 둘러싼 원형 엠블럼을 사용했다. 현재는 텍스트와 월계수를 빼고 단순하게 삼각별과 원으로만 구성된 엠블럼을 사용 중이다. 심플한 형태의 엠블럼은 단순한 듯 보이지만 보유하고 있는 위력은 대단하다. 글로벌 브랜드 컨설팅사인 '인터브랜드'에서 2024년 선정한 글로벌 100대 브랜드에서 전체 8위, 프리미엄 자동차 1위의 자리에서 삼각별 모양의 엠블럼을 발견할 수 있다.

BMW의 엠블럼은 바이에른주 깃발의 상징을 차용했다. 푸른색과 흰색을 기초로 디자인되어 주의 특성이 반영됐다. 푸른 하늘에서 프로펠러가 돌아가는 것을 묘사했다는 설도 존재한다. 시각적인 효과가 우수하여 브랜드 홍보에서 최초 사용되었다는 이야기도 있다. 독특한 색상을 사용한 엠블럼 디자인은 고객의 이목을 끌기에 충분하다. 수석 디자이너 크리스 뱅글은 작은 요소로 보일 수 있는 엠블럼이 브랜드의 수익성에 큰 영향을 미친다고 했다.

2020년부터는 23년간 사용해 오던 기존 엠블럼을 보다 심플하고 젊은 감각으로 변경했다. 최근 자동차 엠블럼의 트렌드는 곡률과 음영 등 입체감을 주기 위한 요소를 포기하고 있다. 기존에 볼륨감이 있었던 3D에서 2D 형태로 변화를 주고 있다. BMW는 푸른색과 흰색의 그러데이션 효과를 제거하였고 최외곽 테두리의 검은색을 없애 무색 처리하였다. 기존 내연기관 중심의 틀에서 벗어나 e-Mobility에 발맞추려는 자세를 엿볼 수 있다.

[사진 – BMW 엠블럼 / 출처 – BMW코리아]

아우디의 엠블럼은 4개의 원이 서로 교차되어 연결되어 있는 형태이다. 비교적 심플하면서도 입체감이 있는 구조이다. 전신인 아우토 우니온은 1932년 작센주의 4개 회사가 합병한 기업이다. 현재 아우디 엠블럼의 4개의 원은 순서대로 아우디, 데카베, 호르히, 반더러를 상징한다. 회사 간의 결속력을 의미하기 위해 각 원이 고리처럼 교차되어 있다. 최초 아우토 우니온이 출범하였을 때는 각 회사의 기존 로고를 모두 사용했다. 이후 각 회사의 로고가 삭제되고 가운데 AUTO UNION이라는 문구가 표기되었다.

폭스바겐 그룹으로 인수가 된 후 문구가 삭제되고 음영이 있는 4개의 원만 남게 되었다. 계속하여 심플한 구조로 엠블럼이 진화되었고 현재는 음영이 사라진 검은색 원으로 대체가 되었다. 테두리만 남겨놓는 구름 모양의 형태가 독일과 미국에서 특허 출원되었다. 향후 이 구름 모양의 엠블럼을 도로위에서 볼 수 있을지 모른다. 다섯 개의 원이 겹친 올림픽 오륜기와 유사한형태로 착각되기도 한다. 실제 올림픽 추진 위원회에서 아우디 엠블럼에 소송까지 진행한 에피소드까지 있다.

[사진 – 아우디 엠블럼 / 출처 – 아우디코리아]

[핵심 슬로건]

차량을 구입하는 고객에게 브랜드를 설명하는 것은 언제나 제조사에는 큰 숙제이다. 단순하게 브랜드의 이름과 로고만으로 전체를 설명하기는 어렵다. 따라서, 많은 자동차 브랜드에서는 정체성을 나타낼 수 있는 짧은 함축적인 슬로건을 사용한다. 이러한 방법을 통해 기업의 목표, 상품성, 이미지를 고객에게 효과적으로 전달이 가능하다. 짧은 한 문장 안에 모든 것을 압축하기는 어렵다. 독일 3사는 각자 나아가고자 하는 방향을 정확하게 제시한다.

메르세데스-벤츠 - 최고가 아니면 만들지 않는다. (The best or nothing)

메르세데스-벤츠는 전 세계를 통틀어 가장 오랜 역사를 지닌 자동차 브랜드이다. 130여 년간 최고의 브랜드라는 명성을 놓치지 않는 메르세데스의 장인정신을 엿볼 수 있다. 앞서 엠블럼에서도 확인할 수 있었던 것처럼 모든 제품에서 최고를 지향한다. 물론 이러한 슬로건을 사용하기 위해서는 충분한 근거가 필요하다. 기술력을 뛰어넘는 정신적인 가치를 느낄 수 있는 슬로건으로 평가받는다. 현재까지도 브랜드의 이름과 함께 소개되는 슬로건이다.

BMW - 진정한 드라이빙의 즐거움, 궁극의 드라이빙 머신 (Sheer Driving pleasure, The Ultimate Driving Machine)

BMW의 전 사장 라이츨레는 BMW를 지금과 같은 성공으로 이끈 요인은 일관성에 있다고 이야기했다. 메르세데스-벤츠를 따라잡기 위해 회사의 본질에 집중하고 더욱 발전시켰다. 디자인에서 매우 현대적이며 드라이빙에서 재미가 있었다. 엔진과 섀시가 훌륭한 엔지니어링 위주의 회사였다. 1974년 미국의 아미라티 & 퓨리티는 핸들링과 운전의 즐거움을 강조하여 최고의 드라이빙 머신이라는 카피로 전 세계 드라이버들의 심장을 뜨겁게 했다.

아우디 – 기술을 통한 진보 (Vorsprung durch Technik)

아우디는 최초 호르히라는 이름으로 출범한 이후 100년을 넘는 역사를 가졌다. 그러나 자동차 산업에서 두각을 드러내기까지 공백의 역사가 있다. 그 공백을 뛰어넘기 위해 아우디는 자동차의 본질인 기술로 승부하는 전략을 택했다. 철저하게 엔지니어링 위주로 기술 개발에 힘썼으며 지금까지 4륜 구동 콰트로로 대표되는 기술력을 통해 독일 프리미엄 자동차 3사 중 하나가 되었다. 아우디의 슬로건은 아우디의 역사이며 미래에 대한 자신감이다.

4. 최고가 아니면 만들지 않는다
– 메르세데스 – 벤츠

The Best or Nothing. 최고가 아니면 만들지 않는다는 창업주 고틀리프 다임러의 창업 정신은 메르세데스-벤츠 브랜드에 깊숙이 자리 잡고 있다. 메르세데스-벤츠는 최고이기 이전에 최초의 내연기관 회사이다. 산업 초창기부터 자동차와 산업에 대한 정의를 직접 써 내려왔다. 이들이 내세우는 최고라는 것은 무엇인가? 단순히 가격 측면에서 가장 비싼 자동차라는 뜻은 아닐 것이다. 지난 130년간 메르세데스가 만들어 온 최고라는 결과물을 살펴보자.

메르세데스-벤츠는 전 세계인들의 사랑을 가장 많이 받는 브랜드 중 하나이다. 브랜드 컨설팅 그룹인 인터브랜드에서 선정한 2024년 글로벌 브랜드 순위에서 메르세데스-벤츠는 전체 중 8위의 성적을 기록했다. 브랜드 가치는 약 589억 달러로 추정된다. 완성차 브랜드로서 전체 6위인 도요타 다음 순위이며 프리미엄 브랜드 중에서는 1위이다. BMW와 아우디는 전체 중 각각 10위, 45위로 뒤따르고 있다. 유럽 프리미엄 브랜드가 10위권에 2업체가 속해 있다.

메르세데스는 세계 프리미엄 브랜드에서 독보적인 위치를 차지하고 있다.

2017년부터 4년간 연속으로 세계 최고 판매량의 명예를 차지했다. 또한, 9년 연속 사상 최고치의 성적을 경신했다. 벤츠, BMW, 아우디 - 현재와 같은 3강 체제가 구성된 시점은 얼마 되지 않았다. 60~70년도까지 벤츠의 위상은 현재보다 더욱 높았다. 당시 BMW는 크반트 가문에 인수된 후 프리미엄 브랜드로 명함을 내밀었고 아우디는 아우토 우니온으로 시작했을 때이다.

1926년 다임러와 벤츠사가 합병하여 만들어진 다임러-벤츠AG로 시작되었다. 다임러는 모터스포츠계에서 스피드에 중점을 두었고, 벤츠는 기술력과 안전에 집중했다. 합병 이후에도 기본기에 충실하며 각자 강점을 가진 속도와 안전 위주의 기술력을 발전시켰다. 모터스포츠를 통한 발전은 벤츠의 역사에서 빼놓을 수 없는 부분이다. 경쟁에서 이기기 위해 기술력을 성장시켰고 극한의 주행 조건에 차량을 시험하며 내구성과 신뢰성까지 확보했다.

모터스포츠에서의 우승뿐만 아니라 다양한 차량 개발에서도 선두 자리를 지켰다. 1909년 200마력의 레코드 카는 세계 최초로 시속 200km/h의 고속 주행을 달성했다. 공기역학과 내연기관의 기술력을 발전시켰다. 1930년대에는 레이싱 대회에서 차체의 페인트를 벗겨내고 실버 애로우라는 이름으로 우승을 달성했다. 비교적 최근인 2020년에는 메르세데스 AMG F1팀은 7년 연속 F1 월드 컨스트럭터 및 드라이버 부문에서 더블 챔피언십을 달성했다.

다양한 안전부품을 최초로 대중화한 브랜드로도 유명하다. 안전벨트, 에어백, 미끄럼 방지 브레이크 장치인 ABS(Anti-lock Brake System), ESP(Electronic Stability Program) 등이 대표적인 예이다. 특히, ESP는 메르세데스가 추구하는 인텔리전트 드라이브 콘셉트의 중요한 기술이다. 어댑티브 브레이크, 능동형 차선 이탈 방지 어시스트 등 다양한 안전 보조 시스템의 토대가 되었다. 수많은 안전 기술을 개발하여 주요 기술들의 보급화를 이끌었다.

메르세데스가 프리미엄 브랜드의 최강자가 된 비결은 주행과 안전 성능에만 해당하지 않는다. 강력하면서도 스포티한 주행 성능을 지향하는 한편 탑승자에게 최고의 안락함과 만족감을 제공한다. 운전자에게는 운전의 재미를 선사하면서 후석에 앉아 있는 VIP에게는 비행기의 퍼스트 클래스에 앉은 것과 같은 편안함을 선사한다. 차급에 따라서 그 수준은 차이가 있지만 정체성은 변함없으며 동급 차종에서 최고의 가치를 선사하기 위해 노력한다.

프리미엄 시장을 선도한 또 하나의 비결은 바로 디자인이다. 자동차는 사람이 가장 오랜 시간을 보내는 프라이빗 한 장소 중 하나이다. 공간이 주는 미적인 아름다움은 고객의 삶의 질을 높여주고 행복감을 선사한다. 소유자의 철학과 재력을 과시하는 사치재의 역할도 크다. 디자인은 차량을 선택하는 결정적인 요소이다. 전통을 중시하면서도 시장의 요구에 발맞춰 현대적으로 변화했다. 고유의 디자인 언어를 통해 고객에게 계속하여 설득하고 있다.

[사진 − 1934년 W24 경주차 / 출처 − 메르세데스벤츠코리아]

5. 궁극의 드라이빙 머신, 진정한 드라이빙의 즐거움
   - BMW

BMW는 개발 목표와 전략이 매우 뚜렷한 회사로 평가받는다. 초고가 브랜드를 제외하고는 영업이익 측면에서도 최고의 수익성을 거두고 있다. 분명 수익성을 극대화한 전략이 있었기 때문이다. 브랜드뿐만 아니라 BMW를 택하는 소비자들 또한 확실한 주관을 가지고 있다. 합리적인 가격, 완벽한 품질과 신뢰성, 차량의 크기나 내부 공간 등 여러 가지 차량의 선택 요소가 존재한다. 그러나 BMW의 소비자는 스포티한 드라이빙에 대한 확고한 열망이 있다.

브랜드 정체성은 슬로건에서 찾을 수 있다. 궁극의 드라이빙 머신, 그리고 진정한 드라이빙의 즐거움 - 어쩌면 진부하거나 유치할지도 모른다. 그러나 지나칠 만큼 보수적이면서도 확고한 드라이빙에 대한 열의를 엿볼 수 있다. BMW는 이렇듯 차량의 기본기인 주행 성능에 대해 언제나 일관성을 바탕으로 한 철학을 가지고 있다. 실제로 해당 슬로건을 만들어낸 퓨리스는 BMW 가격표의 가치는 후드 아래쪽 내용물에 있는 것이라는 말을 하기도 했다.

BMW는 Ultimate Driving Machine이라는 영문 슬로건을 가지고 있다. 메르세데스-벤츠가 Best or Nothing이라는 슬로건과 비교할 수 있다. 단어의 의미는 비슷하지만 기업이 지닌 DNA는 이를 다르게 사용하고 있다. 메르세데스의 Best는 동시대 차량 중 최고라는 위치를 점유하고자 하는 의지이다. BMW의 Ultimate는 '궁극적인/최후의'라는 의미의 단어를 사용한다. 현재 이동 수단 중 가장 최종 단계의 제품을 만들고 있다는 자부심을 엿볼 수 있다.

이러한 슬로건은 기업이 지향하는 바를 정확히 나타낸다. 이 슬로건이 널리 쓰이기 이전 제품이 개발되고 회사가 발전하는 과정에서도 방향성은 분명했다. 이미 1960년대부터 드라이버의 자동차, 스포츠맨의 자동차라는 용어를 사용했다. 가장 많이 사용된 단어 중 하나는 바로 '빠른'이었다. 슈넬처럼(독일어로 빠른) 간다, 빠른 주먹, 심지어 헤드라인에는 빠르게 생각하라 - 라는 문구까지 등장했다. 이 모든 표현이 회사를 상징하기에는 부족하다.

1959년 수익성 부재에 의한 재정 위기로 BMW는 다임러에 인수 직전까지 이르렀다. BMW는 크반트 가문에 인수된 후 기술 중심의 회사로 거듭났다. 사실상 경영진의 성공적인 교체와 자본력의 뒷받침은 회사를 재탄생시켰다. 고속성능에 중심을 둔 강력한 엔진과 전후륜 50:50의 무게 배분을 고려한 설계 원칙이 있었다. 고속에서도 안전하게 운전할 수 있도록 언더스티어 위주의 튜닝은 코너링의 핵심 요소였다. 고성능 차량인 M시리즈는 프런트가 더 말려 들어가는 오버스티어 위주의 튜닝을 통해 운전의 즐거움을 더욱 강조했다.

두 개의 신장과 같이 생긴 키드니 라디에이터 그릴은 BMW를 나타내는 디자인적 상징이다. 램프나 전체적인 라인 등에 통일성을 부여하여 전 세계인 누가 보아도 BMW의 차량임을 알 수 있는 패밀리룩을 구축했다. 이는 BMW 의 정체성이자 DNA로 자리 잡았다. 세계적인 자동차 디자이너 크리스 뱅글 은 BMW의 디자인을 한층 업그레이드 시켰다. 기존 직선미를 중시하는 형 태에서 곡선미를 강조한 미래 지향적인 디자인을 선보였다. 궁극의 드라이빙 머신에 어울리는 스포티한 디자인은 수많은 고객의 로열티를 한층 강화했다.

1974년 미국의 광고대행사 아미리타 & 퓨리스는 BMW를 상징할 수 있는 광고전략을 내놓았다. 철저한 엔지니어링 위주의 회사로 발전해 온 BMW를 잘 나타낼 수 있는 표현이 필요했다. 경쟁사와 비교 시 다른 요소를 배제했을 때 차량의 기본기와 주행감은 월등했다고 한다. 철로를 달리는 것과 같은 탄 탄한 섀시와 핸들링, 주행성에 대한 고객 평가도 높았다. 가장 단순하면서 한 문장에 모든 것을 함축하는 슬로건이 탄생했다. "최고의 드라이빙 머신."

[사진 – BMW 광고 사진]

"BMW 성공신화의 비밀"의 저자 데이비드 카일리는 다음과 같이 이야기한다.

"BMW는 제품개발과 마케팅 분야에서 업계의 모델로서 독특한 지위를 차지하고 있다. 어느 자동차 회사도 도요타의 마케팅 전략을 벤치마크 하지는 않는다. 그리고 도요타나 혼다의 예술적 디자인을 벤치마크 하는 회사도 없다. 메르세데스-벤츠를 비롯한 자동차 회사들은 도요타와 혼다를 엔지니어링과 제조 과정, 품질 면에서 모방한다. 하지만 경쟁사들은 디자인, 엔지니어링, 품질, 마케팅 등 '모든 면에서' BMW를 벤치마크 한다."

BMW는 자동차의 생산부터 판매까지 모든 면에서 선두 주자를 지키고 있다. 자동차 산업의 특수성을 고려했을 때 전반적인 모든 부문에서 강점을 지닌다는 것을 알 수 있다. 프리미엄 브랜드가 지녀야 할 요소들도 함께 종합적으로 바라봐야 한다. 글로벌 프리미엄 자동차 브랜드 모두에 훌륭한 벤치마킹의 대상이다. 경쟁사들에는 단연 강력한 라이벌임에 틀림없다. 뚜렷한 색채는 독보적인 존재감을 선사하며 그 지위를 견고히 하고 있다.

6. 기술을 통한 진보
– 아우디

바이에른주에 본사가 위치한 아우디는 기술력 중심으로 성장했다. 폭스바겐 그룹의 자회사이기도 한 프리미엄 브랜드이다. 메르세데스-벤츠나 BMW 와 비교했을 때 그룹사 내 다른 역할을 담당한다. 폭스바겐은 독일의 국민 자동차 프로젝트에 의해 1937년 베를린에서 설립되었다. 폭스바겐 그룹은 아우디, 벤틀리, 람보르기니, 포르쉐, 부가티, 세아트, 만, 스카니아, 스코다 등 대중차, 고급차, 슈퍼카, 트럭 등 다양한 차급의 브랜드를 소유하고 있다.

아우디는 독일 3사 중 비교적 늦은 시점에 프리미엄 브랜드 대열에 합류했다. 브랜드의 이미지나 판매량, 차량 품질 등의 열세를 극복하고 고급화를 위해 지속적으로 노력했다. 이를 통해 1990년대에 들어 프리미엄 라인으로 평가받기 시작했다. 메르세데스 및 BMW와 함께 당당히 어깨를 나란히 하고 있지만 막내라는 이미지를 벗어나긴 어려운 상황이다. 브랜드 순위, 판매량, 판매가 등 경쟁사 대비 열세이나 최강자가 되기 위한 노력은 현재진행형이다.

2010년 전 세계 판매량 100만 대를 돌파하여 글로벌 승용 프리미엄 차량 판매 1위를 차지했다. 2011년도에는 전 세계에서 130만 대 차량을 판매하여 프리미엄 차량 시장에서 BMW를 이어 판매량 2위를 기록했다. 성공 비결은 세계 최대 시장인 중국을 적극적으로 공략한 결과이다. 아우디의 전체 판매량의 약 30프로는 중국시장이 점유한다. 1980년대 중국 최초로 합작 자동차 회사를 설립했다. 고급차 이미지를 구축하고 현지인들의 사랑을 받았다.

아우디는 독일 3사 중에서 비교적 경쟁력 있는 포지션을 차지했다. 후발 주자이나 넓은 고객층을 확보했다. 벤츠보다 중후하지 않지만 편안하고, BMW보다 스포티하지 않지만 강력한 퍼포먼스를 자랑한다. 가격 측면에서도 진입장벽이 낮아 판매량 측면에서 강점이 있었다. 동급 차량 대비하여 성능과 디자인, 편의성에서 유사한 수준의 가치를 제공하며 뛰어난 가성비를 자랑한다. 전통적인 세단부터 쿠페, SUV 등 모든 차급에서 강점을 가지고 있다.

슬로건인 'Vorsprung durch Technik' - '기술을 통한 진보'라는 문구는 1971년 아우디 광고부 직원이었던 한스 바우어가 만들었다. 앞서 소개한 바와 같이 아우디는 아우디, 호르히, 데카베, 반더러 - 4개의 회사가 합병하여 출범된 아우토 우니온에서 성장해 왔다. 각각 다른 차급에서 강점을 보인 4개의 회사는 4개의 원이 겹친 마크를 사용했다. 동시에 기술이라는 이름 아래 하나로 묶을 수 있었다. 기술력은 아우디의 기본임과 동시에 상징이다.

[사진 – 아우디 슬로건]

기술은 회사를 발전시키는 성장의 동력으로 활용되고 있다. 아우디의 전신인 아우토 우니온은 기술력을 토대로 발전했다. 1930년대 아우토 우니온은 메르세데스-벤츠와 함께 기록 경쟁을 펼쳤다. 1937년도에 400km를 최초로 돌파한 기록을 소유하고 있다. 이렇듯 혁신적인 기술과 디자인을 통해 프리미엄 자동차 회사를 선도해 왔다. 아우디는 탁월한 기술력을 바탕으로 끊임없는 발전을 통해 고객에게 우수한 주행 경험을 선사하기 위해 노력했다.

조금이라도 더 빠르게 달리기 위한 자동차 회사들의 노력은 눈부신 기술의 발전을 이끌었다. 공기역학을 고려하여 유선형 설계 구조의 차량들이 등장했다. 또한 중량을 줄이기 위해 차체에 도장 자체를 하지 않았다. 햇빛에 반사되어 반짝이며 고속으로 질주하는 차량은 실버 애로우로 불렸다. 아우디는 벤츠사와 함께 참가한 FL 그랑프리 경주에서 실버 애로우의 시대를 풍미했다. 자동차 경량화와 연료 효율성 향상에 있어 지속적으로 힘을 썼다.

아우디는 콰트로라고 하는 상시 사륜구동 시스템을 상징처럼 사용한다. 이탈리아어로 숫자 4를 의미하는 단어이며 아우디의 기술력을 나타내는 강력한 상징으로 활용되고 있다. 아우디라는 이름을 들으면 콰트로라는 단어가 떠오를 정도이다. 1986년 A6의 전신인 100CS 콰트로가 핀란드 카이폴라의 스키 점프대를 오르며 기술력을 널리 알렸다. 뿐만 아니라 알루미늄 기반 차체인 ASF(Audi Space Frame)와 디젤 엔진 등 수많은 기술을 보유하고 있다.

    디자인에 있어서 독일 3사의 두 회사와 우열을 가리기는 힘들다. 디자인이라는 영역은 보편적인 면과 개성이 모두 중요하기 때문이다. 1998년 1세대 TT모델을 시작으로 특유의 곡선미와 부드러운 형태의 디자인은 많은 고객들의 사랑을 받았다. 2003년 수석 디자이너 발터 드 실바가 최초 적용한 싱글 프레임은 아우디의 정체성으로 자리 잡았다. 프런트 범퍼 중앙 부분이 일체화된 형태의 싱글 프레임은 성공적인 패밀리룩 디자인 요소로 평가받는다.

7. 독일 3사는 다양한 차량 라인업을 보유하고 브랜드를 강조하는 전략을 사용한다.

독일 3사는 각각의 개성을 추구하면서도 일관성 있는 차량 라인업을 구축했다. 차체 사이즈, 용도, 등급을 명확하게 구분하고 모델명을 이에 맞게 매칭한다. 각 차종의 이름은 일반적인 명칭을 부여하는 것이 아니라 영문자와 숫자를 조합하여 구성한다. 차종의 이름만 들어도 어떤 브랜드인지 알 수 있고 고유의 아이덴티티를 모델에 부여하는 전략이다. 차량의 등급과 가치수준까지 직관적으로 드러나기 때문에 더욱 큰 가치를 소유자에게 전달한다.

[메르세데스-벤츠]

메르세데스-벤츠는 브랜드의 네이밍 방식을 2014년에 개편했다. 기본적인 틀은 유지하고 모델 체계를 깔끔하게 정리한 것이다. 메르세데스는 차체 사이즈 및 등급에 따라 A/B/C/E/S 클래스 등과 같이 모델의 이름을 부여했다. 이는 차량의 이름에 단어를 사용하는 것이 아니라 알파벳 문자 자체를 독점하는 전략이다. 물론 특허권을 획득한 합법적인 방식의 독점이다. 각각의 알파벳 등급은 고객에게 선사할 가치를 이미지의 형태로 전달한다.

New nomenclature Mercedes-Benz model series*

[사진 – 메르세데스–벤츠 모델 시리즈 / 출처 – 메르세데스벤츠]

메르세데스–벤츠의 정통 세단은 C/E/S 클래스로 구성되어 있다. C에서 S로 갈수록 보다 높은 등급을 의미한다. C클래스는 가장 작은 중형급 세단 차량이다. 준대형 차량인 E클래스는 중후한 품격을 선사한다. 마지막으로 대형 세단인 S클래스는 메르세데스–벤츠의 최고 등급으로 마니아를 열광케 한다. 가장 사이즈가 작은 해치백 차종인 A클래스와 MPV급인 B클래스가 있다. 브랜드 내에서 비교적 저렴한 가격대에도 프리미엄의 가치를 제공한다.

파생 모델은 기본 세단 라인업에 차량의 형태를 의미하는 단어를 덧붙여 설성된다. 2도어 차량을 의미하는 쿠페에는 C클래스 쿠페, E클래스 쿠페, S클래스 쿠페가 있다. 왜건 차량인 에스테이트, 천장이 개방 가능한 카브리올

레도 같은 방법으로 불린다. 4도어 쿠페는 3개의 영문자로 구성된다. 'CL'
이라는 글자 뒤에 차량 등급을 나타내는 알파벳을 덧붙이는 방식으로 CLA,
CLS가 있다. 지붕을 접을 수 있는 로드스터에는 SL클래스와 SLC가 있다.

오프로드/SUV 차량은 G 라인업으로 구성된다. GL이라는 글자로 시작해
서 마찬가지로 클래스를 상징하는 알파벳을 붙인다. GLA, GLB, GLC, GLE,
GLS가 있으며 극한 오프로드 차량인 G바겐이 있다. 쿠페형 SUV 모델인
GLC 쿠페, GLE 쿠페가 기본 모델의 파생형으로 존재한다. 전동화 라인업을
별도로 구축했으며 문자열 앞에 EQ라는 문자가 붙게 된다. 가장 대표적인 모
델은 EQC이며 엔트리급인 EQA와 최상급 버전인 EQS가 있다.

고성능 차량과 최고급 차량은 별도의 서브 브랜드를 운영한다. 고성능 브
랜드는 메르세데스-AMG에서는 차량 클래스와 엔진을 구분하는 두 자리 숫
자를 더한 이름을 사용한다. 예를 들어 C클래스를 기본으로 튜닝한 메르세데
스-AMG C63이 있다. 초고급형 럭셔리카 브랜드로는 메르세데스-마이바흐
가 있다. 더욱 고급스러운 벤츠를 경험하기 위한 고객을 위한 브랜드이다. 작
명법은 메르세데스-마이바흐라는 글자 뒤에 차량 클래스를 붙이는 방식이다.

[BMW]

BMW의 모델 라인업은 매우 심플하다. 차량명의 경우 로마 숫자에 시리즈
라는 단어를 뒤에 덧붙인다. 단순하지만 강력한 방식의 네이밍 전략이다. 메
르세데스가 알파벳 문자를 선점했다면 BMW는 숫자를 독점한 것이다. 직관
적이고 숫자의 크기에 비례하여 등급이 결정된다. 기본적으로 1, 3, 5, 7 시리

즈와 같이 홀수를 차량명에 사용했다. 숫자를 하나 더하여 2, 4, 6, 8 시리즈로
차급을 세분했다. 짝수는 쿠페나 컨버터블과 같은 파생 차량에 쓰인다.

[사진 – BMW 모델 시리즈 / 출처 – BMW]

BMW의 3, 5, 7 시리즈는 대표적인 세단 차량이다. 스테이션 왜건, 쿠페,
해치백, 카브리올레 형태의 파생 차량도 존재한다. 숫자 3에서 7로 갈수록 더
욱 고급차량으로 분류된다. 3시리즈는 스포티한 콘셉트의 중형차량이며 브
랜드의 상징과도 같은 모델이다. 5시리즈는 메르세데스의 E클래스의 대표적
인 라이벌로 준대형 차급에서 판매량을 자랑한다. 최고급 모델인 7시리즈는
플래그십 세단으로 명성을 떨쳤다. 홀수 라인업에 준중형 해치백인 1시리즈
가 있다.

짝수 시리즈는 파생 라인업이다. 2시리즈는 후륜 구동의 2도어 쿠페, 컨버
터블이 대표적이다. 전륜 구동 해치백인 그란 투어러/액티브 투어러도 있다.
4시리즈는 중형 쿠페로 3시리즈의 쿠페형 모델이다. 6시리즈는 준대형 쿠페
차량이며 5시리즈를 쿠페형으로 개발했다. 8시리즈는 1989년부터 1999년까
지 생산 후, 2019년부터 다시 생산에 들어갔다. 대형 프리미엄 쿠페 시장을

공략하기 위한 모델로 쿠페, 컨버터블, 그란쿠페까지 파생형 모델이 있다.

SUV는 X라는 알파벳을 앞에 두고 뒤에 시리즈를 의미하는 숫자를 붙인다. X는 크로스오버를 의미하며 BMW사의 4륜 구동 시스템인 xDrive를 의미한다. SUV 라인업에도 세단과 동일한 규칙이 적용된다. 홀수형은 일반적인 SUV의 형태인 SAV(Sport Activity Vehicle)이다. 짝수형은 쿠페 타입의 형태로 스포티한 주행감을 더욱 강조한 SAC(Sport Activity Coupe)로 불린다. SUV 차량으로는 SAV인 X1, X3, X5, X7과, SAC인 X2, X4, X6가 있다.

고성능 브랜드로는 BMW의 기본 모델을 튜닝한 모델 M이 있다. 하늘색, 파란색, 빨간색과 영문자 M을 조합한 엠블럼을 사용한다. 외관 디자인은 일반 차량과 동일하지만 고성능 부품이 적용되어 스포츠카 수준의 성능을 자랑한다. 스포티한 특성을 자랑하는 로드스터 차량으로는 Z1, Z3, Z4, Z8이 있다. 전기차 라인업에는 'i'라는 래터링을 사용한다. 소형 해치백인 i3와 플러그인 하이브리드 스포츠카인 i8, SUV 형태인 ix와 4도어 쿠페 i4가 있다.

[아우디]

아우디의 차량 라인업 체계는 BMW의 SUV 라인업과 유사하다 차량의 타입을 칭하는 알파벳 문자 뒤에 숫자를 덧붙인 혼합 방식이다. 세단을 포함한 승용차에 해당하는 라인업은 A(Avant)로 분류된다. SUV로 대표되는 Q(Quattro)와 소형 쿠페인 TT(Tourist Trophy)도 대표적이다. 고성능 모델인 S(Sovereign Performance) 모델과 최고 고성능 모델 RS(Renn Sport), 고성능 스포츠카 모델인 R(Renn)은 많은 마니아층을 가지고 있다.

기본 라인업인 A 모델은 1에서부터 8까지 존재한다. 아우디의 세단 라인업은 A4, A6, A8 차량이 대표 격으로 짝수의 숫자를 사용한다. 홀수 숫자로 시리즈를 구분하는 BMW보다 하나씩 높은 숫자를 사용한다. 세단 외의 차량은 쿠페, 해치백, 왜건 등의 파생 차량이다. A4는 3시리즈에 해당하는 D세그먼트의 세단 차량이다. 가장 치열한 경쟁을 보이는 준대형 차량인 A6는 기술력과 디자인이 집대성되었다. A8은 대형 세단 차량으로 기함 역할을 담당한다.

[사진 – 아우디 모델 시리즈 / 출처 – 아우디]

해치백 타입의 A1, A2, A3 모델은 해치백 타입의 보급형 차량이다. A3는 스포트백, 컨버터블, 세단 등 다양한 형태로 제작되었으며 폭스바겐의 골프와 같은 플랫폼을 사용한다. A5 차량은 A4를 기반으로 만들어진 중형 스포츠 쿠페 차량이다. 휠베이스는 더 길며 차체는 낮아 더욱 스포티한 느낌을 고객에게 제공한다. A7은 A6 모델을 기반으로 한 스포츠백 콘셉트 차량이다. 4도어 쿠페 스타일의 차량으로 루프에서부터 트렁크 끝단부까지 이어진다.

SUV 라인업은 아우디 4륜 구동 방식인 콰트로의 이니셜 Q를 대표 문자로 사용한다. Q2, Q3, Q5, Q7, Q8이 있으며 경쟁사에 비해서는 라인업이 아직 다양하지는 않다. Q2는 2016년 제네바 모터쇼에서 처음 선보인 소형 차량이다. Q3는 폭스바겐 티구안과 같은 플랫폼을 사용 중인 준중형 SUV이다.

Q5는 세단 차량인 A4의 플랫폼을 기반으로 한 중형 SUV로 BMW X3의 경쟁 차량이다. Q7은 BMW X5와 동일한 포지션을 담당하는 준대형 SUV이며, Q8은 아우디의 SUV를 대표하는 플래그십 모델이다.

아우디의 고성능 모델은 아우디 스포츠에서 제작한다. 고성능 모델인 S모델은 A모델을 기반으로 하고 있다. 차량명은 베이스 차량의 A라는 글자를 S로 대신하여 사용한다. 이를 뛰어넘는 고성능 모델은 다시 앞에 R이라는 글자를 붙여 RS모델로 불린다. 강력한 퍼포먼스와 출력을 자랑하며 라인업을 지속적으로 보완 중이다. 궁극의 아이언맨의 스포츠카인 R8은 브랜드를 한층 높인 슈퍼카이다. 가격이나 성능 면에서 기존 모델을 훨씬 뛰어넘는다.

이 외에 아우디의 디자인과 성능을 현대 수준의 반열에 올려놓은 명차 TT가 있다. 이 유명한 스포츠 쿠페 차량은 주행 성능과 가속력 등을 통해 많은 팬층을 가지고 있다. 또한 e-tron은 아우디의 최초 전기차 모델로 동력 기술의 핵심인 4륜 구동 시스템을 사용한다. 기술을 통한 진보라는 슬로건에 걸맞게 전기차 역시 기술력을 통해 시장을 선도하겠다는 강한 의지를 엿볼 수 있다. e-tron은 아우디의 새로운 대표 이름이 될 것으로 예상된다.

8. 독일 3사의 브랜드 전략은
우수한 기술력과 고급차를 지향한다.

독일 3사의 브랜드 지향점은 명확하다. 그들은 100년이 넘는 세월을 통해 우수한 기술력과 노하우를 축적해 왔다. 뿐만 아니라 현대적이고 감각적인 디자인과 독일 특유의 장인정신이 결합하여 프리미엄 이미지를 구축했다. 평범하지 않고 특별함을 추구한다. 이러한 브랜드 전략이 있어 회사의 조직구성과 운영부터 실제 제품의 제작과 판매에 이르기까지 일관된 방향으로 나아간다. 우수하고 체계화된 조직력을 가진 명문 스포츠 구단과 유사하다.

독일 태생 브랜드 컨설팅 전문가 월터 랜더는 "제품은 공장에서 생산되지만 브랜드는 소비자의 마음속에서 형성된다"라는 명언을 남겼다. 제품이 가진 유형적인 가치는 기업으로부터 제공된다. 그러나 브랜드는 무형적이며 존재를 정량화하기 어렵다. 따라서 가치에 대한 평가는 고객의 마음속에서 결정된다. 결국 제품의 제조사는 높은 브랜드 가치를 창출하기 위해서 철학을 투여한 상품을 제조하고 고객에게 인정받는 행위가 지속되어야 한다.

자동차라는 제품도 같은 관점에서 해석 가능하다. 철저하게 검수가 끝난 부품들은 컨베이어벨트에서 숙련공들에 의해 조립된다. 완성차의 형태로 제조되어 최종적으로 합격 판정을 받은 이후 고객에게 전달된다. 자동차 회사에서는 공장에서 차량을 생산하여 판매하는 것으로 유형적인 가치를 창출한다. 소비자는 자동차라는 제품을 이용하고 이러한 경험들이 모여 브랜드 이미지가 구축된다. 결국 고객들에게 공감과 동의를 이끌어내는 과정이 필요하다.

독일 3사는 글로벌 프리미엄 브랜드로서 입지를 다져왔다. 100년 이상 기간 동안 동시대에 글로벌에서 최고 수준의 기술력으로 경쟁사를 압도했다. 안전과 품질이라는 영역에서는 타협하지 않았고 가치 있는 제품을 제공하는 브랜드라는 이미지를 구축했다. 이를 통해 프리미엄이라는 타이틀을 지속적으로 유지해 왔다. 일반적인 대중 브랜드가 아닌 고급차를 지향하는 브랜드였다. 고유의 정체성을 확보하고 고객에게 강한 소유욕을 불러일으킨다.

우선 공통적으로 독일 3사는 자동차라는 제품의 기능적인 측면을 극대화한 전략을 추구한다. 각기 파워트레인을 비롯하여 운전성, 차량의 구동 방식 등 독보적인 기술력을 확보하고 성능을 자랑한다. 최고의 퍼포먼스를 통해 압도적인 상품성을 고객에게 전달하는 방식이다. 자동차라는 수많은 직원들이 고객이 자사의 제품을 통해 어떠한 경험을 하게 될지 고민하고 상상하여 실체화한 결정체이다. 각 분야에서 최고의 인재들이 만들어낸 성과물이기도 하다.

프리미엄 브랜드는 시장에서 독보적인 위치를 차지한다. 자동차 분야를 넘어 럭셔리 산업에서 명품 브랜드로 성과를 거둔 브랜드로 샤넬, 루이비통, 디올 등이 있다. 제품군은 다르지만 결국 본질은 유사하다. 우수한 품질, 매력적인 디자인, 높은 가치를 추구하는 고객을 만족시킨다. 브랜드가 가진 힘은 제품의 높은 가격을 정당화하고 합리적인 수준으로 포지셔닝 했다. 인플루언서와 SNS, 대중매체에 지속 노출하고 부와 명예의 상징으로 평가받는다.

고급화 전략은 지속적인 기업의 이미지 구축에 매우 절대적이다. 제품을 사용하면서 느끼는 고급스럽고 우수한 성능은 고객에게 행복감을 전달한다. 고객은 상품을 구매하고 사용하면서 상품과 사용자를 동일시하게 된다. 최근 고객은 더욱 차별화된 상품을 선호하며 메르세데스의 S클래스, G클래스, 마이바흐 등의 하이엔드급 제품의 판매량이 증가하는 현상도 나타났다. 상위 가격대의 메이커와 경쟁하는 모델들은 브랜드 전체 가치를 끌어올린다.

메르세데스-벤츠의 최고기술책임자(CTO) 마르쿠스 쉐퍼는 "벤츠는 고객의 안전을 위한 기술로 혁신을 거듭하고 있다"라고 얘기했다. 부품과 차량의 기술 개발 관점에서 혁신을 추구한다. 차량에 탑승한 사람 외에 보행자까지도 보호를 하고자 한다. 수동적인 안전에서 벗어난 능동적인 안전을 확정했다. 안전성 구현을 위해 고장 상황과 외부 사고를 해석하고 시험을 통해 법률적인 요건을 만족한다. 예외 상황을 극복하기 위해 기술력을 개발해 왔다.

메르세데스는 인터브랜드의 2024년 브랜드 순위에서 8위에 선정되었다. 세계에서 가장 가치 있는 기업 중 하나로 평가받은 것을 의미한다. BMW는 10위, 아우디는 45위를 차지했다. 철저하게 기술력을 바탕으로 안전과 신뢰라는 원칙을 통해 높은 품질 기준과 혁신을 선보인 결과이다. 구축된 브랜드의 가치는 고객에게 완벽한 품질 수준을 기대하게 하는 효과가 있다. 우수한 기술력은 이들이 추구하는 프리미엄 브랜드 전략과 궤를 같이한다.

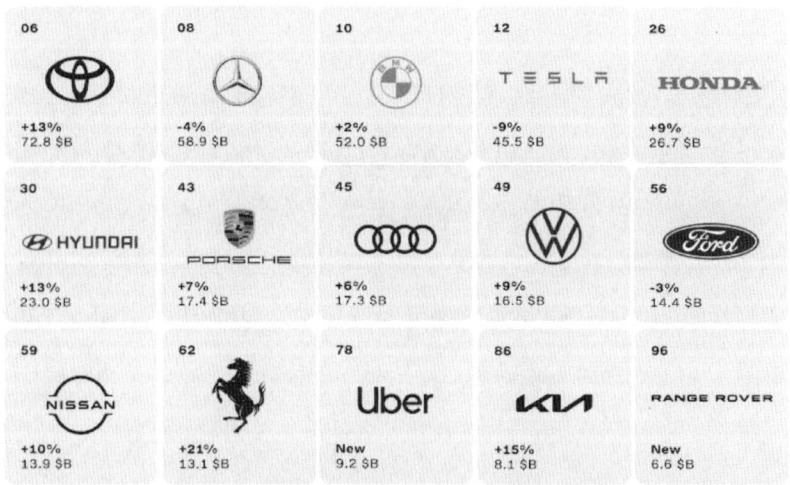

[사진 – 인터브랜드 2024 / 출처 – 인터브랜드]

BMW는 어떠한가? 운전성에 집중하고 드라이빙의 즐거움을 추구하는 일관된 브랜드 전략을 유지한다. 조금 고집스러울 수 있지만 철저하게 본인들의 철학을 가지고 제품을 개발한다. 오너 드리븐 차량으로 운전자 중심의 차량은 동력성능과 퍼포먼스에 초점을 맞추고 있다. 평범하지 않고 매우 어렵지만 이들은 본인들의 전략을 성공시켰다. 다른 회사들과의 차별성을 구축했고 이를 능가하는 결과를 만들어냈다. 명확한 팬층을 확보한 것이다.

이들의 고객은 다른 브랜드 소비자들과는 다른 뚜렷한 특징이 있다. 본인들이 구매하고자 하는 브랜드에 대한 개성이 매우 강하다. 젊은 감각과 세련된 성향을 가지고 있으며 에너지가 넘치고 인생에서 성공을 원하는 사람들이다. BMW는 회사에서 최우선의 가치인, 스포티한 드라이빙을 바라는 소비자들에 초점을 맞추고 있다. 집중과 선택을 중심으로 한 전략으로 메르세데스와 마찬가지로 세계에서 가장 존경받는 브랜드 중 하나이다.

인력관리 책임자와 최고 재무관리자 등 BMW 출신의 판케는 강한 브랜드는 기업 정체성에서 비롯된다고 했다. 기업의 독자성이 브랜드를 강하게 만드는 힘이라고도 말했다. 소비자들은 브랜드 하나를 믿고 제품을 구입하기 때문에 브랜드의 전통과 신뢰를 통해 정체성이 결정된다고 한다. 이러한 브랜드에 대한 확고한 철학과 일관성이 강한 브랜드 이미지를 구축한 원동력이다. 각기 다른 모델과 시대와 세대를 넘어 본인들의 철학이 연결된다.

독일 3사 중 비교적 후발 주자인 아우디는 기술을 통한 진보라는 브랜드 전략을 지속적으로 강조한다. 발전의 중심에는 기술이 존재한다는 의미이며 아우디를 정의하는 기업철학이다. 전방 엔진 앞바퀴 굴림부터 후방 엔진 뒷바퀴 굴림 방식까지 다양한 굴림 방식과 공기역학 등 기업 자체가 가진 기술이라는 철학을 슬로건에 투영한 것이다. 아우디는 단순한 선언에서 그치지 않고 수십 년이라는 세월 동안 실천을 통해 기업의 가치를 입증해 왔다.

아우디는 엔진, 후륜 구동방식, 공기역학 등 지속적으로 기술을 중시한 결과물을 선선해 왔다. 고객은 일관된 기업의 방향성에 강한 신뢰를 느낄 수 있다. 결국 기술력과 프리미엄 이미지는 일맥상통한다는 의미이다. 강력한 엔지니어링을 통해 브랜드와 제품들의 가치는 더욱 높아진다. 2022년 아우디 그룹의 영업이익은 역대 최대인 76억 유로를 기록했다. 이는 전년 대비 40%가 증가한 수치로 기술을 중시하는 브랜드 전략이 유효했다는 의미이다.

이러한 진보라는 흐름은 지속되었고 **Vorsprung 2030**(진보 2030)이라는 새로운 브랜드 전략 역시 진보를 표방하고 있다. 2030년까지 전기차 중심 브랜드로 거듭나겠다는 의지이다. 아우디AG CEO인 마커스 듀크만은 지속가능성과 제품 디지털화 및 전동화를 체계적으로 고도화하는 데 집중하고 있다고 밝혔다. 순수 전기 프리미엄 모빌리티 브랜드로 거듭나겠다는 목표이다. 결국 치열한 미래 경쟁에서도 기술을 통한 진보라는 일관성을 엿볼 수 있다.

2

메르세데스, BMW,
아우디의 자동차

1. 독일 3사에서 가장 대표적인 자동차 모델은 무엇이고 어떻게 성공할 수 있었는가?

자동차에서 성공의 의미는 여러 가지가 있다. 기업의 입장에서는 직접적인 수익성에 기여한 모델이 가장 어여쁘지 않을까? 최고급 차종의 경우 기본적으로 판매단가가 매우 높다. 적은 판매량에도 높은 수익성을 확보할 수 있다. 피나는 원가 절감과 가격 정책의 성공으로 영업이익률이 높은 모델은 중요하다. 차량 판매량도 단연코 매우 중요한 요소이다. 많은 고객의 마음을 훔친 차량은 전 세계의 도로를 달리며 가장 효과적인 홍보 수단이 된다.

종합하면 전체적인 균형이 중요하다는 결론이 가능하다. 매출, 수익성, 판매량 등의 밸런싱을 맞춘 차량이 회사를 대표하는 모델이 될 수 있다. 프리미엄 브랜드에서 준대형급의 세단이 바로 그 포지션을 차지한다. 우수한 퍼포먼스와 넓은 실내 공간, 접근 가능한 가격대이면서 고객에게는 럭셔리 차량의 만족감까지 제공한다. 메르세데스-벤츠에서는 E클래스, BMW에는 5시리즈, 아우디는 A6가 준대형 프리미엄 차량으로 널리 사랑받고 있다.

[메르세데스-벤츠, E클래스]

E클래스는 전 세계에서 1,400만 대 이상 판매된 핵심 차종이다. 브랜드 내에서 가장 성공적인 모델이다. 프리미엄 차량 시장에서 5시리즈 및 A6 모델과 경쟁 중이다. 5시리즈가 트렌디하고 스포티한 이미지라면 E클래스는 품격과 중후한 느낌을 중시한다. 후륜 구동 준대형 세단을 기본으로 쿠페, 왜건형의 에스테이트, 카브리올레, 하이브리드 등 다양한 파생 모델을 선보였다. 1993년부터 E클래스라는 이름을 사용했고 10세대에 걸쳐 진화해 왔다.

[사진 – E클래스 / 출처 – 메르세데스코리아]

1947년 세계대전 이후 E클래스의 초대 모델인 W136 시리즈가 세상에 모습을 드러냈다. 1936년도 모델 170의 후속 모델이며 독일 경제 상황을 극복하는 데 큰 역할을 했다. 1953년 2세대 W120 시리즈는 섀시와 차체가 분리되는 3박스 형태의 폰톤 디자인을 사용했다. 폰톤은 뒤 펜더가 납작한 형태를 의미한다. 4기통 엔진을 적용했으며 공기 저항을 연료 소비를 감소했다는 평을 받고 있다. 1961년 출시된 3세대인 W110 시리즈는 최초로 자동변속기를 장착했으며 파워 스티어링, 전동 윈도 에어컨 등의 고급 사양을 옵션으로 적용했다.

4세대 W115와 W114 시리즈는 1968년에 출시됐다. 180만 대 이상 판매된 첫 번째 밀리언셀러 모델로 메르세데스-벤츠의 인기를 실감케 했다. 1976년 5세대 W123 시리즈는 쿠페, 롱휠베이스 세단 등 다양한 라인업을 선보였다. ABS(Anti-lock Brake System), 에어백을 동급 차량에서 최초로 적용하여 안전성을 강조했다. 1984년 6세대 W125 시리즈는 차체 경량화를 통해 연료 소비를 개선했다. 배출가스 제어장치 향상을 통해 유해물질을 저감하는 데 힘쓴 모델이다. 1993년 페이스리프트를 거쳐 최초 E클래스라는 이름을 사용했다. E라는 글자 뒤 배기량을 의미하는 3자리 숫자가 붙여져 불리었다.

1995년에 출시된 7세대 W210 시리즈는 디자인에서 비약적인 발전을 보여줬다. 기존 모델의 각진 디자인을 탈피하고 타원형의 트윈 헤드램프로 레드닷 디자인상을 수상했다. 2002년 8세대 W211 시리즈는 기존 W210의 디자인을 계승하면서 역동적으로 개선했다. 가솔린 3종과 디젤 3종 등 다양한 파워트레인으로 구성되었으며 4륜 구동 방식인 4MATIC 타입도 추가되었다. 4링크 프런트 액슬과 알루미늄으로 이루어진 멀티 링크 리어 액슬 등 새시 부품부터 전자 제어장치까지 기술력을 갖추었다.

2009년에 소개된 9세대 W212 시리즈에서는 많은 디자인적인 변화가 있었다. 기존 타원형 헤드램프는 날렵한 사각형으로 변화를 줬다. 뿐만 아니라 기존 곡선의 형태에서 직선을 강조한 이미지를 사용하여 외관의 차이를 볼 수 있었다. 2세대 W120 시리즈에서 사용했던 초기의 폰톤 디자인 형태를 다시 채택하여 전통과 개성을 살렸다. 본격적으로 디자인이나 외관에도 인간중심이라는 단어를 사용하기 시작했다. 보행자 보호를 위해 전면 라디에이터 그릴과 후드를 분리한 구조를 적용했다.

2016년 양산된 10세대 W213 시리즈는 디자인, 안전성, 성능, 편안함, 첨단 전장 보조 사양 등으로 중무장했다. 외관은 스포티하면서도 세련된 느낌을 동시에 주고 내장은 고급 소재와 편의 기능을 통해 고객에게 편안함을 제공한다. 주행 보조와 안전 시스템을 결합한 인텔리전트 드라이브를 통해 새로운 주행 경험을 선사한다. 에어 바디 컨트롤 서스펜션은 고속도로에서는 연비 소비를 줄이고 노면이 거친 도로에서는 안정감 있는 드라이빙을 제공한다. E클래스는 메르세데스-벤츠의 대표 모델이자 럭셔리 세그먼트의 표준으로 자리 잡고 있다.

[BMW, 5시리즈]

5시리즈는 1972년 최초 출시된 프리미엄 준대형 세단이다. 동급인 E세그먼트에서 메르세데스의 E클래스, 아우디의 A6와 경쟁 중이다. 5시리즈는 최고의 스포츠 비즈니스 세단을 지향한다. 7세대를 거치며 키드니 그릴을 중심으로 강렬하면서도 현대적인 디자인의 완성도를 높였다. 역동적인 주행 성능의 5라는 이름을 가진 최고의 드라이빙 머신은 고객에게 드라이빙의 즐거움을 선사한다. 뚜렷한 브랜드 전략을 통해 두터운 충성 고객층을 형성했다.

최초의 5시리즈는 1972년 프랑크푸르트 모터쇼에서 E12라는 이름으로 등장했다. 1962년 파산 위기에 처했던 BMW를 회생시킨 뉴 클래스의 후속 모델이다. 최초로 숫자 뒤 엔진 용량을 붙여 숫자 세 자리로 구성된 작명법을 사용했다. 다양한 출력의 엔진을 추가했으며 1979년 최초 고성능 M모델인 M535가 출시되었다. 키드니 그릴과 2개의 원형 헤드램프를 적용했다. 또한 C필러에 최초로 BMW 고유의 호스마이스터킥 디자인을 사용했다. 1세대 모델은 약 70만 대가 판매되며 브랜드를 정의하는 데 중요한 역할을 했다.

[사진 – 5시리즈 / 출처 – BMW코리아]

1981년 출시된 2세대 모델 E28은 1세대 E12의 판매량을 뛰어넘은 76만 대가 팔렸다. 1세대의 디자인을 계승하여 유사한 외관을 보다 세련되게 다듬었다. 다양한 가솔린 엔진 라인업을 구성했으며 최초 디젤 모델 524td가 판매되었다. 1989년 3세대 E34는 BMW 공학 기술의 결정체라는 평가를 받는다. E32 7시리즈에 이어 최초로 운전석과 동승자 에어백을 적용했다. 우수한 무게 배분과 날카로운 코너링 성능을 자랑했다. 자세제어장치인 ASC와 안티브레이크 시스템인 ABS를 적용하여 안전성을 강화했다. 전자식 4륜 모델이 출시되기도 했다.

4세대 모델 E39는 1995년 출시되어 가장 성공한 모델이라 평가받는다. 특히, 디자인 완성도에서 높은 점수를 받고 있다. 2개의 원형의 헤드램프는 일체형 헤드램프 속에 배치되었다. 이는 엔젤아이라고 불리는 주간주행등이 되어 시인성을 강화하는 동시에 BMW의 상징이 되었다. 기술적인 면에서도 많은 발전이 있었다. 경량화를 위하여 엔진 실린더 블록 및 헤드뿐만 아니라 서스펜션 구성품 일부에 알루미늄을 적용했다. 차량 중량 감소로 연비가 향상되었으며 스티어링, 노면 추종성, 제동력 등 많은 이점으로 작용했다.

2003년 출시된 5세대 모델인 E60/E61은 파격적인 디자인에 기술력으로 중무장한 차량이다. 수석 디자이너였던 크리스 뱅글의 손길 아래에 기존 직선 중심을 벗어나 곡선을 사용한 디자인을 선보였다. 승차감 향상을 위한 가변식 스태빌라이저 장치인 다이내믹 드라이브, 속도에 따라 기어비를 변화해 주는 액티브 스티어링, 그리고 컴포트 시트까지 신기술이 대거 적용되었다. 2005년부터 2008년까지 4년 동안 연속으로 베스트셀링카에 선정되었다.

2009년에 출시된 6세대 모델 F10/F11은 기존 대비 판매량이 40% 이상 증가한 200만 대가 판매됐다. 각 요소들을 강조하여 다시 보수적인 디자인을 적용했다. 여러 라인업 중 2,000cc의 디젤 차량 520d는 높은 상품성을 지녔다. 7세대 G30/G31은 2017년부터 판매되었고 최초로 플러그인 하이브리드 라인업을 추가했다. 자율주행 기능을 강화한 어시스턴스 시스템도 적용했다. 7세대에 걸쳐 5시리즈는 고유의 아이덴티티를 형성했다. 스포티한 드라이빙과 프리미엄 세단이라는 두 마리 토끼를 모두 잡은 5시리즈이다.

[아우디, A6]

A6는 아우디를 상징하는 간판 모델로 반세기에 가까운 역사를 가지고 있다. 1968년 생산된 전신인 '아우디 100'으로 시작했으며 A6라는 이름은 1994년부터 사용했다. A6는 글로벌 시장에서 800만 대 이상 판매된 베스트셀링 모델이다. 후발 주자인 아우디가 독일 3사인 메르세데스와 BMW와 어깨를 나란히 할 수 있게 된 1등 공신이다. 기술력을 중심으로 차별화된 디자인이 성공 비결이다. 럭셔리에 대한 아우디의 철학과 해석을 엿볼 수 있다.

[사진 – A6 / 출처 – 아우디코리아]

최초의 A6 C1 모델은 1968년 폭스바겐 그룹이 아우토 우니온을 인수 후 출시한 '아우토 우니온 100'에서 시작된다. 폭스바겐에서 고급 브랜드를 확장하기 위한 모델이었다. 1969년에 NSU사 합병 후 브랜드명이 아우디로 바뀌면서 차량명도 '아우디 100'이 되었다. 이는 최고 출력인 100마력을 의미한다. 차량 형식은 4도어 세단, 2도어 세단, 2도어 쿠페 차량으로 구성되었다. 1세대 모델에는 아직 4륜 구동 방식이 적용되지 않았고 전륜 구동만 존재했다.

1976년 2세대 C2 모델은 아우디 최초로 누적판매 100만 대를 넘긴 밀리
언셀러 모델이다. 모델명에 200, 5000이 추가되었으며 전륜 구동 기반에 최
초 4륜 구동 방식인 콰트로가 적용되었다. 출력과 연비에 유리한 5기통 엔진
을 라인업에 추가했으며 왜건형 모델 아반트도 판매했다. 1982년 3세대 C3
은 공기저항계수(Cd) 0.30을 기록하여 공기역학 부문에서 세계 챔피언의 타
이틀을 얻었다. 공기역학을 고려한 디자인은 저항을 감소시켜 에너지 효율성
을 높일 뿐만 아니라 역동적인 느낌까지 함께 제공한다.

1990년 출시된 4세대 C4는 아우디 100이라는 이름을 마지막으로 쓴 모
델이었다. 이후 1994년 페이스리프트부터 알파벳과 차급을 의미하는 숫자를
추가하는 새로운 작명법을 적용하여 최초로 A6라는 이름을 사용했다. 단순
하지만 완성도 높은 디자인을 적용했으며 다양한 엔진/변속기 라인업을 추
가했다. 이후 완전 변경 모델인 5세대 C5는 1997년 출시되었다. 공기역학 디
자인을 더욱 강화하여 공기저항계수(Cd)는 0.28까지 낮췄다.

2004년 6세대 C6는 2004년 최초로 싱글 프레임의 얼굴을 지녔다. 이는 패
밀리룩의 중요한 요소가 됐으며 범퍼, 램프류 등의 디자인에 큰 변화를 주었
다. 운전자 편의 장치인 MMI(Multi-Media Interface)를 적용하여 사용자 편의
를 증대했으며 다이내믹 서스펜션을 통해 승차감을 향상했다. 1986년 아우
디 100 CS 콰트로 모델이 핀란드 카이폴라의 피카보리 스키 점프대를 올라
가는 광고를 선사했다. 2005년 A6 4.2 콰트로 모델이 스키 점프대를 오르는
광고를 재현했다.

2011년 7세대 모델 C7은 높은 출력, 경량화된 바디, 향상된 출력으로 차별

화된 기술력을 선보였다. 고강도 차체 구조인 ASF(Aluminium Space Frame)를 적용하여 중량 감소와 강성을 강화시켰다. 좌우 토크 배분 기술을 통해 언더 스티어링 현상을 개선했고 날카로운 코너링 성능을 향상했다. 2019년 8세대 모델은 기존 7세대의 디자인을 계승하며 스포티함과 세련됨을 강조하는 절제된 디자인을 보여줬다. 성능과 퍼포먼스, 연비, 첨단 시스템 등 아우디의 모든 역량을 집중한 모델이다. 그동안의 역사는 또 한 번 진보를 기대하게 된다.

2. 독일 3사를 대표하고 모두가 원하는
최고의 프리미엄 모델은 어떤 것이 있는가?

프리미엄의 프리미엄, 럭셔리의 럭셔리. 플래그십 차량은 프리미엄 자동차 브랜드의 상징이다. 플래그십은 함대의 선두에서 전투를 지휘하는 기함을 뜻하는 단어이다. 회사가 가진 모든 최첨단 기술력과 노하우가 집약된 최고의 상품에 사용된다. 플래그십 모델에서 선보인 기술은 일반 모델까지 대중화되어 전체 기술 발전과 보급화에도 영향을 끼친다. 최고의 제품에 대한 긍정적인 이미지는 브랜드의 이미지를 상승시키는 효과가 있다. 플래그십 모델은 브랜드 내에서 최상점에 존재한다. 모든 부문에서 고객의 기대치를 넘어서야 한다.

플래그십 차량은 기본적으로 뒷좌석 승객의 편의를 중심으로 한 쇼퍼 드리븐(Chauffeur-driven) 형태에 초점이 맞춰져 있다. 긴 휠베이스로 넓은 실내 공간과 편의성을 확보하여 탑승자는 항공기 퍼스트 클래스를 타는 듯한 여유로움을 느낄 수 있다. 럭셔리의 대중화와 주 소비층의 연령대가 낮아지면서 차주가 직접 주행하는 오너 드리븐(Owner-driven)의 형태로도 확장되었다. 부드럽고 안락하지만 뛰어난 주행 성능은 고급차량의 필수요소이다.

　자동차는 가장 비싼 소비재이면서 사치재이다. 이동이라는 기능적인 부분을 넘어서 소유자에게 특별한 가치를 제공해야 한다. 특히, 플래그십 차량은 단순한 이동 수단으로는 부족하다. 모두가 가지고 싶어 하지만 아무나 가질 수 없다. 고가의 상품을 고객에게 지불하게 하려면 합당한 이유가 필요하다. 회사가 이해하고 해석하여 만들어낸 가치를 고객이 받아들여야 한다. 독일 3사는 플래그십 모델의 상품성과 품질로 그 이유를 설명하고 있다.

　* 메르세데스-AMG/BMW M시리즈/아우디 R, S모델 등 고성능 브랜드는 기본 차량을 튜닝하여 운동능력을 강조하는 전략을 사용하고 있다. 차량의 성능을 극대화한 고성능 차량은 프리미엄 차량과 추구하는 바가 다르기 때문에 다음 장에서 별도 분류하여 소개하겠다.

[메르세데스-벤츠, S-클래스/GLS/G-클래스]

　독일 3사 중 가장 고급 브랜드로 평가받고 있는 메르세데스-벤츠는 프리미엄 모델의 가치 또한 독보적이다. 프리미엄 브랜드 내에서도 메르세데스의 플래그십 차량은 기준이자 표준으로 평가받고 있다. 수많은 경쟁자들의 끊임없는 도전을 이겨내고 차량의 형태를 가리지 않고 모든 분야에서 최상의 모델을 제공한다. 최고를 넘어서 더욱 특별하고 유니크한 가치를 원하는 고객을 타깃으로 한다. 메르세데스의 고급화 전략은 수평적으로 확장성이 있으며, 수직적으로는 더욱 높은 단계를 추구한다.

[사진 – S클래스 / 출처 – 메르세데스코리아]

프리미엄 대형 세단인 S-클래스는 메르세데스-벤츠의 플래그십 차량을 대표하는 모델이다. 고급 이미지의 벤츠 중에서도 최상위 트림을 차지하며 많은 재력가들이 선망하는 최고의 모델이다. SUV 라인업에서는 GLS가 그 역할을 한다. 대형 SUV의 선호도가 높은 북미 시장을 타깃으로 한 차량이다. 또한, 오프로드용 4륜 구동 차량으로 G-클래스로 분류되는 G-바겐이 있다. 1970년 초 의뢰를 받아 만든 군용 오프로드 차량이 시초라고 볼 수 있다. 그리고 기존 플래그십 모델을 넘어선 고급 서브 브랜드인 메르세데스-마이바흐가 있다.

S-클래스는 1953년 출시된 W180 모델에서 시작되었다. 2020년 W223 7세대 모델은 디자인, 승차감, 전자화, 자율주행 등 모든 면에서 메르세데스의 노하우와 기술력이 결합되었다. 크롬으로 마감한 대형 라디에이터 그릴과 디지털 헤드라이트, 날렵한 측면 라인, 삼각형 리어 램프 등 균형감과 새로움을 느낄 수 있는 디자인이 적용됐다. 압도적인 사이즈의 센트럴 디스플레이와 전체적인 균형감이 강조된 실내 공간에서 높은 품격과 존재감을 느낄 수 있

다. 전통을 통해 발전시켜 온 기술력은 플래그십 차량 특유의 안락한 승차감을 제공한다.

[메르세데스-마이바흐]

고급 차량 브랜드를 넘어선 최고급 차량 라인업을 구축하기 위해 메르세데스는 2014년 메르세데스-마이바흐를 서브 브랜드로 추가했다. 브랜드 마이바흐는 핵심 개발자였던 빌헬름 마이바흐로부터 이야기가 시작된다. 엔진 회사로 시작한 마이바흐는 제1차 세계대전 이후 베르사유 조약으로 독일에서는 항공기 제조가 금지되었다. 빌헬름의 아들인 카를 마이바흐는 1921년 메르세데스의 차량을 기반으로 최초의 럭셔리 양산차 마이바흐 W3을 양산했다.

[사진 – 메르세데스 마이바흐 S클래스 / 출처 – 메르세데스코리아]

1929년 비행선 엔진인 채플린의 이름을 사용하여 V형 12기통 DS8 채플린을 만들었다. 당시 독일에서 가장 긴 전장인 5.5m를 자랑하는 럭셔리카로 마이바흐를 대표하는 모델이 되었다. 1941년까지 1,800여 대만 생산 후 잠들었다가 60여 년이 지난 2002년 마이바흐 마누팍투르(Maybach Manufaktur)라는 이름으로 화려하게 부활했다. 2005년에는 독일 타이어 회사 풀다의 의뢰로 마이바흐 엑셀레로를 제작됐다. 최고속 350km를 넘어서는 유일한 모델이다.

주요 모델은 마이바흐 57, 57S, 62, 62S, 62S 랜덜럿 등이 있다. 차명에 쓰인 숫자는 전장의 길이를 의미한다. 예를 들면 57은 전장의 길이가 5.7m를 의미하며 넓은 실내 공간을 강조하기 위한 전략이다. 62S 랜덜럿은 뒷좌석이 컨버터블 탑으로 제작되었다. 쇼퍼 드리븐의 매력을 극대화한 최고의 럭셔리 모델로 평가받는다. 고유의 우아함을 강조하기 위해 세로형 라디에이터 그릴을 사용한다. 다른 메르세데스의 모델들과도 차별성을 부여한다.

마이바흐의 더블 M 엠블럼은 궁극의 럭셔리를 지향한다. 둥근 삼각형 안에 2개의 M 영문 이니셜을 중첩한 형태이다. 이 엠블럼은 제조사명인 마이바흐 마누팍투르를 상징한다. 메르세데스의 마니아에게 소유욕을 자극하는 엠블럼이다. 이러한 상징화의 작업은 경쟁 업체들에도 벤치마킹이 필요한 요소이다. 2021년 마이바흐는 탄생 100주년을 맞이했다. 확고한 원칙을 준수하고 끊임없는 혁신을 통해 프리미엄 차량의 최강자로 인정받고자 한다.

[BMW, 7시리즈/8시리즈/X7]

BMW는 플래그십에서도 역동적인 프리미엄 차량을 지향한다. 고급스러움은 한 가지로 정의하기 어렵다. 브랜드별로 이를 해석하는 방법도 다르다. BMW는 슬로건인 운전의 즐거움(Sheering Driving Pleasure)에서 차별화된 관점을 보이고 있다. 단순하게 고급스러운 소재와 비싼 부품, 최첨단 기술을 적절히 섞는 것으로는 부족하다. BMW의 철학은 우수한 주행 성능을 바탕으로 운전석에서도 즐거움을 느낄 수 있어야 한다는 것이라고 한다.

BMW의 럭셔리 클래스는 럭셔리 세단인 7시리즈, 럭셔리 쿠페 8시리즈, 럭셔리 SAV X7로 분류된다. 7시리즈는 BMW의 최고급 플래그십 세단으로 명성을 떨쳤다. 럭셔리 쿠페/그란쿠페인 8시리즈는 스포츠성을 강조하기 위해 2018년에 20년 만에 부활했다. 세단인 7시리즈와 달리 플래그십 대형 쿠페의 역할을 한다. 플래그십 SAV X7은 BMW의 정체성이 반영된 모델로 2018년부터 생산되었다. 스포츠성과 실내 공간성, 주행 성능의 조화가 우수하다.

[사진 – THE X7 / 출처 – BMW코리아]

BMW는 럭셔리 모델에서도 주행의 즐거움과 운동성능의 극대화를 추구했다. 주요 고객층도 차량의 운전석에 앉는 것을 선호한다. 7시리즈의 부진은 BMW 브랜드가 가진 스포츠성에도 많은 영향을 끼쳤다. 경쟁모델 S-클래스와 비교했을 때 플래그십 부문에서는 다소 밀리는 추세이다. 7시리즈는 쇼퍼 드리븐의 장점을 살리고 상징성과 안락함을 극대화하기 위해 M 모델을 개발 하지 않았었다. 상품성 향상을 위해 결국 M 퍼포먼스 모델을 개발했다.

7시리즈는 1977년 E23 모델은 날렵한 디자인과 우수한 주행 성능으로 많은 인기를 끌었다. 여러 세대를 거쳐 2015년 6세대인 G11/G12 모델이 출시 되었다. 2019년에 출시된 페이스리프트 모델은 외관에서 강력한 운동신경을 확인할 수 있다. 거대한 키드니 그릴과 날렵한 헤드램프, L자형 리어램프가 유명하다. 인포테인먼트 시스템을 터치 커맨드 등 정교한 기술을 적용하여 고급스러움을 더욱 강조했다. 액티브 섀시 컨트롤 기술로 안락함과 역동성을 모두 잡아 플래그십 세단의 기준을 제시했다.

[아우디, A8/Q8]

아우디는 100년을 넘는 역사와 함께 끊임없는 도전을 이어왔다. 안타깝게 도 재정 문제로 경쟁사인 메르세데스나 BMW보다 조금 늦게 프리미엄 브 랜드 반열에 들어섰다. 폭스바겐 그룹에서 명성을 떨치고 플래그십 차량까 지 추가한 지는 약 30여 년이 지났다. 디자인이나 성능, 기술력 등 강점을 보 유하고 있지만 후발 주자로 경쟁에는 많은 어려움이 존재했다. 경쟁사와는 또 다른 기술력을 바탕으로 한 플래그십 모델로 고객에게 새로운 가치를 제 공한다.

다른 경쟁 차 브랜드에는 없는 특별한 강점이 있다. 바로 폭스바겐 그룹이 보유한 폭넓은 자동차 브랜드 라인업이다. 보급형 차량뿐만 아니라 최고급 차량인 부가티, 벤틀리, 포르쉐, 람보르기니를 보유한다. 그룹사 내 기술력이나 노하우를 공유하거나, 심지어는 동일한 플랫폼을 적용할 수 있다. 이는 고성능 모델에서 진가를 발휘한다. 그룹사 내에서 경험한 고급 차량에 대한 DNA와 이해도 역시 짧은 시간 안에 성장할 수 있었던 경쟁력이 되었다.

아우디의 대형 플래그십 모델로 럭셔리 세단인 A8과 SUV Q8이 있다. Q8은 Q시리즈 최상위 모델로 람보르기니의 우르스와 플랫폼을 공유한다. A8의 전신인 V8은 1988년에 양산되어 세련된 디자인과 콰트로 모델에서 축적한 기술력을 적용했다. 다만, 플래그십 세단 시장은 S-클래스와 7시리즈가 플래그십 세단 시장을 양분 중이었다. 심지어 북미 시장은 렉서스라는 경쟁자도 있었다. 1994년 1세대 모델 D2에서 알루미늄 모노코크 타입이 ASF(Audi Space Frame)로 경량화를 이루는 등 기술력으로 승부하는 정공법을 펼쳤다.

[사진 – A8 / 출처 – 아우디코리아]

2017년 4세대 모델 D5까지 출시하여 현재 판매 중이다. 확장된 싱글프레임과 HD 매트릭스 LED 헤드램프는 아우디의 시그니처 디자인으로 자리 잡았다. 상시 사륜 주행을 기반으로 한 콰트로 시스템과 안정적인 핸들링은 오너 및 쇼퍼 드리븐을 모두 만족시키기 위한 노력을 엿볼 수 있다. 메르세데스의 마이바흐를 겨냥한 서브 브랜드 호르히를 2021년 중국 광저우 모터쇼에서 공식 공개했다. 브랜드의 프리미엄 파워를 강화하기 위한 노력의 일환이다.

3. 독일 3사는 운동성과
주행 성능을 강조한 고성능 차량을 개발한다.

독일 3사는 이동 수단이라는 자동차의 본질을 잘 이해하고 있다. 이동이라는 목적을 더욱 강화하고 주행에 대해서는 최고라는 철학을 강조한다. 특히, 고성능 자동차에는 본인들의 모든 역량을 집중시킨다. 고성능 차량은 그들이 추구하는 럭셔리라는 강점과 함께 주행 성능에 집중하여 차량의 운동 능력을 극대화했다. 이들의 퍼포먼스는 자동차라는 상품에서만 누릴 수 있는 특별함을 제공한다. 고성능 모델은 진정한 자동차 마니아들에게 사랑받는다.

고성능 자동차는 고객이 원하는 운동 능력을 구현한다. 대중성을 고려한 일반 모델과는 달리 차량의 동력을 특화하여 설계된다. 가속 페달을 밟을 때 즉각적인 응답 성능, 파워풀한 가속 능력, 긴급 상황에서의 제동 능력, 정확한 선회 능력 등 고객이 원하는 퍼포먼스를 선보인다. 독일 3사는 이러한 고성능 자동차의 별도 브랜드를 보유하고 있다. 고성능 브랜드는 자동차 본질의 성능에 집중하여 이를 선호하는 고객층에게 특별한 로열티를 형성한다.

고성능 모델은 독일 프리미엄 브랜드를 고급스러움과 동시에 화려하게 만드는 중요한 상징성을 가진다. 레이싱을 전문으로 하는 스포츠 모델과는 또 다른 차별성이 있다. 기존 고객들에게 익숙하면서도 선호도가 높은 고급 모델에 고성능이라는 화려한 날개를 달았다. 이러한 발상의 전환은 익숙하면서도 새로운 것을 선호하는 고객을 흥분시키기에 충분했다. 고성능 차량은 고급 모델의 한 축을 담당하게 되었다. 새로운 시장은 새로운 가치를 창출했다.

[메르세데스-AMG]

AMG는 1967년에 창립된 메르세데스-벤츠의 서브 브랜드이며 고성능 라인업을 담당한다. AMG의 약자는 아우프레히트 메르셔 그로사스파흐(Aufrecht Melcher Großaspach)이다. 두 창업자인 한스 베르너 아우프레히트의 A, 에르하르트 메르셔의 M, 그들의 고향인 그로사스파흐 지역명의 G를 따서 AMG라는 이름으로 결정됐다. 강력한 퍼포먼스, 우렁찬 엔진 배기음, 'One Man, One Engine'이라는 수작업 엔진 제조 방식으로 유명하다.

메르세데스의 신입사원이었던 아우프레히트로부터 AMG의 역사는 시작되었다. 그는 모터스포츠를 사랑하고 차량의 튜닝에 관심이 많았다. 그러나 회사에서는 르망24시에서의 참사로 인해 모터스포츠 진출을 꺼렸다. 그는 퇴사 후 형인 프리드리히와 에르하르트 메르셔의 지원으로 부르그스톨에서 AMG의 역사를 시작했다. AMG의 로고에 사과나무와 캠 샤프트가 함께 그려져 있다. 이는 회사 창립 때 사과밭이었던 공장 부지와 핵심 부품을 함께 나타낸다.

[사진 - 메르세데스 AMG 로고 / 출처 - 메르세데스벤츠]

모터스포츠 분야에서도 AMG는 우수한 성적을 거두며 성장했다. 포뮬러 1을 비롯하여 GT 월드 챌린지, 슈퍼 GT, GT4 유러피언 챔피언십 등에 참여했다. 1960년대 2세대, 3세대 S클래스를 튜닝하여 유럽 투어링카 챔피언십 등에서 우승권에 이름을 올렸다. 이러한 유명세를 높게 산 메르세데스는 1990년대 지분의 절반을 매입했다. 기존보다 500% 이상 증가된 매출로 엄청난 이윤을 남겼다. 2003년에는 모기업 다임러가 AMG의 지분을 전량 매입했다.

AMG는 메르세데스-벤츠의 기존 양산형 모델을 개조하여 한 차원 높은 퍼포먼스를 제공하는 역할을 한다. AMG 고유의 기술력을 결합하여 파워트레인, 브레이크, 서스펜션 등 각종 성능을 업그레이드 시킨다. 단순히 일부 부품을 튜닝하는 수준으로 평가하기는 어렵다. 1990년대까지는 메르세데스의 경쟁사이면서 협업을 함께했던 파트너였다. 현재 최초 차량 개발단계부터 최종 모델의 출시단계까지 전체 양산 과정을 주도하는 전문 회사로 성장했다.

AMG는 1인 1엔진이라는 철학을 바탕으로 고성능 자동차를 생산한다. 엔진을 수작업으로 제조하며 파워트레인 부품도 직접 개발하는 것으로 유명하다. 일반적으로 자동차 부품 생산 속도를 향상하기 위해 컨베이어벨트 방식의 대량 생산을 취한다. AMG는 작업자가 별도의 장비 키트와 함께 조립라인에서 이동하며 작업을 한다. 작업자의 장비에는 부품의 조립 과정 등 이력 정보가 기록된다. 결함을 신속하게 파악하고 수정이 가능하다는 장점이 있다.

엔진 조립이 끝난 이후 작업자의 서명이 포함된 명판을 붙인다. 이는 차량의 엔진룸에서 확인할 수 있다. 작업자들은 도제식으로 노하우를 후배 직원에게 전수한다. 특유의 마에스트로 정신을 엿볼 수 있으며 유니크한 매력을 엿볼 수 있다. 고성능 브랜드는 결국 최고의 프리미엄 차량 모델이다. 메르세데스-마이바흐 S63 AMG 모델은 역사상 가장 강력한 S클래스로 평가받는다. 최상급 프리미엄 브랜드인 마이바흐에 F1의 기술이 집약된 것이다.

[BMW, M]

BMW의 자회사인 BMW M GmbH에서는 기존 양산 차량을 고성능 모델로 튜닝한다. 최초 BMW Motorsports GmbH라는 명칭으로 모터스포츠를 담당하는 부서에서 출범했다. M 시리즈는 1972년 5월, 35명이라는 적은 인원으로 시작하여 현재 약 400명의 직원까지 증가했다. 최초에는 모터 레이싱을 위한 엔진과 섀시 부품을 튜닝하여 성능을 향상하는 역할을 했다. 현재는 강력한 퍼포먼스를 바탕으로 고객에게 고성능 차량의 경험을 제공한다.

BMW M의 엠블럼은 빨간색, 파란색, 하늘색이 결합된 색상과 대문자 알파벳 M의 레터링 형태가 결합되었다. 이는 모터스포츠를 상징하며 고유의 높은 퍼포먼스와 스포츠 드라이빙에서의 역동성을 상징한다. 엠블럼에 사용된 색상은 순서대로 다음과 같은 의미를 가진다. 빨간색은 BMW와 협업 관계였던 미국의 석유 브랜드인 텍사코, 하늘색은 BMW의 바이에른 지역을 상징, 그리고 파란색은 두 색상을 섞은 것으로 두 업체 간의 협력을 상징한다.

BMW M의 최초 모델은 레이싱 경기를 목적으로 제작된 고성능 쿠페 모델 3.0 CSL이다. CSL은 Coupe, Sport, Lightweight의 약자로 경량형의 스포츠 쿠페 차량을 의미한다. 유럽 투르링카레이스 챔피언십에서 우수한 성과를 거뒀다. 1978년 M넘버링을 가진 첫 번째 모델인 M1이 개발됐다. 이탈리아 디자이너인 주지아로가 디자인을 주도하고 람보르기니의 자문을 받았다. 고성능 모델인 M 디비전을 일반 고객들에게 각인시킨 차량으로 평가받는다.

BMW M은 모터스포츠에 참여하는 과정에서 크나큰 성과를 만들었다. 투르링카레이스, 르망 24시, GT3 레이싱 등에서 경쟁력과 성과를 보이고 있다. 모터스포츠를 통해 경쟁력을 확보하고 지속적인 혁신을 추구한다. 레이싱을 통해 자체 기술 확보와 브랜드 이미지 강화를 하고 있다. F1 경기에는 2006 년부터 2009년까지 참여하고 2008년에 제조사 챔피언십 3위까지 차지했다. 그러나 2009년을 기점으로 F1 팀을 철수하고 직접 참여하지 않고 있다.

BMW M의 M Division, M Performance, M Sport line은 별도의 라인업을 가진다. 차량의 성능, 운동성, 디자인 등 각종 영역에서 차이점과 다른 수준으로 구분된다. M Division은 고성능과 운전의 재미에 집중한 라인업으로 평범한 차량은 따라올 수 있는 성능을 자랑한다. 고성능의 엔진, 서스펜션, 브레이크 시스템 등이 적용되고 독창적인 외관 디자인 특징을 가진다. M3, M5, X5 M, X6 M 등이 있으며 정식 넘버링에 M이라는 레터링이 포함된다.

M Performance는 일반 모델에서 기술과 성능을 향상한다. 중급 성능 강화 버전으로 M Division과 비교 시 고객의 접근성이 높다. 각종 주요 부품이 업그레이드되었고 전용 디자인이 적용된다. M340i, X3 M40i, M550i 등 모델이 있다. 특이 사항으로는 드레스업 부품도 별도로 판매한다는 점이다. M Sports는 운동성과 주행 감성을 강조한다. 주로 디자인 중심의 강화에 초점을 맞춘다. 3시리즈 M Sports, X5 M Sport, 5시리즈 M Sport 등이 있다.

[아우디, 아우토 스포트 - S, RS, R]

아우디는 고성능 자동차의 개발에 주력을 다 한 브랜드이다. 전신인 아우토 우니온 시절부터 고성능 차량의 발전에 집중했다. 메르세데스의 AMG와 BMW의 M Division과 유사한 라인인 아우디 스포트가 존재한다. 아우디 스포트는 고성능 차량의 제조와 개발을 담당하는 자회사인 Audi Sport GmbH 에 속한다. 주요 부품과 차량 전체의 퍼포먼스를 향상한다. 라디에이터 그릴, 휠, 브레이크 캘리퍼, 머플러, 고유의 엠블럼 등 외관 차이를 만들어낸다.

아우디의 고성능 차량 역사는 최초 1980년도에 출시된 Audi Quattro에서 시작한다. 아우디가 강조하는 상시 4륜 구동 시스템을 활용하여 모터스포츠 에서 많은 성공을 거두었다. 1984년 Quattro의 진화형인 Sport Quattro는 짧은 휠베이스와 강력한 엔진으로 성공을 거두었다. 1994년 최초의 RS 모델인 Audi RS2를 시작으로 고성능 모델의 라인업을 구축하기 시작했다. 각 차량의 라인업과 고성능 모델을 통합시켜 고객의 다양한 취향을 만족시켰다.

아우디 스포트는 다양한 테스트를 통해 고성능 모델을 개발해 왔다. 각 종 날씨, 온도, 도로 조건, 주행환경 등을 만족하기 위해 전 세계 여러 나라에 서 시험은 진행된다. 뉘르부르크링 노르드슬라이페 시험에서 8천 킬로를 연 속으로 달리기도 한다. 모터스포츠 참여에도 적극적인 자세를 보인다. F1, DTM, WRX, WRC, 르망 24시 등에 참여했다. 고객 경험을 유도하기 위해 고성능 차량을 제공하고 다양한 고객 레이싱과 GT 이벤트를 운영하는 중이다.

주요 고성능 모델은 S(Sovereign Performance), RS(Renn Sports, Racing Sports), 고성능 스포츠카 모델인 R(Reen)로 분류된다. S모델은 기본 양산형 차량을 고 성능으로 튜닝한 모델이다. RS는 레이싱 스포츠라는 의미를 지니고 있으며 S 모델을 보다 레이싱 모델에 가깝게 개발한 차량으로 분류 가능하다. R모델은 실세 레이싱 모델에 가까운 동력 성능을 사당한나. 따라서, 일반 내중 그색을 넘어서 진정한 자동차 마니아들을 위해 개발한 모델이다.

아우디는 고성능 라인업을 S와 RS로 구분한다. 네이밍 방식을 비교해 봐도 S에서 R이라는 문자를 더 붙인 RS가 더욱 강력해 보인다. 그러나 단순히 상하위 트림으로 구분할 수는 없다. 각 모델의 지향점이 다르며 역할에 따라 라인업을 배분했다. S는 기존 라인업을 바탕으로 최고의 성능을 선보인다면 RS는 레이싱을 지향하며 주행에 초점을 맞춘 모델이다. S는 부드러움과 풍성함을 가진다면 RS는 강렬하고 날카롭게 성능을 극한까지 높였다.

[사진 – RS 로고 / 출처 – 아우디]

아우디의 고성능 브랜드 이미지를 강화하기 위해 개발한 차량이 바로 R8이다. 영화 아이언맨의 주인공인 백만장자 토니 스타크가 흰색 R8을 타는 장면은 큰 이슈를 끌었다. 출시 이후 가장 성공한 슈퍼카의 이미지를 구축했고 신규 개발 차량의 참고서가 되었다. 신규 출시된 TT가 1세대 R8을 참고하여 디자인 콘셉트를 잡았을 정도로 후속 아우디 모델의 디자인에 영향을 끼쳤다. 이렇듯 아우디 차량에서 가장 미래 지향적이라고 평가받는다.

4. 한눈으로 읽는 독일 3사 기술의 모든 것

독일 3사는 긴 역사를 가진 프리미엄 자동차 브랜드로 우수한 기술력을 자랑한다. 내연기관의 발전과 함께 자동차 기술이 진화하는 과정을 함께 했다. 전통적인 파워트레인을 비롯하여 완성차의 폭발적인 드라이빙 퍼포먼스를 구현했다. 브랜드가 발전하면서 자체적인 기술 축적과 함께 우수한 부품 제조사를 육성했다. 신뢰성을 요구하는 자동차의 품질을 향상하기 위하여 모터스포츠를 통해 내구성을 입증했다. 결국 모든 것은 기술에서 출발한다.

독일 3사는 자체적인 기술력을 바탕으로 부품과 완성차 전체의 성능을 발전시켰다. 파워트레인, 차체, 섀시, 제동, 전장, 자율주행, 인포테인먼트, 전동화 등 다양한 분야에서 회사 고유의 기술력을 바탕으로 지속적인 혁신을 보여주고 있다. 자동차는 매우 다양한 부품과 시스템으로 구성되고 각 분야별로 최고의 인재들이 기술 개발에 집중하고 있다. 기초 단위인 소재부터 부품 설계와 제조부터 최종 조립까지 무엇 하나 빼놓을 수 있는 것은 없다.

시장은 항상 새로운 기술을 요구한다. 최초 1886년 카를 벤츠의 3륜 내연기관 자동차로부터 눈이 부시도록 많은 기술 발전이 있었다. 기술은 인간의 욕구에서부터 시작된다. 조금 더 편리하고 발전된 세상에 대한 기대는 기술 발전을 독려한다. 새로운 기술에 대한 시장의 요구와 엔지니어의 기술개발을 통해 초기 연구개발 단계에서 많은 아이디어가 제안된다. 이를 시뮬레이션하고 Proto Type 차량의 시험을 거쳐 새로운 차량이 세상에 등장한다.

독일 3사를 포함한 모든 자동차 회사는 유사한 기술 개발 프로세스를 따른다. 최초 콘셉트 단계부터 디자인, 상품성, 대상고객 등에 따라 각 분야별 기술을 개발한다. 차량 단위에서부터 하위 부품까지 순차적으로 설계된 로드맵을 따른다. 내연기관에 이어서 조향, 제동, 섀시 기술 등이 함께 탄생했다. 각 분야별로 성능이 향상되고 전자 장치가 개입되었다. 각종 전동화 기술이 뒤따랐고 디젤게이트와 테슬라의 등장 이후로는 급속도로 성장했다.

자동차의 심장이라고 할 수 있는 파워트레인은 자동차 기술의 핵심이다. 다임러에서 내연기관 4행정 방식으로 파워트레인은 발전했다. 내연기관은 가솔린과 디젤 기술이 성장했고 구동력을 바퀴로 전달시켜 주는 변속기 기술도 함께 발전했다. 메르세데스와 BMW는 트윈파워터보 기술을 사용한다. 아우디는 가솔린 엔진 기술인 TFSI와 디젤 엔진 기술인 TDI를 가지고 있다. 이들 모두 내연기관의 퍼포먼스를 극대화하고 높은 연료 효율을 제공한다.

[사진 – 메르세데스 OM656 엔진 / 출처 – 메르세데스벤츠]

변속기의 경우 차량의 특성을 고려하여 설계된다. 주로 사용이 많이 되고 있는 변속기는 자동변속기와 DCT(Dual Clutch Transmission)가 있다. 메르세데스는 7단, 9단 변속기가 주를 이루고 AMG 모델에는 AMG 스피드 쉬프트라는 자동변속기가 있다. 아우디는 S 트로닉이라는 두 개의 클러치를 갖춘 방식으로 신속하고 섬세한 기어 변환이 가능하다. BMW는 7단, 8단 변속기를 사용하며 일부 모델에는 스텝트로닉 스포츠 자동변속기를 사용한다.

후륜 구동 방식은 안정적인 주행 성능을 위해 주로 선택된다. 메르세데스는 중량을 후방에 집중하여 고객에게 안전성과 고급스러운 승차감을 제공한다. BMW는 운전자에게 운전의 재미를 강조하며 후륜 구동을 통해 퍼포먼스에 집중한다. 아우디는 기술 중심으로 스포티한 운전 감성과 역동적인 주행 경험을 선사한다. 후륜 구동 방식은 차량 전체의 균형과 운전 성능에 직접적인 연관이 있다. 운전의 재미와 고급감을 함께 전달하는 것이 목표이다.

또한, 이들은 차량의 동력을 전륜과 후륜에 배분하는 네 바퀴 굴림방식도 사용한다. 메르세데스-벤츠는 4-MATIC 시스템은 가변 토크 분배 방식을 통해 전방과 후방의 바퀴 간 동력을 적절하게 조절한다. 주행 중 여러 가지 변수를 제어할 수 있다. BMW의 X-Drive는 다이내믹 토크 분배 시스템으로 주행 상황을 모니터링하여 주행 성능을 제어한다. 아우디는 콰트로 방식을 사용하여 앞뒤 바퀴 간 동력을 분배하고 필요에 따라 적절하게 이를 조절한다.

[사진 – 아우디 콰트로 조감도 / 출처 – 아우디]

차체 및 섀시 기술은 경량화와 고급화를 동시에 목표로 하고 있다. 고강도 철강이나 알루미늄, 카본 파이버 등 다양한 소재를 사용한다. 차체 중량은 낮추면서도 외부 충격으로부터 고객 보호를 목표로 한다. 안전은 가장 중요한 요소이며 이를 중심으로 기술력은 발전했다. 빗길 등 도로 조건이 좋지 않더라도 고객의 안전을 확보하는 ABS(Anti Brake System)를 개발했다. 고성능 브레이크 시스템을 통해 제동 응답 성능과 내구성을 함께 높였다.

각종 전자기술과 센서를 탑재하고 기존 기계식에서 전자식으로 기술 발전은 진행되었다. 운전자 안전을 위한 보조기술과 편의기술은 물론이다. 전방 충돌 회피 시스템, 차선 인식 및 유지 기능, 고성능 에어백 등을 발전시켰다. 전통적인 변속 레버를 넘어 도입된 전자식 변속 레버는 실내 공간 활용, 편의성, 디자인 측면에서 우수한 평가를 받는다. 각종 인포테인먼트 기술, 자율주행, 전동화 등의 발전으로 전기/전자 분야는 매우 중요한 요소가 되었다.

인포테인먼트 기술은 고객 중심으로 발전해 왔다. 메르세데스는 MBUX(Mercedes - Benz User eXperience)와 같은 혁신적인 시스템으로 고객 편의를 높였다. BMW는 iDrive, 아우디는 MMI와 같은 고급 인포테인먼트 서비스를 제공한다. 과거에는 단순히 차량 및 지도 정보를 제공하고 편의장치를 이용하는 수준이었다. 이를 넘어서 터치스크린과 음성인식 기술, 영상을 제공하는 대화면 디스플레이까지 탑승객에게 편리한 실내 환경을 제공한다.

[사진 - BMW I드라이브 / 출처 - BMW코리아]

독일 3사는 자율주행에 있어서도 혁신을 이끌어가기를 희망한다. 레벨 2

수준을 만족하여 일부 조건에서는 운전자 개입 없이 주행이 가능한 수준이다. 레이더, 라이더, 카메라, 각종 센서 등 다양한 부품 개발을 진행 중이다. 외부 주행 환경을 정확히 인지하고 제어 역량 향상에 집중하고 있다. 레벨 3 수준의 기능도 시범적으로 도입하고 기술 개발에 많은 투자를 아끼지 않는다. 궁극적으로는 레벨 4 이상의 완전 자율 주행 상용화를 실천하고자 한다.

전동화 분야를 살펴보면 메르세데스의 EQ시리즈, BMW의 I브랜드, 아우디의 e-tron은 전용 브랜드이자 플랫폼이다. 하이브리드 및 전기차 모델을 지속적으로 개발하고 전동화 분야에 지속적인 투자를 강화하고 있다. 배터리 전용 플랫폼을 구축하고 구동모터 기술을 발전시켰다. 전원을 직류에서 교류로 전환하는 전력변환 기술은 인피니언 등 독일 기업이 강세를 보인다. 충전 인프라 구축과 각종 충전 관련 서비스를 제공하며 기술 향상에 힘쓴다.

독일 3사는 이렇듯 각자 브랜드의 고유한 철학을 바탕으로 기술력을 발전시켰다. 브랜드의 지향점과 목표를 분명하게 하고 이에 따른 상품 라인업 구성에서 시작한다. 이후 차량별로 개성을 확실히 하여 기술 개발에 힘쓰고 혁신적인 발전을 도모한다. 기존의 강점을 극대화하고 자율주행 및 전동화 등 새로운 시대를 이끌어갈 트렌드도 선도하기 위해 힘쓴다. 결국 자동차 회사의 본질은 기술이고 철저한 품질 관리를 통해 지속적인 성장을 추구하고 있다.

5. 메르세데스-벤츠는 엔지니어링과
전체적인 차량의 조화를 추구한다.

메르세데스-벤츠는 기술력을 바탕으로 모든 분야에서 최고가 되고자 한다. 다양한 부품들을 비롯하여 이를 조합한 완성차의 조화를 이룬다. 이는 궁극적으로 최고의 자동차를 제작하기 위해서이다. 엔지니어링 기반의 회사로서 다양한 특허와 원천 기술을 보유하고 있다. 기본적인 성능 향상에 힘썼을 뿐만 아니라 각종 안전과 관련된 신규 시스템의 개발도 이끌었다. 또한, 차량 충돌 테스트부터 여러 가지 시험법을 추가하며 차량의 신뢰성을 확보했다.

메르세데스는 자동차에서 가장 중요한 기능인 고유의 운전성을 확보하기 위해 노력해 왔다. 엔지니어링 역량을 바탕으로 강력한 퍼포먼스를 선보인다. 또한, 프리미엄 브랜드가 마땅히 가져야 할 특징인 안정감과 정숙성을 강조한다. 차량 개발 시 스포티한 주행 성능은 유지를 함과 동시에 주행 안정성이라는 두 마리 토끼를 놓치지 않고 쫓고 있다. 가속 시에는 직관적인 성능을 선보이며 진동을 억제하고 원활한 핸들링을 통해 안정감을 고객에게 선사한다.

후륜구동 방식을 주로 사용하는 독일 프리미엄 브랜드가 지향하는 운전성은 명확하다. 차량 고유의 멀티링크 서스펜션 방식은 앞뒤 피칭이나 좌우 롤링 등의 진동을 억제시키는 역할을 한다. 고객이 장시간 또는 고속으로 주행을 하더라도 낮은 피로감과 안정감 높은 운전성을 체감한다. 차체 전체의 철판 두께를 증가시키고 쇼버 마운트 등에 진동 전달을 차단하기 위한 장치들을 반영했다. 성능을 높임과 동시에 안정감을 만족하는 전략으로 해석된다.

내연기관 자동차를 인류 최초로 개발한 이 회사는 수많은 연구개발을 통해 기술을 발전시켜 왔다. 내연기관을 비롯하여 점화플러그, 기화기, 클러치와 기어 시스템, 수랭식 라디에이터 등은 현재 차량의 틀과 기술적인 방향성에 대한 정의를 내렸다. 이러한 혁신적인 기술력을 바탕으로 제너럴 모터스에 있어서 기술특허 세계 2위의 위치를 점유하고 있다. 독보적인 신기술을 시장에 선보이고 수년 이내 세계표준으로 만들 정도로 엄청난 영향력을 가진다.

파워트레인은 자동차의 심장임과 동시에 차량의 성능에 가장 영향을 크게 미친다. 메르세데스는 승용, 상용, 레이싱용을 비롯하여 항공기나 잠수함용 엔진을 제작해 왔다. 가솔린과 디젤 엔진을 균형 있게 발전시켜 왔다. 직분사 가솔린 엔진인 CGI(Charged Gasoline Injection)는 실린더에 들어갈 연료량을 조절하여 효율을 극대화했다. 커먼레일 디젤 엔진인 CDI(Common Direct Injection)는 CGI와 마찬가지로 연료 분사량의 높은 효율을 가져온다.

승용차량 엔진은 체급에 따라 3기통에서부터 최대 12기통까지 다양하게 존재한다. 6기통과 8기통의 엔진은 직렬형인 I6, I8과, V형 엔진인 V6, V8로 나누어진다. V6엔진은 연비가 좋고 직렬 방식보다 공간 효율이 우수하다. 피스톤을 두 줄로 배치하여 체적의 향상과 진동 및 소음 측면에서도 유리하다. V8 엔진은 피스톤의 개수가 증가하여 더욱 높은 출력과 강력한 성능을 자랑한다. S680 마이바흐는 최고 배기량을 사용하는 12기통 엔진을 사용한다.

차량 모델과 엔진의 타입에 따라 다양한 변속기도 적용된다. 변속기는 부드럽고 안정감 높은 주행을 위해 필수적인 역할을 한다. 성능과 연비를 고려한 9단 자동변속기, 빠른 변속과 부드러운 주행을 위한 8단 자동변속기, 경제성과 성능을 동시에 잡은 7단 자동변속기 등이 사용된다. AMG 고성능 모델에는 스포티한 주행을 위해 변속기 제어를 최적화했다. 4륜 구동 방식인 4MATIC 시스템은 주행 조건에 따라서 토크를 제어하여 주행 안전성을 확보한다.

메르세데스의 기술은 오랜 기간 성장과 발전을 거듭했다. 다양한 기술이 차량에 적용되었고 일부는 현재에도 사용되고 있다. 그중 안전과 관련된 기술은 개방하여 경쟁사들의 사용을 허용했다. 산업 생태계의 발전이 자사에도 긍정적이라고 판단한 결과이다. 시장이 확대됨으로써 각국 정부의 정책과 회사들의 투자를 이끌었다. 자동차 산업의 기초 기술부터 협력사 육성까지 힘쓴 것이다. 이는 자동차 시장을 발전시키는 선순환적인 구조를 만들었다.

다양한 안전 시스템 중 일부는 현재 법규로 지정되어 있다. 고객의 안전과 생명을 기술을 통해 보호하고자 하는 목적이다. 따라서 차량 판매를 위해서는 일부 기능이 반드시 장착되어 있어야 한다. 크럼플 존, 안전벨트 텐셔너, 차량 충돌 테스트, 에어백, 벨트 텐셔너와 같은 수동 안전 시스템부터 ABS와 ESP 등의 전자식 능동 안전 시스템까지도 기술 발전을 이끌었다. 지금은 당연하게 생각되는 안전 사양들은 오랜 기간에 걸쳐 발전되어 온 것이다.

[사진 – ABS 잠김 방지 브레이크 시스템 / 출처 – 메르세데스코리아]

현재 차량 판매 시 필수적으로 통과되어야 하는 충돌 테스트도 최초 메르세데스가 시작했다. 1959년 진델핑겐 생산공장 인근에서 시험용 차량을 단단한 물체에 정면으로 충돌시키는 시험을 진행했다. 생산공장에서 갓 만들어진 세단차량을 목재 고정 벽에 정면 충돌하는 시험 방식이었다. 시험차량을 견인장치를 통해 들어 올린 채로 가속 시험이 진행되었다. 글라이더가 이륙할 때의 방식을 참조한 것이다. 안전성 연구에서 새로운 한 걸음을 내디뎠다.

철재 또는 콘크리트 소재의 강성이 높은 장애물에 정면 충돌하여 실험은 진행되었다. 1970년대부터 1990년대까지 시험은 지속적으로 정교하게 발전되었다. 1992년에는 변경 가능한 장애물을 활용하여 정면 충돌 시험이 진행되었다. 그리고 1993년에는 벌집처럼 육각형 형태의 허니콤 구조의 형태를 바꿀 수 있는 금속 장애물을 시속 60km 속도에서 충돌하는 상황을 연출했다. 충돌 시험은 실제 조건과 더욱 유사해졌고 메르세데스의 시험 기준이 되었다.

약 60년간 충돌 시험의 기준은 지속적으로 강화되었다. 현재는 운전자를 비롯하여 보행자까지 보호하기 위한 방향으로 발전되고 있다. 2015년에는 5만 5천m² 규모의 자동차 안전기술센터(TFS, Technology Center for Vehicle Safety)를 완공했고 2016년 9월 최초 시험을 진행했다. 1만 5천 건 수준의 충돌 시뮬레이션과 150건 이상의 실제 시험을 진행했다. 글로벌 인증 항목과 낙하 테스트 등 여러 시험은 고객의 안전을 보호하기 위해 발전되었다.

메르세데스는 1980년에 안전벨트 텐셔너를 최초로 선보였다. 현재 모든 승용차에서 이 기술은 기본적인 사양으로 적용됐다. 충돌 사고 시 고객의 목숨을 보호해 주는 에어백도 오랜 역사를 지녔다. 1971년에 최초로 특허를 받고 13년이라는 기간 동안 시험을 거치고 현재 차량 모델에 장착되고 있다. 운전석과 보조석 등 앞좌석에서 시작하여 사이드백과 윈도우백이 추가되었다. 운전 조건에서 다양하게 발생할 수 있는 사고에서도 고객을 보호한다.

[사진 – 1981년 126 모델 S시리즈 / 출처 – 메르세데스코리아]

운전자 보호를 위한 프리-세이프 기술을 2002년 최초로 발표했다. 주행 조건에서 사고가 예상되는 상황을 사전에 예측하여 충돌에 대비하기 위한 목적으로 개발되었다. 안전벨트를 팽팽하게 당겨서 고객의 부상을 방지하고 사고를 사전에 대응할 수 있는 기술이다. 이는 안전에 있어서 수동과 능동을 융합하여 한 단계 높은 수준을 제시했다는 평가를 받고 있다. 이러한 전자식 기술을 통한 능동적인 시스템은 안전장치를 혁신적인 형태로 발전시켰다.

능동적인 안전 시스템에는 대표적으로 ABS와 ESP와 같은 적극적인 기술도 존재한다. ABS(Anti-lock Braking System)는 급제동 시 타이어가 미끄러지는 현상을 방지하기 위해 개발되었다. 빗길이나 눈길 등 도로 노면 상태에 따라서 고객이 원하는 제동력을 발휘하지 못하는 현상을 예방한다. 주행 중 브레이크를 밟을 시 제어기가 휠의 브레이크 압력을 모니터링하고 조절하여 안정적인 제동을 유지한다. 조향 능력이 유지되며 사고를 예방한다.

ESP는 Electronic Stability Program으로 차량의 안전성을 확보하기 위해 차량의 트랙션과 안전성을 모니터링하고 제어한다. 급격한 회피성 조작이나 커브로 주행 시 타이어 슬립이 발생하거나 언더스티어링과 오버스티어링을 예방할 수 있다. 개별적으로 휠의 브레이크 압력을 조절하고 엔진 출력을 조절해서 차량을 안정된 상태로 유지한다. 이는 승객의 안전을 확보하고 위험을 예방하기 위해 작동하며 차량의 제어 향상을 통해 안전성을 높인다.

주행보조와 자율주행 기능은 지속적인 개발이 진행 중이다. 주행을 보조하는 레벨2 기능은 이제 거의 전 차종에 적용되어 있다. 인텔리전트 드라이브라는 명칭으로 다양한 주행보조 DA(Driving Assistance) 시스템을 통합했다. 카메라, 센서, 각종 제어기가 협조하여 운전자를 도와준다. 일부 도시에서는 운전자가 주행을 멈추고 차량에 운전을 위임이 가능한 레벨 3기능을 탑재한 차량이 운행한다. 무사고를 지향하고 궁극적인 완전 자율주행을 꿈꾼다.

프리미엄 차량은 고객이 머무는 순간에 최상의 경험을 제공해야 한다. 차량 실내에는 고급스러운 디자인과 각종 기술들이 결합된다. 고급 가죽 소재를 사용한 내장재는 럭셔리하면서 편안한 공간을 창출한다. 엠비언트 라이트를 조절하여 실내를 매우 환상적인 공간으로 만든다. 주행 중 다채롭게 변화하는 조명의 색상과 밝기는 고객에게 안락감과 고급감을 전달한다. 에어캡티브 터치스크린은 터치와 제스처 제어를 통해 다양한 기능을 사용할 수 있다.

고해상도의 디스플레이를 제공하는 MBUX 하이퍼스크린을 선보였다. 클러스터 패널 전체를 확장하여 전체 디스플레이를 통합하는 방식이다. 차량과 지도 정보 정도를 표현했던 과거 방식을 뛰어넘었다. 56인치의 거대한 화면은 조수석까지 대시보드 전체를 점유한다. 대시보드의 여러 가지 물리 버튼이 통합하고 양쪽 끝에는 아날로그 통풍구가 탑재된다. 디지털과 아날로그의 융합이 기대된다. 메인 스크린에 있는 지문인식 센서는 운전자를 식별한다.

일부 컨버터블 모델에 사용되는 기술은 독보적이다. 실내에서 버튼 제어를 통해 자동으로 개폐가 되는 루프는 차량의 상품성을 극대화한다. 버튼을 누르면 자동으로 열리거나 닫히며 루프를 오픈하기 때문에 고객에게 차원이 다른 개방감을 전달한다. 다만, 차량의 안전성과 신뢰성 측면에서 제작이 매우 어려운 문제점이 있다. 소프트탑의 경우 주행 중에도 루프 소삭이 가능하지만 하드탑은 상대적으로 견고하고 안정성이 있다는 차이도 존재한다. SLK는 하드탑을, E클래스 카브리올레는 소프트탑 방식을 채택했다.

전동화 기술의 개발을 통하여 e-모빌리티의 현재를 정의하고 미래를 꿈꾼다. 2021년에는 전기차 전용 아키텍처인 EVA2가 최초로 적용된 EQS를 출시했다. 이와 함께 EQ 브랜드를 통해 순수 전기차의 기술을 발전시켜 왔다. 모듈식으로 플랫폼을 구성하여 다양한 차량 라인업을 구성했다. 이 외에 내연기관과 전동화를 결합한 플러그인-하이브리드 차종도 세단과 SUV 등 다양한 차량 라인업을 선보인다. 미래 기술을 위한 치열한 경쟁이 진행되고 있다.

6. BMW는 파워트레인을 기초로 기본기를 강조한다.

차량의 운동 성능은 BMW 브랜드의 핵심 요소이다. 고유의 파워트레인 기술을 바탕으로 강력한 퍼포먼스를 제공한다. 이들에게 있어서 기술력에 대한 양보는 없다. 각 부품부터 완성차 단위까지 전체적인 균형과 기본기를 강조한다. 운전자는 차량의 핸들을 잡고 가속 페달을 밟으면서 최고의 성능을 경험한다. 자동차는 탑승객을 안전하고 신속하게 목적지까지 이동을 도와주는 제품이다. 이러한 기본에 더해 주행의 즐거움을 더해 상품성을 극대화한다.

BMW는 항공기 엔진 제조를 시작으로 출범한 브랜드이다. 그들은 회사의 뿌리에서부터 기술 전문성에 집중하고 있다. 심지어 뮌헨에 위치한 본사 건물은 엔진 속 4개의 실린더의 형상을 하고 있다. 내연기관 기술력에 대한 자신감뿐만 아니라 회사를 상징하는 형태를 나타낸 것이다. 가솔린 엔진은 우수한 가속성과 높은 출력을 자랑함과 동시에 연료 효율성을 함께 공략했다. 디젤 엔진은 높은 토크를 통해 빠른 가속 능력과 경제성을 실현했다.

고유한 직렬 6기통 엔진을 묘사하기 위한 실키식스라는 표현이 탄생했다.

마치 비단처럼 부드럽게 회전수가 상승한다는 의미이다. 6기통 엔진의 직렬 배치를 통해 고 RPM에서 유리한 구조이다. 변속기 세팅 시 저단 기어를 선호하여 높은 RPM을 주로 사용한다. 1974년 레이싱카 3.0 CSL에서 최초로 등장했다. BMW의 플래그십 세단인 7시리즈 740i sDrive에서 독보적인 매력을 자랑했다. 엔진의 선형적인 반응은 일정하고 안정적인 승차감을 제공한다.

[사진 – BMW M1 탑재 직렬 6기통 엔진 / 출처 – 도이치모터스 블로그]

BMW는 1916년 설립된 이후 기나긴 역사 속에서 우수한 엔진을 제작해 왔다. 최고의 엔진 중 최초는 1917년에 개발한 IIIa 항공기의 직렬 6기통 엔진이다. 배기량 19.1리터에 최고출력 185마력으로 높은 고도에서도 성능을 확보했다. 이후 1936년 모터사이클용 500cc 배기량의 수평대향 2기통 엔진으로 기술력을 자랑했다. 같은 해에 BMW 328에 직렬 6기통 엔진을 개발하여 스포티한 성능을 선보였다. 고성능 엔진으로 운전의 즐거움을 제공했다.

1954년 V8 알루미늄 합금 엔진은 502에 적용되었다. 1973년 역사상 최초의 터보엔진은 2.0리터에 최고출력 170마력을 기록했다. 1983년 F1 레이싱용 직렬 4기통 터보엔진과 직렬 디젤 6기통을 선보였다. 두 엔진은 다운사이징 터보엔진과 디젤엔진의 새로운 장을 이끌었다. 1987년 5.0리터의 최고출력 300마력 V12엔진이 750i 차량에 적용되었다. 2004년 M5의 V10엔진은 5.0리터의 대형엔진이 7,750RPM에서 500마력의 최고출력을 자랑했다.

BMW의 엔진은 고급 차량 시장에서도 기술력을 자랑한다. 스포티한 방식의 엔진 제작 경험과 다양한 노하우는 크나큰 강점이다. 자체 개발 엔진을 다른 자동차 제조사에 공급하는 아웃소싱 정책도 취하고 있다. 고성능 차량을 제작하고자 하는 자동차 제조사들은 BMW의 심장을 공유하기를 희망한다. BMW 그룹의 자회사인 롤스로이스의 팬텀과 고스트에 자체 엔진이 사용된다. 독일의 알피나와 바이스만, 영국의 모건도 BMW의 엔진을 사용한다.

변속기는 엔진과 함께 파워트레인의 한 축을 담당한다. 안전성과 신뢰성을 담당하고 가속 성능과도 직결된다. ZF의 8단 자동변속기는 BMW의 차량과 우수한 조합을 선보인다. 물론 다양한 자동차 브랜드에 투입되지만 BMW와 가장 환상적인 궁합을 자랑한다. 신속하면서 부드러운 변속 성능은 스포츠카와 럭셔리 차량의 필수적인 요소이다. 같은 부품이라도 제조사마다 원하는 스타일로 변속기를 튜닝한다. 서로가 같은 지점을 지향한 결과로 해석된다.

BMW는 연료 효율성과 차량 주행성을 함께 향상하기 위한 차체 기술을 강조한다. 차량 설계부터 경량화에 집중하되 내구성과 안전성을 고려한 소재를 선택한다. 이들은 주로 고강도 강철, 알루미늄, 카본 파이버 등의 소재로 성능을 높였다. 탑승객의 안전성을 확보하기 위한 SCCS(Safety Continuous Cell Structure) 기술은 충돌 시 충격을 최소화하여 고객의 안전을 보장한다. 차체 디자인과 공기역학을 함께 통합 설계하여 차량 성능을 확보한다.

주행 성능과 동시에 차량에서 제동 성능은 매우 중요한 요소이다. ABS (Anti-Brake System), EBD(Electronic Brake Distribution), 브레이크 어시스트 등 기술이 고객에게 제공된다. M시리즈 차량에는 M 스포츠 브레이크가 장착되며 큰 디스크와 고성능 브레이크 캘리퍼로 독보적인 응답성을 확보한다. 제동력을 확보하기 위해 우수한 협력사와도 협업을 추진한다. 브렘보, 자카로, 콘티넨탈, ATE 등의 기업들은 BMW의 기준을 충족하는 제품을 제공한다.

서스펜션은 비교적 단단하고 안정감이 있는 타입을 선호한다. 쇼퍼 드리븐을 선호하는 메르세데스와 이러한 점에서 차이를 선보인다. 단단하고 묵직한 서스펜션과 1:1에 가까운 무게중심을 통해 독보적인 차량의 운동성을 만들어낸다. 가속성에 있어서도 공격적이면서도 스포티한 특성을 선보인다. 반면에 제동에 있어서는 강력한 응답성능을 선보인다. 선회로를 주행할 때 코너링에 있어서도 차이를 만들어낸다. 이렇듯 차량의 개성을 엿볼 수 있다.

고성능 차량의 기술력은 압도적인 퍼포먼스를 자랑한다. 브랜드 간 기술력의 차이를 뛰어넘어 운전의 재미에 집중한 튜닝은 BMW가 최고로 평가를 받는다. M 브랜드는 고속에서 정교한 코너링을 제공한다. 고속 조건에서 코너링은 빠르게 안쪽으로 돌아가는 오버스티어의 느낌을 제공한다. 리어 측이 프론트보다 조금 늦게 개입이 되어 순간적으로 스핀이 날 것같이 느껴진다. 자극은 전달하되 안정적인 그립을 제공하여 마니아들을 열광케 한다.

BMW는 '궁극의 드라이빙 머신'이라는 슬로건을 사용한다. '드라이브'라는 표현은 정체성의 표현이자 우수한 마케팅 수단이다. 고객의 주행 경험을 확보하기 위한 독보적인 기술력에 이 명칭은 사용된다. 영어 알파벳 한 글자와 뒤쪽에 드라이브라는 표현을 덧붙여 사용한다. 'sDrive'는 스포츠 및 2륜 구동 방식, 'xDrive'는 고유의 전자식 4륜 구동 방식, 'eDrive'는 플러그인 하이브리드 전동화 차량, 'iDrive'는 고유의 인포테인먼트 시스템을 의미한다.

'sDrive'는 차별성 있는 스포츠 구동과 2륜 구동 방식을 나타내는 명칭이다. 후륜과 전륜 방식을 모두 설명하는 표현이다. 후륜 구동 방식은 고급스러운 운전성을 확보하기 위한 전략이다. 이는 다른 독일 프리미엄 메이커와 유사하다. 균형 있는 차량의 중량 배분을 통해 주행 성능을 극대화했다. 완벽한 무게중심을 확보하기 위해 엔진룸 레이아웃을 배치할 때 고중량 부품을 후방에 배치한다. 전륜 구동 방식도 마찬가지로 차량의 안정감을 선사한다.

xDrive 기술은 BMW의 독보적인 4륜 구동방식의 명칭이다. SUV 차종의 이름이 X시리즈인 이유도 이 때문이다. 4 전자 제어 시스템을 활용하여 차량의 운전 특성을 실시간으로 모니터링한다. 이를 통해 차량의 중량 중심을 최적의 조건으로 분배하고 4바퀴에 힘을 전달한다. 다양한 주행 모드에 따라 일반 주행과 스포츠 주행의 특성이 나뉜다. 모드의 개성을 구분하여 운전자에게 재미를 제공한다. 전후방의 중량을 적절하게 세팅한다.

xDrive는 다이내믹 트랙션 컨트롤 시스템과 연동한다. 차량의 각 바퀴 상태를 감지하고 트랙션 손실을 최소화하는 방향으로 제어한다. 주행 상황에 따라 네 바퀴에 석설하게 농력을 분배한다. 차량의 미끄러짐이나 손실이 발생할 경우 제어를 통해 자동으로 구동력을 향상한다. 또한, 다이내믹 스태빌리티 컨트롤 시스템을 통해 주행 안전성을 높인다. 차량이 주행하는 방향성을 모니터링한다. 주행 조건과 차량의 상태를 지속 확인하여 주행 성능을 높인다.

[사진 – BMW 다이내믹 스태빌리티 컨트롤 / 출처 – BMW]

고객은 BMW의 인포테인먼트 기술인 'iDrive'를 이용하여 차량 실내에서 다양하면서도 편리한 경험을 할 수 있다. 대시보드의 대형화면과 콘솔에 의한 제어 노브를 통해 통합 제어가 가능하다. 화려한 화면으로 정보를 표출하며 사용자 중심의 인터페이스를 제공한다. 최신 커브드 디스플레이는 매우 얇고 프레임이 없으며 터치와 음성으로 제어된다. 개인 맞춤화 설정과 인텔리전트 퍼스널 어시스턴트 기능은 개인 비서와 같은 역할을 수행한다.

BMW는 램프 기술에서도 안전성을 높이고 디자인의 진보를 이끌었다. LED 기술을 도입하여 밝고 넓은 시야를 제공했다. 기존 할로겐램프보다 높은 에너지 효율과 긴 수명을 지녔다. 고성능 차량에 적용된 레이저 라이트 방식은 푸른빛을 띠고 주변을 환하게 밝혀준다. 레이저 라이트는 LED 라이트의 1/1000의 사이즈이다. 그렇지만 5배 이상 밝고 2배 이상 먼 거리까지 조사가 가능한 기술이다. 2011년 9월 i8 콘셉트카를 통해 기능을 공개했다.

어댑티드 LED 라이트는 2012년 7시리즈에 최초 적용되어 기존 제논 라이트를 대체한 LED 방식이 반영되었다. 단어 그대로 자동으로 상향식과 하향식을 제어하여 차량의 주행을 고려하여 빛을 조사한다. 밝은 조명을 통해 시야각의 확보에 도움을 준다. M4 콘셉트카에 최초로 OLED 라이트 기술이 적용되었다. 레이저나 LED 방식이 아닌 OLED를 3차원 공간에 배치하는 방식이다. 전력 소모량이 적고 자가 발광으로 매력적인 퍼포먼스가 가능하다.

수십 년간 자율주행 기술도 발전이 진행되었다. 주행 속도 제어와 차선 유지를 비롯하여 운전 성능을 보조하는 방향으로 성장했다. 레이더와 카메라 기술은 자율주행 기능을 더욱 고도화 시켰다. 실시간으로 차량 주변 상황 정보를 감지하고 분석이 가능하다. 이를 바탕으로 주행 경로에 반영하고 즉각적인 조치를 취한다. 현재 레벨2에서 레벨3 수준의 기술을 적용했다. 운전자의 개입을 지속적으로 최소화하고 더욱 높은 수준으로 발전을 도모한다.

BMW는 다양한 전동화 모델을 제공한다. i시리즈는 순수 전기차 모델이며 100% 충전을 통한 전기로 구동한다. 1960년대 1602e로 시작해 첫 전기차 모델 E1, 양산 모델 i3를 거쳤다. 현재 자체 eDrive와 서브 브랜드 BMW i를 운영한다. 세단 모델인 i4, i5, i7과 SUV 모델인 iX1, iX3, iX 모델 등 다양한 전기차 라인업을 제공한다. 차종은 CLAR(CLuster ARchitecture)을 적용한 모듈러 플랫폼이다. 경량화 구조로 차량의 성능을 최적화한다.

핵심 부품인 고전압배터리는 한국의 삼성 SDI, LG 에너지솔루션, 중국의

CATL, BYD에서 공급을 받고 있다. 가솔린 엔진과 전기 엔진을 결합한 플러그인 하이브리드 차량에도 매우 적극적이다. The 2, 3, 5, 7, X시리즈 등 10개 모델을 운영하며 판매하고 있다. 수소연료전기차 iX5 하이드로젠 프로토타입을 2023년도 최초로 선보였다. 이는 프로토타입 모델로 아직까지 양산되지는 못했다. 다양한 라인업을 운영하며 미래 전동화 시대를 준비하고 있다.

7. 아우디는 콰트로 기술을 대표로
독자적인 기술을 자부한다.

아우디는 장대한 역사를 지녔지만 독일 3사 중 프리미엄 분야에서는 비교적 후발 주자의 위치에 있다. 따라서 고유의 브랜드 정체성을 형성하기 위해 많은 고민이 필요했다. 기존 경쟁사들의 성능을 뛰어넘거나 기술적인 차별성을 강조할 필요가 있었다. 아우디는 전통적으로 기계공학을 기반으로 한 엔지니어링 부문의 장점을 강조했다. 콰트로(Quattro)라는 독자적인 4바퀴 굴림방식을 발전시켰고 기업 이미지를 혁신한 브랜딩을 성공적으로 이끌었다.

이탈리아어로 4를 뜻하는 이 단어는 현재 아우디의 또 다른 이름이자 브랜드의 상징이 되었다. 아우디의 첫 콰트로는 1980년에 세계 최초로 등장했다. 일반적인 도로에서도 상시 네 바퀴 굴림방식의 고성능 차량을 제작하기 시작한 것이다. 아우디 콰트로를 제네바 모터쇼에 출품했고 세계인의 이목을 집중시켰다. 콰트로 기술은 아우디80을 기반으로 한 스포츠 쿠페에서 사용되어 1981년부터 1985년까지 WRC에서 24번의 우승을 차지하는 기염을 토했다.

[사진 – 최초의 아우디 콰트로 (제네바 모터쇼 출품) / 출처 – 아우디]

아우디 콰트로는 콰트로 기술뿐만 아니라 5기통 2,150cc 배기량에 160마력의 터보엔진을 적용했다. 최고시속이 220km/h로 경쟁 차들을 상회하는 퍼포먼스를 자랑했다. 5기통 엔진은 6기통의 강력한 힘과 4기통의 응답성과 경제성을 결합했다. 저 RPM 구간에서도 강한 구동력과 경제성을 극대화했고 작은 사이즈의 엔진으로 고성능화를 이뤘다. 차체를 경량화하고 연비를 높이는 방식의 디자인이었다. 후속 모델에서도 유사한 차량 설계 방식을 적용했다.

1982년 출시된 두 번째 콰트로 모델 아우디100은 공기저항계수가 0.3으로 공기저항이 거의 없는 유선형의 디자인이었다. 차체는 알루미늄으로 만들어져 경량화에 성공하여 연비를 높이고 강도를 높여 안전성을 확보했다. 차체 외관은 아연도금 처리하여 염수에 의한 부식을 방지했다. 콰트로를 구현하기 위해 엔진과 변속기를 일렬 형태의 종치방식으로 배치하고 전륜과 후륜을 변속기에 통합시켰다. 이러한 방식을 40년 이상 꾸준히 유지하고 있다.

최신 RS4, RS5를 비롯하여 A4, A5, A6, A7, A8, Q5, Q7, Q8 등 모든 차량

에서 유사한 레이아웃이 확인된다. 이후 모델별로 전륜과 후륜의 토크 배분과 센터 디퍼렌셜의 진화를 통해 기술력을 발전시켰다. 2018년에 아우디 이트론에 최초로 전자식 콰트로가 적용되었다. 2020년 이트론 전자 토크 벡터링 기술이 적용되어 네 개의 바퀴에 일정하게 힘을 전달할 수 있었다. 아우디는 고유의 콰트로 기술과 4륜 구동의 매력을 고객들에게 널리 알렸다.

콰트로는 상시 네 바퀴가 구동되는 차량으로 제3 차동기어인 센터 디퍼렌셜을 활용한다. 엔진이 만들어낸 회전력을 앞뒤 바퀴에 배분하여 가속성, 응답성, 제동성 등 각종 주행 성능을 극대화했다. 차량이 고속으로 주행하거나 눈길과 같이 도로 환경이 좋지 않을 때에도 안정적인 주행 성능을 확보했다. 또한 고속 주행로에서 회전할 때에도 차량이 미끄러짐을 방지했다. 콰트로는 이렇듯 자동차 구동기술에 큰 변화를 이끌었다고 평가받는다.

[사진 – 아우디 광고 / 출처 – 아우디]

구동방식에서 좌/우 바퀴의 회전 치이를 배분해 주는 장치를 디퍼렌셜이라고 한다. 센터 디퍼렌셜은 비슷하지만 앞/뒤 구동력을 배분해 주는 역할을 한다. 콰트로의 센터 디퍼렌셜은 40년 이상 기간 동안 베벨기어부터 토센기어A, 토센기어B, 토센기어C, 크라운기어, 콰트로 울트라 순으로 발전했다. 초기 모델은 교차하는 두 축 사이 운동을 전하는 원추형 기어인 베벨기어 타입이었다. 파트타임의 기계식 방식으로 전륜과 후륜이 50:50으로 균형을 이뤘다.

토센기어는 아우디 차종에서 사용되었다. 토센(torsen)은 토크(torque)와 센싱(sensing)이라는 단어에서 합성되었다. 한쪽 바퀴에 미끄럼이 발생되면 웜기어의 작용으로 접지력이 높은 바퀴에 큰 구동력이 공급된다. 토크 배분을 바꾸는 기능을 강점으로 구동력을 비대칭으로 배분하고 경량화하는 방향으로 발전했다. 1986년 개발된 토센기어A는 전륜 후륜을 50:50으로 배분했고 최대 75%까지 후륜 구동 배분이 가능했다. 2005년 개발된 토센기어C는 기본 전륜과 후륜을 40:60으로 배분했고 최대 80%까지 후륜 구동 배분이 가능했다.

2010년 크라운기어는 토센C와 유사한 전략이나 최대 85%까지 후륜구동 배분이 가능했다. 적용된 차량으로는 RS4, RS5가 있다. 2016년 콰트로 울트라는 지금까지 최초로 전자식 콰트로 방식이 개발되었다. 기본적으로 전륜과 후륜 50:50으로 배분하며 최대 후륜으로는 70%까지 배분이 가능하다. 연비 개선을 위해서 항속 주행 시에는 전륜으로만 동력이 전달된다. 다만 토크가 상대적으로 낮아 고출력 차량은 기존 기계식 콰트로가 사용되고 있다.

아우디는 이 외에도 수많은 세계 최초 타이틀을 보유하고 있다. 1921년 독일 최초로 좌핸들을 표준화했다. 1923년 최초의 풍동실험을 실시했고 최초의 알루미늄 자동차도 발표했다. 1938년 차량 전복 및 충돌 테스트를 실시하여 안전성 향상에 집중했다. 시험을 통해 차량의 손상 수준을 확인하고 뒤틀림을 최소화했다. 차체를 용접할 때 레이저 방식을 사용하여 강성을 높였다. 1994년 100% 알루미늄 바디인 아우디 스페이스 프레임(ASF)을 발표했다.

자동차 제작 시 주행 성능을 향상하기 위해서는 공기저항 계수를 줄이는 것은 매우 중요하다. 현재 아우디는 본사가 있는 잉골슈타트에 3가지 풍동센터를 보유하고 있다. 면적은 1만 제곱미터 수준으로 아우디 모델 개발과 최적화를 지원한다. 연비, 안전, 승차감, 친환경성을 위해 차량 및 부품 개발 역할을 하고 있다, 주행 시 차체의 공기흐름과 차량의 열관리 풍동 실험은 필수적이다. 또한 차량 내부에서 고객이 안락함을 느끼는 수준까지 시험한다.

차량의 성능을 위해서 경량화는 피할 수 없는 과제이다. 중량이 가벼워지면 가속, 제동, 조향 등 모든 성능이 향상된다. 또한 연비도 좋아지고 탄소배출량도 낮아지는 효과가 있다. 1994년 A8 모델을 통해 알루미늄 바디를 적용한 ASF 기술을 선보였다. 알루미늄 소재의 프레임은 강철 대비 120~140kg 수준의 무게를 감량할 수 있다. A8 차량 출시 당시 경쟁 차량 대비 30% 수준의 경량화를 실현시켰다. 차체 강도를 높이고 비틀림 강성까지 증가했다.

ASF(Aluminum Space Frame)를 기반으로 한 경량화 프레임은 중대형 차량에 경쟁력을 제공했다. 이후 진보된 플랫폼인 MLB Evo(Modern Langsbaukasten Evolution)는 역시 경량화와 성능에 중점을 두었다. 알루미늄을 기본으로 고강노 강철과 플라스틱 등을 소합하여 자제 구소를 최석화했다. 이러한 기술늘로 차량의 무게를 감소시켰고 안전성의 확보도 유지했다. 차량의 경량화, 밸런스, 주행 성능, 연비 등 주요 성능의 발전을 동시에 추구하고 있다.

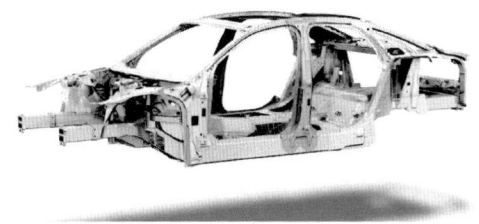

[사진 – 아우디 ASF / 출처 – 아우디]

세계 최고 수준의 라이트 기술력으로 조명 회사라는 별명을 아우디는 가지고 있다. 램프를 단순히 어둠을 밝히는 조명뿐만 아니라 브랜드의 아이덴티티를 강조하는 전략을 취했다. 디자인 총괄 책임자 마크 라이트는 "아우디 조명은 기술과 디자인의 완벽한 융합을 상징하는 동시에 아우디의 정체성을 분명하게 표현하기 위한 도구이다"라고 말했다. "조명을 통해 아우디만의 기술력을 과시하며 도로 위의 독보적인 존재감을 만들어낸다"라고도 설명했다.

조명 기술은 시각적 디자인, 안전성, 운전성에도 영향을 미쳤다. A8의 2009년 LED(발광 다이오드) 주간 주행등에서 조명 디자인의 역사는 시작되었다. 전력 소비가 낮고 수명이 길어졌으며 시각적인 디자인도 발전을 이끌었다. 2012년에는 방향지시등과 작동이 연계하는 다이내믹 턴 시그널을 선보였다. 기존과 달리 차량의 운행 방향에 따라 LED가 순차적으로 밝혀진다. 주변 운전자들에게 움직임을 명확하게 제공하여 시인성과 안전성을 높였다.

2013년 프랑크푸르트 모터쇼에서 A8 부분 변경모델에서 매트릭스 LED

가 공개되었다. 외부 환경을 인식하여 빛의 세기와 각도를 조절했다. 이후 OLED(유기 발광 다이오드)를 후미등에 장착하여 디자인을 더욱 차별화했다. 레이저 라이트 기술은 2014년 R18 e-트론 콰트로 차량에 최초로 적용되었다. 고객의 시야 범위를 더욱 확장시켜 안전성을 향상했다. 2021년 A8 L모델에서 디지털매트릭스 LED 기술이 최초 적용되었다. 개별 LED를 독립 제어하여 다양한 광학 패턴을 제공하여 주변 차량에 미치는 영향을 최소화했다.

아우디는 자율주행 및 안전 기술과 관련된 분야에서도 혁신을 선도하고자 한다. 아우디 프리센스 기술을 통해 사고 발생 시 고객을 보호한다. 충돌이 감지되면 자동으로 안전 조치를 취하고 고객에게 경고를 한다. 아우디 AI는 자율주행을 위한 기능을 제공한다. 주행 환경을 감지하여 전체 주행 과정을 자동화하는 데 활용한다. 궁극적으로는 완전 자율 주행을 목표로 개발이 진행되고 있다. 대부분 차량에서 레벨2를 만족하고 일부 자율3을 도입 중이다.

실내 인포테인먼트 기술은 고급차의 이미지를 강조하고 승객에게 최상의 경험을 제공하고자 한다. 아우디 MMI(Multi Media Interface)는 중앙 컨트롤 패널을 통해 전체 기능을 통합하는 시스템이다. 터치스크린 방식을 기본으로 물리적인 버튼과 조이스틱 등을 통해 조작이 가능하다. 각종 전통적인 멀티미디어와 내비게이션을 포함하여 진보된 사용자 경험 확대를 목표로 한다. 아우디 버추얼 칵핏은 통합 클러스터를 통해 다양한 정보를 확인할 수 있다.

전동차 전용 브랜드인 'e-트론'을 통해 전기차 시장에 혁신을 제시하고자 한다. 폭스바겐 그룹에서 개발한 MEB(Modiularen E-Antriebs-Baukasten) 전용 플랫폼을 사용하고 있다. 배터리를 차체 바닥에 장착시키고 구동모터를 후방에 위치시켜 내부 공간 활용과 주행 안전성을 확보했다. 전기차 모델에 적용되어 일관된 라인업을 구축하는 데 큰 도움이 되었다. 포르쉐 타이칸과 같은 플랫폼을 사용하고 배터리, 모터 등 핵심 부품을 공유하고 있다.

아우디는 소프트웨어 문제 등으로 전동화 개발 전략이 다소 지연되었다. 2023년 메르세데스는 전년 대비 74.4% 증가한 22.3만 대, BMW는 74.4% 증가한 37.6만의 전기차를 판매했다. 동 기간 아우디는 51% 증가한 17.8천 대를 판매하여 경쟁사 대비 다소 뒤처진 결과를 보였다. Q6 이트론과 A6 이트론을 출시하여 전체 라인업을 구축할 계획이다. 개발 조직을 개편하고 판매 모델과 제품군 경쟁력을 강화하여 위기의 국면을 타개할 전망이다.

지금까지 아우디는 그들의 슬로건인 '기술을 통한 진보' 아래에서 괄목할 만한 성장을 이루었다. 이러한 배경에는 기업의 본질을 매우 잘 이해하고 높은 기술력을 확보했기 때문에 가능한 것이다. 무수한 많은 요소들이 존재하지만 기술을 뿌리에 두고 안정된 품질을 유지해야 기업의 영속성은 확보된다. 콰트로를 비롯하여 각 기술 영역별로 그들의 집념과 의지를 읽을 수 있었다. 이러한 기술 중심의 자세가 새로운 100년을 이끌게 될지 지켜보자.

8. 독일 3사는 마에스트로 정신을 바탕으로 품질로 승부한다.

'마에스트로 정신(Meistergeist)'이라는 표현은 '재능 있는 대가' 또는 '명장 정신'을 의미한다. 이 단어는 독일어지만 글로벌하게 고유 명사와 같이 사용된다. 다양한 분야에서 우수한 결과물을 창출한 개인이나 기업에 주로 사용된다. 일반적인 수준을 초과 달성한 예외적인 상황에서 쉽게 들어볼 수 있다. 단어가 가진 상징성과 뉘앙스는 많은 이들에게 공감을 불러일으킨다. 특히, 높은 품질, 고급스러움, 우아함, 창의성 등을 상징하기도 한다.

특정 단어의 상징화는 해당 대상에 대해 존경과 찬양의 의미를 부여한다. 또한 대상이 매우 높은 수준에 도달했다는 인상을 준다. 한 분야에 열정을 다해 최고 수준에 도달한 전문가를 우리는 장인이라고 일컫는다. 특정 분야에서 최고의 자리에 이르기 위해서는 매우 높은 수준의 노력과 꾸준한 성실함이 필요하다. 독일 3사가 독보적인 입지를 다지게 된 배경에는 바로 이 마에스트로 정신이 있다. 이러한 마에스트로 정신은 차량의 품질을 결정한다.

어떠한 회사를 설명할 때 마에스트로 정신이라는 표현을 사용하는 사례는 흔치 않다. 최고 수준의 기술력과 실력을 인정한다는 의미이기에 기업의 입장에서 매우 명예로운 일이다. 독일 3사는 각각 품질을 확보하기 위한 고유의 방법에서 차이가 있을 수 있다. 다만, 100년 이상 프리미엄 자동차 발전사 속에서 끊임없이 혁신하여 결국 지금에도 최고의 위치에 있다. 여기에는 마에스트로 정신이라는 공통점이 있으며 다음과 같은 특징을 가진다.

독일 3사는 고유의 엔지니어링과 노하우를 통해 기술력을 확보한다. 세계 최고의 인재를 확보하고 최고의 차량을 개발하기 위해 힘쓴다. 철저한 품질 확보 프로세스를 수립하고 고급 소재와 부품을 공급한다. 정교하고 완벽한 제조 공정을 구축하여 일관된 차량 품질을 확보한다. 신기술, 안전성, 친환경 정책 등 사회적인 책임을 다하고 지속 가능한 발전에 집중한다. 고객의 요구 사항을 수용하고 고객 중심의 최고의 운전 경험을 제공하기 위해 노력한다.

매우 엄격한 품질 기준을 설정하고 이를 만족하는지 지속적인 관리가 필요하다. 개발단계에서 기능, 성능, 안전성, 신뢰성 등 다양한 요소들의 수준을 점검한다. 회사가 요구하는 품질 목표를 만족하는 공급업체를 육성하고 신뢰성을 지속적으로 확보한다. 프로토타입의 차량을 통해 다양한 환경과 도로 조건에서 주행 성능과 내구성을 철저하게 점검한다. 차량 생산 시 로봇과 첨단 설비를 통해 정밀하게 조립되고 성능이 확보된 차량을 고객에게 인도한다.

독일 3사는 우수한 협력사를 개발하고 공급망과의 긴밀한 협력을 바탕으로 품질을 관리한다. 부품 품질을 승인하는 절차는 매우 엄격하고 신중한 과정으로 진행한다. 공급업체의 품질 수준을 관리하고 오딧을 실시하여 품질을 확인하는 절차를 가진다. 따라서, 독일 3사와 거래하는 회사는 이 사실만으로도 품질 수준을 인정받을 수 있다. 특정 부품을 제작하고 공급할 수 있는 업체를 선정하여 생산 능력, 품질 시스템 등 적격한 수준인지를 평가한다.

공급업체에 안전성, 내구성, 환경규제, 성능 등 요구사항을 제시하고 품질 기준이 수립된다. 자동차 메이커가 제시한 기준에 따라 검증 및 테스트 절차가 진행된다. 이후 공급업체는 품질 검증 결과 및 신뢰성 확보가 완료된 샘플을 제출하고 부품의 승인 여부를 결정하는 절차가 진행된다. 차량 양산 이후에도 공급업체의 제조라인에서 적절한 품질수준의 제품이 생산되고 품질 관리 시스템이 적절히 운영되고 있는지 지속적인 점검이 이루어진다.

자동차 산업 분야에서는 안전성과 신뢰성을 보장하기 위한 표준을 수립했다. 독일 3사는 기계, 전자, 전기, 충전 등 다양한 기능과 기술에 대해 각종 규격과 표준을 준수한다. 최초 차량을 설계하는 단계에서부터 신뢰성의 확보가 필요하다. 또한, 연속 생산 과정에서 예상치 못한 품질 문제의 예방은 필수적이다. 이는 모든 개발 과정에 동일하게 적용이 필요하다. ISO26262, AUTOSAR, ISO13849, ISO14119, IEC62061, DIN EN 61851 등이 대표적이다.

독일 3사는 도로 운송용 기능 안전을 확보하기 위한 국제표준 ISO26262를 준수한다. 하드웨어 및 소프트웨어를 포함하여 다양한 단계를 통해 평가가 수행된다. 또한, 차량 개발을 위한 기능적 안전성 품질을 평가하기 위해 등급을 분류한다. ASIL(Automotive Safety Integrity Level)은 단계별로 분류된 등급에 따라 안전 요구사항을 다르게 정의한다. 안전 기능과 관련하여 제안된 요구사항을 바탕으로 소프트웨어 설계 시 절차와 지침을 제공한다.

자동차 전자 제어장치의 소프트웨어 아키텍처와 플랫폼 중립 확보 목적으로는 AUTOSAR(AUTomotive Open System Architecture)가 있다. 이는 자동차 제조사와 부품 공급업체 간의 소프트웨어 표준화를 추진하여 효율성을 높인다. 이 외에도 자동차 제조 공정에서 사용되는 로봇 및 자동화 장비와 관련된 ISO13849, 기계적인 충돌 방지 장치의 설계 및 운영을 다룬 ISO14119, 전자 제어 시스템의 기능적 안전성에 대한 IEC62061, 전기 차량의 충전 시스템에 대한 DIN EN61851 등을 함께 준수한다.

독일은 자동차 강국인 만큼 자동차에 대한 국민들의 관심은 매우 높다. 자동차 및 모터사이클을 주로 소개하며 독일을 대표하는 자동차 양대 매거진이 존재한다. Auto Build는 1986년 출판되어 일반 소비자들 대상으로 비교 테스트, 신차 소식, 튜닝 등 실용적인 정보를 제공한다. AMUS(Auto Motor und Sport)는 1946년에 출판된 독일에서 가장 오래된 잡지로 다양한 정보와 신차 리뷰, 자동차 산업에 대한 전문적인 기사를 포함한다.

Auto Build는 매년 품질/디자인/가성비/종합 등 4개 항목으로 최고의 브랜드를 평가하고 있다. 12회째를 맞이하는 베스트 브랜드 2023 평가 결과가 공개되었다. 브랜드별 품질 수준과 전체적인 차량의 성능을 쉽게 알아볼 수 있다. 거의 모든 영역을 대상으로 브랜드 이미지를 조사했기 때문에 독일 팬들의 선호도를 알 수 있다. 브랜드별 상대적 비교를 위해 동일한 차급을 대상으로 조사가 이루어졌다. 이 중 품질 항목에 집중하여 살펴보고자 한다.

콤팩트 부문인 C세그먼트, 중형 부문인 D세그먼트는 동일한 결과를 보였다. 아우디, BMW, 메르세데스가 순서대로 1~3위를 차지했다. 독일 3사의 품질력이 크게 인정을 받았으며 특히 아우디가 강세를 펼치고 있다. 준대형 부문 E세그먼트는 아우디, 메르세데스, BMW가 1~3위를 차지했다. 독일 내 A6 이미지가 매우 우수하며 실제 22년까지 E클래스와 5시리즈보다 높은 판매량을 기록했다. 품질과 판매의 비례관계를 알 수 있는 사례이다.

플래그십 부문에서는 아우디, 포르쉐, 메르세데스, BMW, 렉서스 순으로 Top-5를 차지했다. S-클래스의 인기와 품질 평가는 조금 차이가 보인다. 세단 전 영역에서 1위를 차지한 아우디의 인기도 다시금 확인할 수 있다. 중형 및 중형급 이상 SUV는 유사하게 아우디, BMW, 메르세데스 순으로 순위를 차지했다. 특히, 아우디의 Q7, Q8이 품질 평가에서 1위를 차지했다. 품질에 대한 인식은 브랜드의 이미지를 결정하는 데 매우 중요한 요소이다.

독일 3사는 앞선 조사를 통해서 안정적인 품질을 제공한다는 이미지를 확보했다. 전체 세그먼트를 통틀어서 압도적인 점유율을 차지한다는 사실도 흥미롭다. 신뢰할 만한 브랜드로 도요타와 볼보가 포함되었고, 전기차 브랜드로 테슬라, 폴스타, 현대차, 폭스바겐, 기아가 Top-5를 차지했다. 전통적인 내연기관 분야에서는 여전히 독일 3사가 우위를 차지하고 있다. 하지만 새로이 다가올 전동화 시대에는 경쟁사에도 기회가 올 것으로 예상된다.

미국 제품 신뢰성 평가 조직인 컨슈머 리포트에서 2024년 12월에 자동차 브랜드 평점을 발표했다. 32개 자동차 브랜드를 대상으로 자동차의 신뢰성, 소유자 만족도, 안전성, 도로 테스트 점수로 평가한 결과이다. 전체 결과 중 독일 3사의 경우 BMW가 2위, 아우디가 6위, 메르세데스가 23위에 위치했다. 아우디와 BMW는 10위권 내에 랭크되어 비교적 선방을 하였다. 그러나 프리미엄 자동차의 대표로 불리는 메르세데스의 결과는 다소 아쉽다.

럭셔리 브랜드만 놓고 본다면 BMW가 1위, 아우디가 4위, 메르세데스가 11위에 랭크된다. 상위권에는 렉서스가 2위, 포르쉐가 3위를 기록했다. 최하위권에는 알파로메오가 13위, 랜드로버가 14위, 리비안이 15위라는 불명예를 얻게 되었다. 물론 해당 결과가 모든 것을 대표하지는 않는다. 실제 고객의 목소리가 반영되어 있다는 점은 반드시 주목이 필요하다. 각 브랜드들은 이러한 사실을 유념하고 전반적인 차량의 품질과 상품성 향상에 힘써야 한다.

고객에게 인도가 된 차량에서 품질 문제가 발생 시 적절한 리콜과 무상수리 조치는 필수적이다. 모든 자동차 회사들은 완벽에 가까운 품질 확보를 위해 노력한다. 시장에서 차량의 불량이 확인될 경우 고객의 안전을 위협하게 된다. 동시에 회사의 수익성에도 커다란 악영향을 미친다. 다만, 다수의 차량을 연속 생산하면서 불량을 100% 예방하는 것은 사실상 불가능에 가깝다. 회사는 조속히 문제를 분석하고 해결책을 신속하게 제시해야 한다.

품질 문제와 관련된 이슈는 독일 3사도 피해 갈 수 없다. 글로벌 시장에서 발생한 품질 문제를 면밀하게 분석하고 개발단계에 다시 반영해야 한다. 물론 지금까지 오랜 기간 동안 수많은 노하우를 쌓아온 독일 기업들이다. 다만, 새로운 기술이 세상에 등장하고 품질을 안정화시키기 위해서는 많은 노력이 필요하다. 이러한 관점에서 독일 메이커들이 경쟁자들과 비교우위를 가지기는 어렵다. 조속한 대응을 위해서는 지속적인 시장 모니터링도 필수적이다.

독일 3사는 독보적인 기술 발전과 품질 및 신뢰성을 확보했다. 지금까지 회사가 존속을 유지하고 지속적인 입지를 확보했다는 사실이 이를 증명한다. 배경에는 마에스트로 정신으로 불리는 집요한 장인정신이 근간에 위치한다. 이는 자동차 시장을 누구보다 잘 이해하고 관리자와 구성원들의 적극적인 노력이 있었기 때문이다. 그 어느 때보다 경쟁은 치열해지고 도전자들의 위협을 받고 있다. 글로벌 메이커들의 품질도 어느덧 상향평준화가 되었다.

자동차 역사를 살펴본다면 어떠한 문제가 시장에 대변혁을 가져올지는 알 수 없다. 새로운 등장과 쇠퇴가 진행되는 방향도 짐작하기 어렵다. 새로운 차량 개발에 있어서도 철저한 품질 확보가 필요하며 시장에 대한 관찰도 필수적이다. 기존에 판매한 차량에 대한 완벽한 품질보증이 요구된다. 예상치 못한 품질 문제는 회사의 흥망성쇠를 결정할지도 모른다. 과거는 미래를 투영하는 거울이다. 이들이 변치 않고 지속적인 자세를 유지할 것을 기대해 본다.

9. 독일 3사는 내구성을 위해 다양한 시험을 하고 모터스포츠에 적극적으로 참여한다.

자동차는 매우 가혹한 주행 조건과 외부 환경 조건에 노출된다. 10년 이상의 기간 동안 수십만km를 달려도 고장이 없어야 하며 고객의 안전을 확보해야 한다. 어찌 보면 매우 가혹할 수도 있다. 일반 가전제품과 비교해서는 너무 불리한 게임이다. 하지만 반대로 이러한 이유로 인해 자동차는 가장 비싼 공산품이기도 하다. 고객은 큰 비용을 지불한 자동차를 오랜 기간 고장 없이 사용하기를 희망한다. 품질과 내구성은 무엇과도 바꿀 수 없는 가치이다.

고객의 안전뿐만 아니라 자동차 제조사에도 품질 문제와 신뢰성 이슈는 회사의 존폐를 결정할 수 있을 정도로 중요하다. 대표적인 예시로 활용되는 도요타 급발진 리콜 사태는 수백만 대의 차량을 대상으로 수십억의 비용을 지불했다. 다른 사례로 다카다 에어백 사태로 수백만 대의 차량이 리콜 조치를 받았다. 이로 인해 다카다라는 기업은 역사 속으로 사라졌다. 이렇듯 자동차라는 특수한 상품을 판매하는 자동차 제조사에는 크나큰 책임이 항상 뒤따른다.

독일 3사는 자동차의 품질을 보증하고 내구 신뢰성을 확보하기 위해 다양한 시험과 품질관리 과정을 거친다. 개발 초기 단계부터 시작하여 안전하고 신뢰성 있는 차량을 개발하기 위해 노력한다. 고속도로 조건에서 공기 역학적인 평가를 위해서 풍동 실험을 진행한다. 차량의 공기 저항과 주행 간 안전성을 확보하기 위해 시험결과에 따라 디자인을 개선하기도 한다. 극한의 날씨와 환경조건을 모사하기 위해 온도 및 습도 챔버에서 시험을 진행한다.

차량 안전성을 확인하기 위한 충돌 테스트는 필수이다. 프런트 충돌, 측면 충돌, 후면 충돌 등 여러 가지 조건에서 차량의 안전성을 평가한다. 안전 시험은 법규 항목이기 때문에 이를 만족하지 못하면 차량을 양산할 수 없다. 차량의 직접적인 평가에는 많은 비용과 에너지가 소비된다. 다양한 시뮬레이션 기술을 활용하여 차량의 성능 및 안전성을 예측한다. 차량에 직접적인 손상을 가져오는 충돌 시험, 열적 변형을 검증, 파워트레인의 성능을 평가한다.

차량의 내구성을 확인하기 위해서 가장 중요한 평가는 다양한 조건에서의 내구 주행평가이다. 실제 전 세계에서 고객이 주행하는 다양한 도로 환경을 모사하고 차량의 성능을 극한까지 평가한다. 뉘르부르크링은 독일 뉘르부르크에 위치한 악명이 높은 레이싱 장소이다. 다양한 주행로와 코너링, 고도 조건, 장거리 직선 주행로 등 여러 환경에서 차량의 성능을 평가한다. 고속 주행과 복잡한 주행 경로를 통해서 차량의 동적인 특성을 확인할 수 있다.

베를린에 위치한 아이징 크로스 오버 트랙에서는 동절기 주행 조건을 모사하여 평가한다. 독일 시부에 위치한 품링거 스타드입 트랙은 스포츠카와 고성능 차량의 평가에 사용된다. 긴 직선 주행로와 코너 등을 통해 극한의 주행 성능을 시험할 수 있다. 비에브리치에서는 자동차 충돌 시험, 배터리 시험 등 안전 성능을 확인하기 위해 다양한 평가를 실시한다. 맥스 때레스토레 고속 트랙은 독일과 영국에 위치하여 다양한 조건에서 운전성을 평가한다.

모터레이스는 자동차의 내구성을 확인하는 우수한 검증 방법이다. 발전은 경쟁에서부터 비롯된다. 행복하고 풍요롭게 살고자 하는 인간의 욕구는 기술의 발전을 이끌었다. 우수한 기술력의 발전은 치열한 경쟁의 산물이다. 고객의 선택을 받기 위해서는 뛰어난 상품성을 제시해야 한다. 이러한 관점에서 내구 레이싱은 우수한 성능을 선보임과 동시에 경쟁을 펼 수 있는 최고의 무대이다. 기업은 기술력을 과시하고 차량의 내구성을 테스트했다.

모터레이스는 천문학적인 비용이 투입되며 초고속의 스피드를 경쟁하는 스포츠이다. 인간이 만든 자동차로 속도의 한계에 도전한다. 유럽에서 자동차가 최초 개발되고 부유층들은 자동차 경주를 즐기기 시작했다. 1894년 파리~루앙 구간을 경주한 것이 최초의 레이싱으로 기록된다. 모터스포츠는 프랑스와 인연이 깊다. 그랑프리라는 단어는 프랑스어로 Grand Prize로 큰 상이라는 뜻이다. 국제자동차연맹인 FIA와 기관 대부분은 프랑스 파리에 있다.

본격적인 모터스포츠의 장이 열리기 전 1930년대는 속도의 경쟁이었다. 독일의 메르세데스와 아우디의 전신인 아우토 우니온은 실버 애로우라는 이름으로 명성을 떨쳤다. 모터스포츠를 통해 얻은 엔진과 공기역학 기술은 이후 차량 기술 발전에 큰 영향을 줬다. 메르세데스의 루돌프 카라치올라와 헤르만 랑, 아우토 우니온의 한스 슈툭과 베른트 로제마이어는 1934년 이후 여러 차례 대회에서 우승을 차지한다. 시속 400km/h의 벽을 깨기도 했다.

BMW는 과거 1930년대 후반 328 밀레 밀리아로 많은 레이싱 대회에서 두각을 드러냈었다.

포뮬러원 - F1은 세계적인 명성을 가지고 모터스포츠를 대표하는 경기 중 하나이다. 국제자동차연맹인 FIA에서 주관하며 1950년에 처음 시작되었다. 매년 3~11월에 전 대륙을 순회하며 22번의 그랑프리를 치른다. F1은 지정된 자동차 경주장에서 코스를 반복해서 주행하는 서킷 위에서 레이싱 경주를 펼친다. 차를 직접 제작하여 경쟁한다는 초기 모터스포츠의 철학을 유지한다. 경기에 참가하는 자동차의 성능은 모터레이스의 절대적인 요소이다.

제조사별 우승 횟수로는 페라리가 16회로 압도적으로 앞선다. 윌리엄스가 9회, 맥라렌, 메르세데스가 8회, 로터스가 7회, 오스트리아 레드불이 6회 우승을 했다. 스포츠는 현재진행형이기 때문에 비교적 최근 트렌드는 전체 이력과는 조금 차이가 있다. 2014~2021년에는 메르세데스가 장기간 우승 트로피를 독식했다. 이어서 레드불이 2010~2013년, 2022년, 2023년 우승을 차지했다. 2010년 이후 2개 회사가 번갈아 가며 우승의 명예를 누렸다.

F1의 인기는 나날이 증가하고 있다. 2022년 570만 명의 관중이 현장에 참여했으며 TV로 시청한 사람은 약 15.5억 명이라고 한다. 메르세데스는 제2차 세계대전 이후 모터스포츠에 참여하며 명성을 쌓아왔다. 1954년 최초 참가하여 1955년 2년 연속으로 우승한다. 메르세데스는 W196과 후안 마뉴엘 판지오가 드라이버로 참가하여 이전 실버 애로우의 위엄을 다시 한번 과시했다. 이후 1955년 르망 참사로 잠시 무대를 떠났다가 2010년 복귀를 선언했다.

BMW는 2000년부터 2009년 F1에 참여하며 활약했다. 2005년 자우버 F1 팀을 인수하며 강팀의 면모를 유지했다. 2008년에 1승을 기록했지만 2009년 말 철수하기로 결정했다. 마케팅 효과를 보기 위해서는 너무 큰 예산과 기간이 필요했다고 판단했다. 짧은 도전의 기간이었지만 괄목할 성과를 이뤘다. 강력한 출력과 효율, 퍼포먼스, 내구성은 이 시기에 형성되었다고 평가받는다. 현재 투어링카 형태의 스포츠카 시리즈에 집중하는 전략을 펼친다.

모터스포츠에서 우승하는 드라이버에게는 세계에서 가장 빠른 사람이라는 별명이 주어진다. 1950년부터 2023년까지 본선에 참여한 777명의 드라이버 중 단 34명이 월드 챔피언 타이틀을 획득했다. 미하엘 슈마허, 루이스 해밀턴이 7번, 후안 마누엘 판지오가 5번, 알랭 프로스트, 제바스티안 페텔이 4번 우승을 했다. 최근 2021년부터 2023년까지 네덜란드의 막스 베르스타펜이 연이어 우승을 차지하고 있다. 새로운 역사가 계속하여 기록되고 있다.

월드랠리챔피언십(WRC)은 유럽을 포함하여 다양한 국가에서 진행되는 랠리를 FIA에서 1973년 통합한 모터스포츠이다. 정해진 서킷을 주행하는 F1과는 도로 환경과 주행을 하는 패턴에서도 큰 차이가 있다. 매년 1월부터 11월까지 다양한 계절과 국가의 도로 환경을 극복한다. 숲길이나 눈길, 비포장 험로 등 지형을 가리지 않고 달리기 때문에 주행 환경과 관련된 스토리가 있다. 자동차 브랜드에는 차량의 성능을 시험하기 최적화된 방식이다.

F1이 그랑프리 경기가 모여서 한 시즌을 이룬다면 WRC는 랠리 경기가 모여서 시즌을 이루는 방식이다. F1과 르망24와는 달리 일반 양산 브랜드가 주로 참가하여 실력을 뽐낸다. 독일 3사 중에서는 아우디가 2회 우승을 한 이력

이 있다. 제조사별로는 이탈리아 란치아가 10회, 시트로엥이 8회, 도요타가 6회 우승을 했다. 2018년, 2021년, 2022년에는 도요타가, 2019년, 2020년에는 현대가 우승을 차지하여 최근 아시아 브랜드가 강세를 보인다.

2023년 오랜 역사를 가진 르망24가 100주년을 맞이했다. 1923년 5월 26일 첫 경기가 열리고 오랜 역사를 자랑한다. 6월을 대표하는 대표적인 모터스포츠이다. 프랑스 자동차 협회인 ACO가 주관하는 르망24시는 르망 지역에 위치한 도로를 이용하여 라 사르트 서킷에서 진행된다. 서킷의 길이는 13,626km이며 최고 시속이 300~350km/h에 달하는 수준이다. 초창기에는 17km에 최고 속도가 400km/h를 넘었지만 안전 문제로 시설을 개선했다.

르망24는 24시간 동안 일정한 코스를 반복 운행하며 가혹한 조건을 극복해야 한다. 고장이 없이 피트 스톱도 줄이고 우수한 연비와 공기역학도 고려해야 한다. 포르쉐가 19번 우승으로 독주하고 있다. 아우디는 1999년부터 2016년까지 13회 우승을 거두었다. 21세기 전반기를 단일 브랜드가 독식했다. 2010년 라 사르트 서킷397랩에서 5,410km를 주행하는 대기록도 세웠다. 아우디를 비롯한 독일 3사는 대회를 통해 기술력과 명성을 쌓을 수 있었다.

전동화 시대에 들어서면서 모터스포츠는 새로운 전환의 기회를 맞이한다. 주행 간 발생하는 매연과 소음공해는 많은 문제점을 야기했다. FIA에서 제시한 대안은 바로 순수 전기차로만 주행하는 포뮬러E이다. 전동화 시장의 확대와 전기차 수요의 증가로 제안된 이 레이싱 경주는 2014년부터 진행되고 있다. 전기차의 기술을 선보일 수 있다는 이점에 많은 사륜차 브랜드들이 참여했다. 그러나 최고속도가 240km/h이고 F1에 비해 많은 약점을 노출했다.

독일 3사는 초기에 참여를 했으나 현재는 모두 철수한 상태이다. 18-19 시즌에는 BMW, 19-20 시즌에는 메르세데스가 참여했다. 포르쉐도 당시 참여를 했는데 2020년도 그룹사 모터스포츠 프로그램을 개편하면서 아우디가 포뮬러E에서 떠났다. BMW가 21-22 시즌부터 불참 선언을 했으며 메르세데스도 철수를 확정했다. 17-18 시즌에는 아우디, 20-21 시즌, 21-22 시즌에는 메르세데스가 우승했으나 이제는 대회에서 이름을 볼 수 없을 전망이다.

메르세데스, BMW, 아우디의 경쟁력

1. 독일 3사의 상품 구성의 힘,
고객의 니즈를 파악하여 시장이 원하는 제품을 내놓는다.

독일 3사가 글로벌 시장에서 두각을 드러낸 배경에는 상품 구성의 힘을 빼놓을 수 없다. 프리미엄 브랜드 중 하이엔드급 차량에도 다양한 차급과 상품성이 존재한다. 브랜드에 강한 로열티를 지닌 고객은 계속하여 같은 브랜드를 찾게 된다. 브랜드를 신뢰하고 동일 차급에서 다른 모델을 구매한다. 자동차 브랜드들은 다양한 고객의 니즈를 고려하여 상품을 구성한다. SUV, 쿠페, 왜건, 해치백, 로드스터, 오프로드 등 다양한 차급에 구분을 둔다.

명품(Luxury Goods)을 제공하는 브랜드들에서 이러한 전략을 공통적으로 찾을 수 있다. 시계 브랜드 롤렉스, 패션 브랜드 에르메스, 샤넬, 디올, 루이비통, 구찌 등이 존재한다. 고객은 상품을 넘어서는 브랜드에 초점을 맞춘다. 구매하고자 하는 브랜드가 명확해지고 이후에 세부적인 모델을 선정한다. 고객이 원하는 모델의 타깃팅은 매우 중요한 부분이다. 모델의 목적과 등급에 따른 가격대 설정과 고객의 니즈가 일치되어야 구매까지 진행된다.

자동차의 사양과 옵션은 고객의 성향을 매우 세분된 수준까지 고려한다. 고객의 개성을 존중하고 정확하게 이해할 경우 선택의 폭을 넓힐 수 있다. 또한 만족도는 더욱 높아질 것이다. 브랜드 모델 등급 분류가 가장 기본이 된다. 세단을 기준으로 D, E, F급 모델로 구분하는 것이 시작점이다. 브랜드에 입문하거나 사용 목적에 따라 준중형 모델이 있다. 대표하는 E급 모델은 시장에서 정체성을 확보하고 최상위 플래그십 모델이 존재한다.

각 모델 간의 포지션은 매우 중요하다. 고객의 나이, 성별, 기호, 경제 수준 등 매우 다양하다. 광범위한 영역 간의 중복을 최소화하고 다양성을 제시해야 한다. 독일 3사는 상품 구성에 매우 큰 강점이 있다. BMW의 파워풀하고 에네제틱한 동력을 원하는 젊은 고객은 3시리즈를 원할 것이다. 더욱 높은 공력 특성과 편안한 실내 공간을 위해서는 5시리즈가 유리하다. 차급별 차이와 개성은 명확할수록 유리하다. 상품의 힘은 매우 강력하게 작용한다.

경쟁 모델과의 비교우위도 매우 중요하다. 고객은 최상급 모델에서 더욱 높은 가치를 원한다. 메르세데스의 S클래스와 BMW의 7시리즈는 경쟁 차량이지만 고객층에는 일부 차이가 존재한다. 고객의 경제적인 수준과 연령대를 고려하여 쇼퍼 드리븐 차량의 특색이 강한 S클래스의 중후함은 장점이 크다. 여기에서도 상호 보완적인 성격이 발생한다. S클래스는 젊고 성공한 고객까지 수용하고자 한다. 이에 뛰어난 동력과 주행성을 함께 고려한다.

BMW의 7시리즈는 공격적이고 스포티한 장점은 유지한다. 오너 드리븐 차량의 장점도 함께 최대치로 강조한다. 내부 엠비언트 라이트와 넓은 내부 공간을 통해 고객에게 고급감을 제공한다. 아우디 A8 모델은 경쟁사 대비 프리미엄 이미지가 상대적으로 약한 점을 극복하고자 전 부문 개성을 강조한다. 가속성을 비롯한 퍼포먼스를 높이고 편안함을 고려한다. 기본기를 중시하는 제조사이므로 고급감과 안전성 등 섬세하게 경쟁력을 높이고자 한다.

같은 모델 내에서도 파워트레인과 구동방식 차별성을 둔다. 내연기관 차량의 경우 엔진의 사이즈와 출력별로 고객의 주행 선호도를 반영한다. 독일 3사는 후륜구동 방식을 통한 주행 고급감을 기본으로 한다. 4륜 구동방식은 고객의 선택지로 두게 했다. 최근 플러그인 하이브리드 모델과 48V 마일드 하이브리드 모델은 연비와 정숙성 측면에서 고객들의 인기가 높다. 전기차의 경우 고유의 개성을 더욱 강조하기 위해 별도의 라인업을 구축했다.

SUV, 쿠페, 왜건, 해치백 등 다양한 차종의 목적성에 구분을 둔다. SUV 라인업은 넓은 내부 공간과 동력 성능을 원하는 고객 중심으로 큰 인기가 있다. 각 기업들은 세단 라인 이상으로 SUV에 집중했고 라인업을 구성한다. 쿠페 모델이나 쿠페 럭셔리 라인업은 비교적 비율이 적지만 확실한 브랜드 이미지 구축과 수익성에서 큰 비중을 차지한다. 스포츠 형태의 차량은 일반 도로에서 스포츠카의 퍼포먼스를 제공한다. 고유의 마니아층을 형성했다.

메르세데스의 G-바겐은 많은 이들의 드림카이다. 특유의 각진 외관의 디자인은 클래식하지만 아이코닉하다. SUV 중에서도 선호하는 고객층이 확실하다. 다른 오프로드 차량만큼 거칠지는 않지만 그 이상의 퍼포먼스를 자랑한다. 이러한 포지션을 선점했기 때문에 사실상 경쟁 차가 거의 없이 고유한 고객층을 유지하고 있다. 특정 상품군이 시장을 독점한다면 기업에 있어서는 매우 강력한 모델이 될 수 있다. 일종의 블루오션을 창출하는 전략이다.

메르세데스-벤츠 S클래스 마이바흐 AMG는 모든 선택지를 종합한다. 세단 라인업의 최고 라인업인 S클래스에서 엔진 배기량과 4륜 4MATIC 방식을 선택할 수 있다. 외관 디자인부터 실내 공간까지 고급감을 부여한 마이바흐 라인업이다. 파워트레인과 주행 퍼포먼스를 극대화한 AMG 모델은 고객이 원하는 모든 것을 갖췄다고 평가받는다. 획일적이지 않고 개성을 최대한 존중한다. 대중들의 니즈를 가격대에 맞춰 세분하여 등급을 다양하게 분류한다.

2. 독일 3사는 수익성을 높여 롱런할 수 있는 영업관리 능력이 있다.

위대한 회사의 기준은 무엇인가? 사회적 기업, 친환경 기업, 존경받는 기업 등 여러 가지 평가 요소가 있다. 어떠한 기준을 들이댄다고 하더라도 절대적으로 변하지 않는 기준이 있다. 회사는 이윤을 창출하고 지속적으로 투자를 통해 영속성을 유지할 수 있다. 따라서 철저한 재무관리를 통해서 수익성을 높여야만 한다. 독일 3사는 지속적으로 수익을 내는 흑자 형태의 경영을 통해 지금까지 발전해 왔다. 향후에도 성장할 가능성은 당연히 매우 높다.

막대한 매출과 높은 영업이익률을 통해 철저한 영업이익 관리는 매우 중요하다. 회사는 자본을 투자하여 만들어낸 제품을 판매해야 한다. 특정 모델을 기획하고 연구개발과 생산라인을 구축하여 품질을 확보한 상품을 제작한다. 판매 이후 보증기간 동안 품질 문제에 대한 지속적인 케어가 필요하다. 안전과 관련된 품질 문제는 고객과 회사에 모두 막대한 리스크를 가진다. 차량 생산과 판매 사이클 내에서 회사는 결국 이윤을 남겨야 하는 숙제를 가진다.

독일 3사는 영업이익률 측면에서 Top-tier 수준이다. 2022년 독일 자동차 그룹의 영업이익률은 메르세데스가 13.6%, BMW가 9.8%, 폭스바겐이 7.3% 이다. 2024년에는 BMW가 11.4%, 메르세데스가 10.7%, 폭스바겐은 5.9%를 기록했다. 아우디는 프리미엄 브랜드라는 점을 고려 시 그룹 전체 실적보다는 조금 더 높을 것으로 추정된다. 자동차 기업에 영업이익률 10%대는 꿈의 숫자이며 관리 자체가 매우 어렵다. 생산라인 운영에는 많은 인건비가 필요하다. 자동차 단가 자체가 고가이므로 단가 인상에도 제한적이다. 애플과 같은 전자 회사가 30% 실적을 자랑하는 구조와 상이하다.

자동차 기업은 다양한 분야에서 장기간 동안 지속적인 고객의 사랑을 필요로 한다. 훌륭한 제품을 제공하며 수익까지 창출해야 한다. 좋은 제품을 제공하고 다시 재투자해야 회사는 내일을 기대할 수 있다. 재무관리 능력은 회사의 영속성에 필수적이다. 개별 부품 생산과 조립, 판매, 물류 모든 과정에서 수많은 비용이 투입된다. 직원들에 대한 급여를 지급해야 하며 보증 비용도 계속 발생한다. 수익성이라는 숙제는 항상 기업에는 꼬리표와 같다.

자동차 산업의 이러한 특성상 독일 3사는 매우 유리한 위치를 선점하고 있다. 대중 브랜드와의 차별성이자 프리미엄 브랜드가 지니는 가치를 이해해야 한다. 당연하게도 손실을 최소화하고 수익성을 극대화해야 지속적인 발전이 가능하다. 결국 더욱 많은 투자와 회사의 성장을 위해 고급화는 필수적인 요소이다. 현대자동차의 제네시스 브랜드와 도요타의 렉서스는 대중 브랜드에서 런칭된 프리미엄 브랜드이다. 이러한 패턴은 시대의 흐름을 관통한다.

고급차량 판매량을 증가시켜서 영업이익률을 높이는 전략이 요구된다. 모든 트림의 가격대가 일반 브랜드와 차별성을 가진다. 무턱대고 높은 가격을 요구하는 것은 아니다. 회사가 오랜 시간 가져온 기술에 대한 노하우, 품질 관리 능력, 브랜드에 대한 자신감이 있기에 가능하다. 고객은 이러한 가치를 위해 기꺼이 비용을 지불하고 구매를 하게 된다. 결국 높은 브랜드 가치와 프리미엄 이미지는 수익성 확보에 있어서 최고 수준이라고 평가할 수 있다.

수익은 제품단가와 판매 대수의 곱에 비례한다. 고가의 하이엔드 차량은 수익성 확보에 있어서 가장 강력한 전략이다. 메르세데스의 마이바흐, 독일 3사의 고성능 라인업은 성공한 이들에게는 가장 타보고 싶은 차량 중 하나이다. 쿠페형, 오프로드형 차량 등 기본 차량의 스타일을 변형한 상품군의 확대도 중요하다. 일찍이 고객을 집단이 아닌 개인의 영역으로 이해하고 개성을 존중하는 전략이다. 고객은 희망하는 상품에 기꺼이 비용을 지불한다.

생산비용의 최소화는 제조업에 있어서 필수적인 요소이다. 투자비용에는 매우 복잡한 영역이 연계되어 있다. 수출 위주의 상품이기 때문에 현지화는 필수적이다. 공장 진출과 부품의 현지화를 통해 원가 절감과 환율 문제에 대해 방어할 수 있다. 현지 공장을 증설하여 부품의 현지화를 통해 단가를 통제하고 공급능력을 확보한다. 독일뿐만 아니라 인근 연방 지역까지 부품 협력사를 육성했다. 독일과 오스트리아 등에 유망한 부품 메이커들이 존재한다.

안정적인 수익성을 유지하기 위해서는 지속 가능한 경영 전략이 필요하다. 배출가스 및 환경규제를 포함한 각종 법규 만족은 기업이 활동하기 위한 전제조건이다. 독일 자동차 회사는 이미 디젤게이트 스캔들로 큰 홍역을 경험한 바 있다. 제조 결함을 개선하기 위해 리콜 등 조치로 발생하는 품질비용을 철저히 제한해야 영업이익률을 관리할 수 있다. 환경과 안전에 대한 중요성은 끊임없이 강조되고 있다. 기업의 관리 영역은 지속 증가하고 있다.

기업이 영업을 하는 동안 지속적으로 리스크에 노출되어 있다. 역설적으로 현재 존재하는 브랜드는 이러한 위기를 극복해 왔다는 의미이다. 독일 3사는 길게는 100년 이상 동안 글로벌 시장에 차량을 판매하고 있다. 뿐만 아니라 높은 수익성을 지속적으로 유지하며 브랜드 이미지를 오랜 시간 프리미엄 포지션에 위치했다. 우수한 자동차 회사는 좋은 차량을 제작해서 고객에게 판매한다. 위대한 회사는 이를 지속적으로 이어나갈 수 있어야 한다.

자동차 사업은 수많은 요소들이 결합되고 복합된 특수한 영역의 비즈니스이다. 부품, 생산, 판매, 보증, 마케팅, 리콜 등 여러 가지 변수들을 통제해야 한다. 프리미엄 브랜드는 시장의 요구를 정확히 이해하고 본인들의 목표 달성을 위해 집중한다. 독일 3사는 모든 분야에 빠짐없이 집중하고 개선하고자 노력했다. 한 분야라도 문제가 될 경우에는 치명적인 타격을 입을 수가 있다. 향후에도 이들이 지금과 같은 수익성을 유지할 수 있을지 지켜보자.

3. 독일 3사는 자신의 장점을 강조할 수 있는 마케팅 전략을 가지고 있다.

마케팅은 브랜드의 이미지 구축에 강력한 영향력을 가진다. 제품이 가진 실제 상품성과 동등하거나 이를 뛰어넘는 가치를 고객에게 제공할 수 있다. 시장에서 형성된 제품의 이미지는 상품성으로 연결되며 매출로 이어진다. 독일 3사는 그들의 강점을 매우 잘 이해하고 있다. 기업 내부적으로 단순하게 분석하는 수준을 넘어 고객에게 공감을 이끌어내는 능력 또한 뛰어나다. 기업의 가치와 고객의 이해가 일치할 때 매우 긍정적인 효과를 이끌어낸다.

마케팅의 수단과 전략은 매우 다양하다. 마케팅 전담 부서가 모든 역할을 담당하는 것은 아니다. 최근 축구에서 유행하는 토탈 사커처럼 각 부문에서 역할을 성실하게 수행했을 때 결과로 나타난다. 최초 제품의 기획단계부터 형성된 상품성은 이 자체만으로 마케팅 전략이 될 수 있다. 기존에 세상에 없던 신기술이나 새로운 라인업의 등장은 그 자체만으로도 고객들을 설레게 한다. 디자인, 성능, 품질, 가격 모든 요소가 세일즈 포인트가 되기도 한다.

독일 3사는 전통적인 마케팅인 대중매체와 신규 채널인 디지털 마케팅에 모두 집중한다. TV 광고, 인쇄매체, 옥외 광고판, 전시장 활용을 통해 고객들의 삶 속에 언제나 브랜드를 노출한다. 인터넷, SNS, 유튜브 등 디지털 마케팅의 가치는 점차 강조되고 있다. 기존 매체의 영향력이 약화되고 스마트폰 사용 빈도가 높아져 왔다. 페이스북, 인스타그램과 유튜브 등 플랫폼을 활용하여 화려하고 매력적인 콘텐츠를 통해 고객과 브랜드를 연결시킨다.

다양한 이벤트와 후원을 통해 고객과 더욱 많은 소통을 시도한다. F1 그랑프리, 골프 토너먼트 등을 후원하면서 파트너십을 구축한다. 다양한 인플루언서와 협업하거나 스포츠 구단을 후원하는 방법도 사용된다. 고객은 이러한 기회를 통해 브랜드에 대한 많은 긍정적인 경험을 하게 된다. 독일 3사는 또한 다양한 글로벌 마케팅 캠페인을 실시하여 고객을 설득하고자 한다. 브랜드가 추구하는 목표와 제공하는 상품의 가치를 이미지화하는 전략이다.

메르세데스-벤츠는 고급스러움과 최고의 브랜드 가치를 마케팅 수단으로 활용한다. 이 기업은 언제나 최고의 자리에 있고자 한다. 고유한 역사와 전통, 헤리티지로 대표되는 기업의 문화와 이미지는 가장 강력한 마케팅 수단이다. 단순히 멈춰 있는 것이 아니라 시대의 변화나 고객의 요구사항을 적극적으로 수용한다. 차량을 구매하고 운행하는 고객을 높은 곳으로 올려놓는다. Best or nothing - 이 문장으로 회사가 지향하는 바를 명확하게 알 수 있다.

1926년 메르세데스 브랜드가 창립된 이후 혁신적인 성능과 화려한 디자인을 자랑하는 차량을 고객에게 제공했다. 누구나 가지고 싶어 하는 브랜드로 프리미엄 포지셔닝에 성공했다. 고객의 욕구와 열망, 라이프 스타일을 이해하였고 그들이 지닌 고급스러움과 우아함은 하나의 상징이 되었다. 자동차 산업을 선도하는 리더 자리를 지키기 위해 목표를 명확히 했다. 브랜드 가치, 라인업의 고급화, 고객 만족 증대 등 마케팅과 비즈니스 활동을 일치시켰다.

전체 라인업의 명품화를 본인들만 이용할 수 있는 전략이라고 자부한다. 소형과 대형 차량, 세단과 SUV, 디자인과 첨단기술 – 이 모든 분야에서 럭셔리 요소를 제공한다. 차종별로 지향점은 다르다. S클래스는 세련된 럭셔리, 마이바흐는 궁극의 럭셔리, 전기차 EQ 시리즈는 진보적 럭셔리를 목표로 한다. 자동차를 사치품이 아닌 명품으로 해석하고 제공하고자 한다. 판매량에 집중하는 양적 성장은 부차적인 목표이고 질적 성장을 최우선으로 한다.

모든 회사가 동일한 전략을 시도할 수는 없다. 자동차의 역사와 함께한 메르세데스는 지금까지 걸어온 역사 자체가 마케팅이다. 기술과 안전, 기업의 문화와 역사는 그들만의 고유한 헤리티지를 형성했다. 후발 주자가 함부로 벤치마킹하기 어려운 요소이다. 한 가지 중요한 것은 메르세데스는 언제나 럭셔리를 지향하고 이를 위해 집중한다는 점이다. 럭셔리라는 지향점과 이에 대한 일관성을 유지한다. 결국 이러한 전략은 고객에게 공감을 이끌어낸다.

BMW는 파워트레인을 기반으로 한 전략을 구축하고 마케팅에 최선을 다한다. 키드니 그릴로 상징되는 전면 디자인은 내연기관을 상징하고 엔진과 파워트레인 기술력을 자랑한다. 스포티한 이미지와 주행 성능은 그들의 상징이다. 항상 강력한 퍼포먼스와 운전의 재미는 정체성으로 작동한다. BMW는 그들의 강력한 라인업과 미래 지향적인 콘셉트카, 전기차, 신형 차량을 적극적으로 고객에게 노출한다. 오늘뿐만 아니라 한 세대 앞선 내일 보여주려

한다.

　아우디는 기술력과 진보의 결과물인 콰트로 성능을 선보였다. 경사가 심한 슬로프를 등반하는 차량의 기술력은 고객의 고개를 저절로 끄덕이게 한다. 강력한 퍼포먼스와 안전성, 품질로 고객들에게 신뢰를 제공한다. 이들은 홍보나 마케팅에 있어 독보적인 기술력을 강조한다. 아우디의 공식 SNS를 참고하면 유독 설원, 오프로드, 트랙 등 극한의 주행 성능을 자랑한다. 도심과 세계 명소에 차량을 전시하며 럭셔리한 이미지를 지속하여 제공하고자 한다.

4. 독일 3사의 조직 운영은 어떠했기에
경쟁력을 확보했고 어떤 리스크를 노출했는가?

글로벌 자동차 기업들은 매우 오랜 역사를 가지고 있다. 미국 전기차 업체인 테슬라나 중국의 자동차 회사들 정도가 비교적 최근에 이름이 알려졌다. 신규 업체가 시장에 선보이는 것은 정말 드문 일이다. 시장 진입 장벽이 그만큼 높다는 반증이다. 투자비용, 사업관리, 조직구성, 기술개발, 판매 및 A/S 구축, 브랜드 이미지 창출 등 천지가 개벽할 정도의 에너지 투입이 필요하다. 이미 자동차는 개인과 일부 기업을 넘어 국가 차원의 사업 영역이다.

창업과 수성은 모두 매우 중요하면서 난해하다. 일을 새로이 시작하는 창업은 위대한 도전이다. 이러한 토대를 바탕으로 수십 년에서 백 년 이상 기업을 유지하는 수성은 매우 어려운 과정이다. 이미 이룩한 성과를 잘 보전하고 한 걸음 더 나아가 더욱 크게 발전시키기 위해서는 험난한 여정이 기다린다. 기업의 성장 배경이나 원동력을 잘 분석하고 기존의 전통을 이어나가야 한다. 변화하는 트렌드를 잘 해석하고 전략적으로 대응하는 자세가 필요하다.

자동차 회사의 조직구성과 기업관리 방식을 이러한 관점에서 볼 때 다소 보수적이라고 평가받는다. 조금 딱딱하고 경직된 이미지가 있으며 군대의 조직체계와도 유사한 형태를 지닌다. 최고 지휘관이 우수한 참모들의 조언을 받아들여 부대를 지휘한다. 각 소규모 조직부터 개인, 간접 조직까지 일사불란하게 움직이다. 본인들의 강점에 대해 이해하고 경쟁자들에 대해 철저한 분석이 필요하다. 목표 달성에 대한 조직원 전체의 공감대 형성이 요구된다.

강력한 리더십은 조직의 운영에 있어서 필수적이다. 자동차 산업 분야는 글로벌 기업 간의 경쟁은 매우 치열하다. 국가 기간 산업으로서 한 나라의 경제활동을 결정하는 중요한 역할을 한다. 기술의 변혁은 어떠한가? 끊임없는 경쟁 속에서 기술 개발과 혁신은 경쟁력과 연계한다. 각 회사는 비전과 방향성을 설정하고 구성원을 한 방향으로 이끌어야 한다. 직원들이 공감하고 개별 위치에서 최선을 다할 때 회사가 가고자 하는 목적지에 근접할 수 있다.

글로벌 시장에서 트렌드를 파악하고 우위를 선점하는 것은 매우 중요하다. 시장 동향을 이해하고 경쟁자를 극복하는 과정은 필수적이다. 경험하지 못한 기술과 디자인을 세상에 내놓기 위해 많은 어려움이 따른다. 자동차는 안전, 법규, 품질에 있어서 절대적으로 타협이 불가능한 제품이다. 부품 공급, 생산, 제조 등 전체 과정에서 품질관리가 이루어져야 지속적인 경영과 고객 신뢰를 확보할 수 있다. 독일 3사는 목표 설정과 실천을 지속적으로 해왔다.

메르세데스는 고객의 안전과 최고의 가치를 위해 집중했다. 각종 안전과 관련된 기능을 발전시키고 성능을 높였다. 우수한 디자인과 상품성도 제공했다. BMW는 퍼포먼스와 혁신에 중점을 두었다. 파워트레인 기술을 비롯하여 전동화 브랜드인 i시리즈까지 확고한 의지를 엿볼 수 있다. 아우디는 4륜 구동과 자체 기술력을 필두로 지속적인 발전에 힘쓴다. 폭스바겐 그룹에서 기업 운영의 궤를 함께한다. 기업의 철학과 가치는 조직 운영에 필수적이다.

고객의 니즈를 철저하게 분석하고 기업의 방향성이 일치할 때 혁신과 발전은 함께 따라온다. 자동차가 최초 보급되기 시작한 이후로 이러한 과정은 지속적으로 이어졌다. 차량의 디자인, 기술력, 성능, 안전성, 품질 등 각 부문별로 요구사항은 받아들여졌다. 고성능 차량, 다양한 모델, 상품군의 세분화, 전동화 차량의 개발은 결국 기업에 새로운 고민을 안겼다. 내부적으로 각 분야별로 조직이 세분되고 기업의 방향성은 구성원들에게 전파된다.

조직 구성 형태는 명확히 목표 달성에 집중되어 있었다. 한마디로 정의하자면 피라미드식 구조의 체계와 관료주의의 형태라고 볼 수 있다. 매우 오랜 기간 동안 각 업무에는 다양한 매뉴얼이 제안되었다. 인류가 발명한 조직 관리 방법 중에서 수천 년간 사용되는 것을 본다면 가장 효율적인 방법 중 하나이지 않을까 예상된다. 하지만 새로운 아이디어를 만들어내는 데에는 장애요소가 된다. 획기적이고 창의적인 의견을 제한하는 한계점은 있을 것이다.

메르세데스는 다국적 기업인 다임러 AG의 자회사이며 자동차 부문을 담당한다. BMW는 별도의 독립된 자동차 회사이고 아우디는 폭스바겐 그룹에서 프리미엄 자동차 생산을 담당한다. 독일 3사를 비롯한 자동차 기업들은 유사한 조직구조를 취하고 있다. 개발, 생산, 판매, 마케팅, 서비스 등 다양한 부문으로 조직이 구성된다. 피라미드 구조의 수직 방식으로 강력한 리더십을 통해 효율성을 중시한다. 빠른 의사결정과 신속한 업무 추진이 가능하다.

조직 구성은 기본적으로 컨트롤타워 역할을 하는 본사, 신차 개발과 신기술을 담당하는 연구 조직, 차량을 생산하는 생산 공장, 각 국가의 딜러와 판매 대리점으로 구성된 판매 네트워크, 판매한 차량의 유지보수와 고객 대응을 담당하는 서비스 센터 등으로 구성된다. 글로벌 기업인만큼 이러한 기본 틀을 바탕으로 전 세계 주요 권역별로 유사한 방식의 조직 구성을 확장하여 관리하고 있다. 비즈니스 전략과 지역에 따라 일부 차이는 있을 수 있다.

2015년 독일 폭스바겐 그룹에서는 디젤 게이트와 품질 문제가 대두되었다. 모든 것을 일반화하기는 어렵지만 그동안의 조직 운영에 있어서 문제점이 드러난 것이다. 시대의 변화에 있어서도 중요한 인자로 작용했다는 사실은 부정하기가 어렵다. 이들의 변화가 필요한 시점이 등장했다. 테슬라 등 전동화 기업의 등장과 IT 기업의 발전이 부각되었다. 자동차 기업들은 신규 플레이어들의 참여를 매우 눈여겨보고 있으며 역으로 이들을 벤치마킹했다.

제왕적인 방식의 조직 구성은 신속하고 빠른 피드백이 장점으로 작용한다. 조직원들의 평가와 책임을 기반으로 하는 단점이 존재한다. 조직 간 이기주의인 사일로 현상은 피해 갈 수 없는 현상이다. 성과 위주의 방식에 따른 전문 경영인들이 보인 책임 회피식 태도 중 회사에 악영향을 끼치기도 한다. 개인이 담당하고 있는 기간 동안 단기성과를 내는 데 집중을 해야 한다. 장기적인 전략을 수립하기 어렵고 사내 정치가 어쩔 수 없이 발생된다.

디터 체제는 메르세데스 조직 문화의 가장 큰 문제점을 관료화라고 지목했다. 전통적인 자동차 업계에서 모두 공감하는 부분일 것이다. 수만 개의 부품을 생산하고 조립하여 일관된 브랜드 전략을 수립하기 위해서는 매우 막강한 조직력이 필요하다. 하나의 부대와 같이 움직이기 위해서 일반적으로 군대식 관리 방식을 지향할 것이다. 최고의 제품을 만들기 위해 일사불란하게 움직였던 전통의 조직 문화는 관료화 형태의 부작용을 생성하게 되었다.

시대의 변화에 따라 근로자 개인과 공동 성장할 수 있는 형태로 변화하고 있다. 환경법규의 강화, 미디어 및 SNS의 발달, 시민의식의 성장, 개인주의의 발전 등을 배경으로 볼 수 있다. 급변하는 시장에서 이는 장애물로 작용했을 것이다. 메르세데스는 관료화를 탈피하기 위해 드레스 코드를 재정비하였다. 넥타이를 풀어내면서 직원들의 권한을 높이고 상명하복 방식을 지양했다. 기본적인 틀은 유지하되 단점으로 평가받는 부분은 수정이 필요하다.

오랜 기간 제품 중심의 목표 설정인 'Best or nothing'이라는 슬로건을 지향했다. 2019년 메르세데스는 'First move the world'라는 슬로건을 들고 나왔다. 기존에 가진 최고의 자동차를 제작하겠다는 기업 존재의 목적에서 더욱 포괄적이고 넓은 의미로 변화한 것이다. 이어서 '2039 지속 가능한 모빌리티 사업'과 같이 후대와 미래를 위한 중장기적인 미래를 준비하기 시작했다. 기업은 고객, 직원, 협력업체, 주주 모두를 만족시키는 방향으로 발전했다.

단순히 성취를 이루고 수익을 남기는 단계를 넘어서야 한다. 끊임없는 혁신과 품질을 바탕으로 혁신을 모색함이 필요하다. 품질을 기본으로 고객의 신뢰를 구축하는 방식으로 발전이 되어야 한다. 구성원 간 유대감을 형성하고 전 부문이 하나의 팀으로 일을 하는 방안이 제시된다. 최근 독일 3사를 비롯한 사동차 회사들은 조직 문화와 직원과의 소통에 집중하고 있다. 뛰어난 리더십을 기본으로 우수한 인재들의 능동적인 참여가 요구되는 시대이다.

5. 독일 자동차의 디자인의 힘은
어디에서 나오며 어떤 특징을 가졌는가?

흔히 자동차를 산업디자인의 꽃이라고 부른다. 자동차는 다양한 제품 디자인을 통틀어서 사람들의 감성을 가장 자극할 수 있는 제품이다. 차량 구매를 결정하는 요인은 매우 다양하다. 기능, 성능, 편의, 연비, 품질, 안전, 가격, 브랜드 등 고객의 요구와 성향에 따라 선택지의 폭 또한 천차만별이다. 기술과 품질이 상향평준화 되면서 다른 가치가 요구된다. 고객은 디자인에서 차별성을 찾는다. 디자인은 구매 욕구를 자극시키는 가장 강력한 무기이다.

자동차는 기술과 문화가 복합된 제품이다. 이동이라는 목적에 충실하면서도 심미적인 요소가 기능의 영역까지 확장되어 왔다. 자동차의 외관은 유선형의 차체와 4바퀴를 기본으로 한다. 공기저항을 최소화하기 위한 기능적인 역할을 하면서 안락한 실내 공간을 확보한다. 정해진 기능이라는 틀을 지키며 최대한의 창의력을 발휘해야 한다. 차량의 개성을 잘 드러낼 수 있는 수려한 외관부터 고객이 실제로 머무는 실내 디자인까지 모두 고려되어야 한다.

독일 3사는 일찍부터 디자인의 중요성을 잘 이해하고 있었다. 고유한 디자인 철학을 유지하면서 지속적으로 트렌드를 선도해 왔다. 정체성을 유지하기 위해 노력하고 시대에서 요구하는 미적인 가치를 반영했다. 기술과 디자인의 균형을 잘 맞춰 상품성을 극대화하기 위해 노력한 것이다. 지속적으로 디자인 조직을 정교하게 발전시켰고 많은 스타 디자이너를 배출했다. 시대별로 인기를 끌었던 모델들을 통해서 디자인의 발전사를 알아볼 수 있다.

자동차의 디자인은 기능에 집중되었던 형태에서 여러 세대를 거쳐 발전되었다. 오늘날 전동화, 자율주행, 인포테인먼트 시스템 등의 발전으로 디자인의 범위는 매우 넓어졌다. 메르세데스의 세계 최초 가솔린 차량인 페이턴트 모터바겐은 바퀴가 세 개 달린 자전거와 같은 형태였다. 크랭크축, 전기점화장치, 냉각장치 등 현대 내연기관의 핵심기술이 적용되었다. 좌석과 조향장치는 있었으나 별도의 차체도 없어 오늘날의 형태와는 다소 차이가 있다.

1900년 초반부터 1940년대까지 외관의 기본적인 틀은 정형화되고 클래식한 형태의 디자인을 사용했다. 승객과 부품을 보호하기 위한 차체, 외부 시야 확보를 위한 글라스, 야간 주행을 위한 램프, 동력을 전달하기 위한 휠 등이 형태를 갖췄다. E클래스를 예로 들자면 1936년 당시 디자인 흐름에 따라 유선형의 클래식한 디자인으로 중후하고 멋스러운 특징을 자랑했다. 2세대부터 세단의 형태가 나타났고 3세대에서는 직선 라인을 강조했다.

[사진: 메르세데스벤츠 EQS / 출처: 메르세데스벤츠코리아]

이후 직선을 활용하며 공기저항을 낮추는 방향으로 디자인은 발전했다. 다소 투박하고 클래식한 디자인에서 모던하면서도 감각적인 형태로 진화했다. 헤드램프 형태가 바뀌고 실내에도 내비게이션과 에어컨 기능을 고급화했다. 9세대와 10세대에서는 감각적인 전면 디자인과 통합형 헤드램프를 적용하고 후면 라인에서 곡선을 강조했다. 에어컨 송풍구 위로 디스플레이가 이동하고 기어레버가 전통적인 형태에서 칼럼식이나 레버식으로 변화했다.

독일 3사는 일관된 디자인 언어를 사용한다. 고유의 패밀리룩을 통해서 자신들만의 아이덴티티를 유지하고 다른 브랜드와는 차별화한다. 브랜드의 정체성을 통해 지속적인 인지 효과를 전달하며 브랜드 로열티를 형성한다. 이러한 전략은 제품을 넘어서 브랜드가 보유한 역사와 전통을 강조할 수 있다. 자동차 엠블럼을 가리고 보더라도 차량 디자인만 봐도 브랜드 구별이 가능하다. 차량의 종류에 따라서 개성은 부여하되 일관성과 통일성은 유지한다.

자동차의 디자인 아이덴티티는 강력한 정체성을 가진다. 패밀리룩은 라디에이터 그릴을 중심으로 헤드램프와 차체 라인을 통해서 통일된 언어를 사용한다. 차종의 목적, 용도, 등급에 따라 해석에 차이를 둔다. 메르세데스-벤츠와 BMW는 전체 브랜드가 하나의 집합을 이루면서 모델 간 충분한 차별성을 둔다. 아우디는 경쟁사 대비 모델 간 통일성을 강조한다. 다만 차종별 개성이 약화될 수 있다. 어쨌든 일관성은 가장 기본이 되는 철학이자 전략이다.

메르세데스는 라디에이터 그릴에 개성을 부여하는 전략을 사용한다. 광활하게 양옆으로 펼쳐진 그릴에서 대형 삼각별 엠블럼을 중앙에 배치시켰다. 전면 그릴에는 트림별로 개성을 부여한다. 낮은 트림에서는 기본적인 두 줄 형태의 그릴을 부착한다. 고사양 트림에는 그릴 내부를 촘촘하게 일정한 간격으로 채워 보석으로 장식이 된 것과 같은 착각을 유도하는 다이아몬드 그릴을 적용했다. 마이바흐 라인업에는 세로 그릴을 통해 고급감을 부여한다.

BMW의 키드니 그릴은 브랜드의 상징이면서 디자인 아이덴티티 그 자체이다. 90년이 넘는 역사를 유지했다는 것은 매우 놀라운 사실이다. 키드니 그릴의 형태와 크기는 지속적으로 진화해 왔다. 최초 클래식한 형태에서 비례와 균형감을 중시하는 디자인으로 발전했다. 4시리즈의 버티컬 그릴은 매우 거대하고 날렵한 디자인으로 큰 충격을 선사했다. 전기차에서 라디에이터 기능은 없어졌지만 브랜드 정체성을 위한 시그널이자 디자인 역할로 사용된다.

[사진: BMW i7 / 출처: BMW코리아]

아우디의 싱글프레임은 현재 고유의 상징이 되었고 아우디를 대표하는 디자인이다. 2003년 총괄 수석 디자이너 발터 드 실바가 최초로 제안했다. 기존 자동차 전면부 디자인은 라디에이터 그릴은 범퍼와 분리하는 형태가 지배적이었다. 싱글프레임은 범퍼 상하부 그릴과 공기흡입구를 합친 거대한 하나의 그릴이다. 현재까지 세 번의 큰 변화가 있었다. 최초 사각형, 이후 육각형의 형태, 다음으로는 가로로 길어지고 육각형의 형태가 선명해졌다.

자동차의 디자인은 크게 외부와 내부로 나뉜다. 외관은 전면부, 측면부, 후면부 3가지로 구성된다. 차량의 얼굴이라고 할 수 있는 전면부는 브랜드의 통일성을 부여하고 정체성을 표현한다. 사람의 얼굴과 같이 전면에서 가장 큰 개성을 살펴볼 수 있다. 측면은 자동차의 운동성능과 정체성을 엿볼 수 있다. 루프 라인과 C필러로 떨어지는 전개에서 차량이 추구하는 바가 느껴진다. 후면은 리어램프와 테일 라인에서 정교하게 디자인이 발전되고 있다.

메르세데스-벤츠의 고급화 전략은 디자인에서도 일관된다. 전통적인 쇼퍼 드리븐 형태의 차량을 지향하기 때문에 중후하면서도 웅장한 매력을 강조한다. 메르세데스의 디자인 철학인 센슈얼 퓨리티(Sensual Purity, 관능적 순수미)에 기초하여 깔끔하고 정교한 라인과 절제된 고급스러움을 강조한다. 쿠페나 스포츠세단 등의 차종에서도 날렵하지만 스포티함은 조금 자제하는 느낌을 찾을 수 있다. 다이내믹하면서도 자연스럽고 공격적이지만 절제미가 있다.

BMW는 육중한 바디와 파워풀한 퍼포먼스를 차량을 상징하는 전면부와 외관 전체에서 느낄 수 있다. 굵고 직선적인 디자인을 차체에서 강조하고 스포티하면서 근육질의 바디가 조화를 이룬다. 주행의 재미와 즐거움을 최우선으로 디자인 언어에도 요소를 반영한다. 이러한 고유의 아이덴티티는 국경과 시대를 넘어서 수많은 팬층을 양성했다. BMW의 강력한 주행머신은 다른 브랜드에서는 경험할 수 없는 고성능의 감성을 디자인에서 찾아볼 수 있다.

아우디는 엔지니어링을 중심의 브랜드 정체성을 강조하는 스포티한 디자인을 지향한다. 공기역학을 고려한 차체 형태와 쿠페 형식으로 떨어지는 C필러 라인을 고급 트림에서 많이 볼 수 있다. 헤드라이트는 차량의 첫인상을 결정하는 중요한 디자인 요소이다. 최첨단 기술을 활용한 HD 매트릭스 LED 헤드라이트는 아우디 디자인에 화려함을 보탠다. 수십 개의 LED 광원으로 주행 조건에 따라 빛의 방향과 밝기를 변화시켜 디자인과 기능을 함께 고려했다.

[사진: 아우디 Q4 e-tron / 출처: 아우디코리아]

산업디자인 분야에서는 3대 디자인 시상식이 존재한다. iF, 레드닷, IDEA 라는 시상을 하고 있다. 자동차 분야에서는 별도의 자동차 디자인 어워드도 존재한다. 유럽에서 역사적으로 디자인을 중시하는 문화는 기업에도 영향을 미쳤다. 이들은 디자인의 중요성을 잘 이해하고 있다. 본인들의 철학과 함께 아름다운 디자인을 창조한다. 차량의 성능을 최우선으로 강조하는 시기가 있었다. 레이싱에 준하는 퍼포먼스를 모든 고객이 희망하지는 않는다.

디자인은 고객을 포함하여 대중에게 제공되는 서비스이다. 제품을 관찰하거나 실제로 경험하는 차이가 있을 뿐이다. 아름다움이란 무엇인가라는 근원적인 문제를 해결하기 위해 자동차 회사들은 고민해 왔다. 모든 사람을 만족시킬 수 있는 아름다움이 존재하는지 단정하기는 어렵다. 결국 많은 사람들의 공감을 이끌어야 한다. 시대, 장소, 환경, 유행 등 여러 요인에 의해 트렌드는 변화한다. 그 변화는 거시적 변화의 패러다임 속에서 일어나는 과정이다.

다양한 환경이나 문화적 요인과 결합되어 자동차의 다양성에 작용해 왔다. 디자인의 철학과 일관성을 유지해야 한다. 트렌드를 선도한 과정은 장기간 고객의 마음을 사로잡는 배경이다. 디자이너를 존중하고 디자인을 중시하는 기업의 철학이 있었다. 디자인과 기술 모두 존중하고 상호 발전하는 방향으로 이끌었다. 디자인을 중심으로 하는 문화는 계속해서 성장하는 원동력이다. 지속적인 발전을 위해 디자인 교육과 새로운 디자이너들의 참여를 유도한다.

6. 디자인 비전문가인 오너나 엔지니어가 아닌 디자이너가 디자인을 결정한다.

'디자인'이라는 단어는 목적을 위해 설계를 실체화한다는 뜻을 지닌다. 미술이나 조형적인 의미에서 통상적으로 쓰이지만 공학적인 뜻으로도 사용된다. 디자인보호법에서는 '독립적으로 거래 대상이 될 수 있는 유체동산인 물품에 구현되어 시각을 통해 파악되어 미감을 일으키는 물품의 미적 외관으로 정의된다'라고 한다. 정리하자면 디자인은 상업적인 수단의 목적성을 가지고 있다. 시각적인 자극을 통해 구매자에게 미적인 가치를 제공하는 활동이다.

다시 말하자면, 예술 작품과 같이 미감만 제공하는 것이 아니라 목적성을 지닌 상품에 미적 외관을 구현하는 과정이다. 매우 많은 연구가 필요하며 전문가에 의해 결과물이 탄생하게 된다. 자동차 제조사는 별도의 디자인 조직을 통해 자동차라는 상품의 외관을 설계한다. 예를 들어 매우 스포티하고 친환경적인 전기차 세단을 제작한다면 그에 맞는 디자인도 설계가 필요하다. 이러한 타깃과 일치하는 디자인을 위해서는 매우 많은 고민이 필요하다.

독일 3사는 미적인 요소에 대해 철저하게 전문가에게 위임하는 정책을 취하고 있다. 비전문가의 의견이 디자인에 반영되는 것을 지양하는 것이다. 뛰어난 사업 역량을 지닌 오너라고 할지라도 그의 개인적인 미적 취향이 제품에 투영되어서는 안 된다. 차량은 연비, 공력성능, 기능성을 향상하는 방향으로 설계된다. 디자인이라는 강력한 상품성이 이에 희생되어서는 안 된다. 디자인에 대해 온전히 집중할 수 있는 디자이너가 디자인을 결정해야 한다.

독일을 비롯한 유럽에서는 역사적으로 예술 분야가 발전했다. 디자인을 전공하지 않은 사람들도 유럽 출신의 유명한 예술가의 이름을 알 정도이다. 장인 중심의 공예생산 방식을 통해 산업도 성장해 왔다. 전통적으로 미적인 아름다움에 대한 고민이 역사와 함께 성장했다. 유럽 자동차 제조사는 디자인 방식과 조직이 구성되며 프리미엄 브랜드에 큰 영향을 주었다. 수석 디자이너를 중심으로 한 디자인 조직을 구성 방식이 중심적으로 자리 잡고 있다.

수석 디자이너의 디자인에 대한 철학과 방향성이 브랜드에 반영이 된다. 단순히 개인의 생각만이 브랜드 디자인을 발전시킬 수는 없다. 제조사가 가지고 있는 철학을 개인이 해석하는 과정이 필요하다. 다시 제조사에 도움이 되는 디자인으로 표출하는 것은 중요한 요소이다. 디자이너가 표현하고자 하는 바와 브랜드의 개성을 잘 결합해야 한다. 고객들은 아름다운 디자인에 환호하며 신차에 대해 기대한다. 스타 디자이너는 이러한 과정에서 탄생한다.

동일한 브랜드 내에서도 차종이나 상품의 특징에 따라서 변형된 디자인 조직이 존재하기도 한다. 전체 브랜드 특성보다 때로는 개성이 강조되는 경우가 있다. 실무 디자이너의 창의성이 필요한 경우 개별 차종의 특징이 부각되면서 브랜드의 통일성이 약하게 나타날 수 있다. 소량 생산 고성능 스포츠카 또는 콘셉트카의 경우가 해당할 것이다. 독일 3사는 고성능과 럭셔리 브랜드를 별도로 보유하고 있다. 유연한 디자인 결정 권한이 필요한 구조이다.

엔지니어링과 다르게 디자인이라는 영역은 모두를 대상으로 한다. 자동차는 모든 전자, 전기, 기계공학의 결정체이다. 일반인이 엔지니어링 영역에 개입하기는 쉽지 않다. 심지어 평생 엔진룸을 한 번도 열어보지 않은 사람도 있을 것이다. 사진 한 장이면 전 세계인들이 디자인을 접할 수 있다. 고객이 차량을 구입하거나 실내에 타보지 않더라도 알 수 있다. 디자인을 보고 누구나 평가할 수 있고 이는 비전문가가 개입할 가능성이 더욱 높다는 뜻이다.

BMW의 디자인은 클라우스 루테가 수석 디자이너로 활약하며 1990년 초까지 많은 마니아층을 확보했다. 직선 위주의 차체를 바탕으로 하여 기존의 보수적인 디자인에서 탈피했다. 그의 갑작스러운 사임 이후 1992년 새 수석 디자이너로 영입된 크리스 뱅글은 혁신적 성향의 디자인을 선보인다. 한편 크리스 뱅글 이후 영입된 아드리안 반 호이동크는 BMW의 브랜드 전체 통일성을 유지하면서 좀 더 다양하고 감성 중심의 디자인을 보여줬다.

BMW는 디자이너와 엔지니어를 분리시켰다. 엔지니어가 디자인을 선택하는 과정에 개입하는 것을 지양해 왔다. 디자인 결정에 영향을 주지 않기 위해 제도적인 장치도 마련했다. 제조 과정에서의 어려움과 비용이 고객으로부터 긍정적인 피드백을 받을 수 있는지 디자인 전반에 대해 공개토론이 있어야 했다. 최고 의사 결정권자가 이후 일을 추진하게 된다. 엔지니어가 디자이너를 먼저 설득하는 경우에는 결정권자가 최상의 정보를 얻기 어렵다.

메르세데스도 디자인과 엔지니어링의 공존에 어려움이 있었다. 디자이너의 창의적인 영감도 제한된 범위 내에서 발현되어야 한다. 법규와 엔지니어와의 상충된 의견은 큰 어려움이다. 공학적인 영역 내에서 성능을 보존하며 결정이 필요하다. 차량과 보행자 충돌 시 보닛 위로 넘겨져야 하는 설계 기준을 만족해야 했다. 보행자와 충돌 시 돌출형 엠블럼은 심각한 부상을 초래할 수 있다. 평면형의 디자인에 안전장치를 마련하여 E, S클래스에 사용되었다.

디자이너와 엔지니어의 영역은 분리되어야 하지만, 디자이너는 엔지니어링에 대해 높은 이해가 필요하다. 디자인과 기술의 통합은 분명 어려운 영역이지만 자동차의 정체성 설정에 필수적이다. S클래스는 예술 작품처럼 라디에이터 그릴에 다양한 종류의 센서를 조금씩 발견할 수 있도록 만들었다. 헤드램프에 각각 130만 개의 픽셀을 포함시켜 콤팩트하게 제작했다. 플래그십 세단의 진보된 기술력을 디자인의 영역으로 이끌어내어 적용했다.

아우디 브랜드에서는 차량의 스포티함과 성능을 극대화하는 디자인을 찾아냈다. 최적화된 공기역학 디자인과 낮은 항력계수는 가속성에 이어 연비 효율로 이어진다. 유려한 루프라인과 차체의 낮은 포지션은 높은 효율성을 자랑한다. 디자이너와 엔지니어 간의 긴밀한 연계와 협력을 통한 결과물이다. 차량 개발에서 철저하게 분리된 영역임과 동시에 협업의 과정이다. 엔지니어링을 강화한 디자인이라는 작품은 결국 최고의 상품성으로 이어진다.

아우디 디자인의 DNA는 새로운 모빌리티에도 이식이 되고 있다. 최근 출시되고 있는 전동화 모델에서도 퍼포먼스를 중심으로 한 디자인 요소들을 엿볼 수 있다. e-tron 모델 버추얼 익스테리어 미러는 사이드 미러 대신 소형 카메라를 이용하여 공기 항력을 감소시켜 주고 새로운 시대의 디자인을 보여준다. 향후 중요한 지속가능성에서도 이는 미학적인 영역을 넘어선 디자이너의 역할을 알려준다. 기존에 없던 형태의 디자인도 새로운 도전의 영역이 된다.

디자인이 절대적인 우위를 차지할 수는 없다. 자동차의 기본인 엔지니어링 영역을 해치는 사태는 모든 자동차 브랜드들이 경계해야 한다. 디자인은 현재 시대에서 가장 중요한 요소이며 고객의 선택을 이끈다. 우수한 디자인의 제품도 미적인 요소가 고객의 안락함과 편의를 침범해서는 안 된다. 고객에게 불편함을 끼치거나 품질 문제를 유발하는 경우를 지양해야 한다. 독일 3사는 전문 디자이너의 중요성을 잘 이해하고 이들에게 많은 기대를 하고 있다.

7. 세계 최고의 스타 디자이너가 디자인을 이끈다.

우수한 디자인은 어떻게 탄생하는가? 디자인의 성공 배경을 해석하는 것은 쉽지 않다. 다만 많은 사랑을 받는 디자인은 결국 사람의 손을 거쳐 세상에 모습을 선보인다. 위대한 스타 디자이너들은 자동차 디자인의 역사를 이끌어왔다. 독일 3사의 프리미엄 자동차에는 바로 스타 디자이너의 힘이 존재했다. 이들은 각 브랜드 디자인에 정체성을 부여하고 일관된 색채를 입혔다. 세계 최고의 스타 디자이너들은 글로벌 자동차 디자인의 트렌드를 이끌었다.

스타 디자이너는 브랜드의 성패를 좌우할 정도로 매우 중요한 역할을 한다. 물론 자동차를 결코 혼자 만들 수 없는 것처럼 디자인도 마찬가지이다. 개인의 능력만으로 모든 자동차의 디자인을 할 수는 없다. 다양한 모델들에 개성을 부여하고 각 부품들에 대한 섬세한 작업이 필요하다. 전체 자동차 역사와 흐름에 있어서 변곡점에는 항상 스타 디자이너가 있었다. 전체적인 디자인 방향이 제시되고 아이디어가 결합하여 매력적인 디자인이 탄생된다.

스타 디자이너의 리드와 함께 조직을 어떻게 육성하느냐에 따라서 디자인의 성공 여부가 결정된다. 전체의 조화가 중요한 자동차라는 제품에서 디자인은 개인의 영향력이 큰 분야이다. 오랜 기간 동안 성장해 온 디자인의 역사에 대해 모두 이해하는 것은 불가능하다. 그러나 예술 작품과 같이 자동차 디자인은 영원히 기록에 남는다. 역사에 족적을 남긴 디자이너 개인의 발자취를 따라간다면 디자인의 세계에 조금은 더 가까이 접근할 수 있을 것이다.

백 년이 넘는 독일 자동차 역사에서 훌륭한 디자인은 셀 수 없을 정도이다. 이 과정에 함께한 디자이너 중 누가 더 위대하다고 평가할 수 없다. 다만, 브랜드 발전사의 변곡점에 있었던 이들을 들여다볼 필요가 있다. 유럽 3대 디자이너로 불리는 'BMW의 크리스 뱅글, 아우디 출신이자 현대자동차그룹 총괄 디자이너를 역임한 피터 슈라이어, 아우디의 발터 드 실바'와 '메르세데스-벤츠의 고든 바그너'까지 독일 3사의 디자이너 4인을 소개한다.

[크리스 뱅글]

크리스 뱅글은 자동차 디자인 분야에서 전설적인 입지를 다졌다. 1992년 개발 부문 총책임자인 볼프강 라이츨레에 의해 BMW의 수석 디자이너로 임명되었다. 1999년부터 2009년까지 BMW의 디자인을 책임졌다. 뱅글의 손에서 탄생한 BMW 3, 5, 7 시리즈와 Z3, Z4 시리즈가 대표적이다. 그는 미국 오하이오주에서 태어났고 위스콘신주에서 성장했다. 명문 디자인 학교인 캘리포니아 아트센터에서 시작해 위스콘신 대학에서 산업디자인을 전공했다.

당시 미국 출신 디자이너가 수석 디자이너의 자리에 오른다는 것은 큰 충격이었다. 유럽에서의 문화적 자부심이 매우 강했기 때문이다. 뱅글은 300명 이상의 디자이너들을 고용하고 관리했다. 이들의 신뢰를 받는 일은 매우 중요했다. 차량 전체 수천 가지가 넘는 부품에 대한 디자인 아이디어부터 스케치와 모델링 작업을 담당했기 때문이다. 차량 전체에 대한 콘셉트와 방향성은 수석 디자이너의 손에서 나오고 세부적인 결과물이 만들어졌다.

뱅글은 입사 당시 BMW의 정체성을 유지하기 위해 큰 변화를 감행하지 않았다. 일관성을 강조하는 전략을 취했고 모델별로 유사한 디자인을 가져갔다. 3시리즈와 5시리즈, 5시리즈와 7시리즈 등 모델 간 디자인 유사성을 이어갔다. 당시 총책임자 라이츨레는 시대의 변화를 준비해야 했다. 롤스로이스, 랜드로버, 미니 등의 브랜드를 인수하려면 디자인 리더가 필요하다고 판단했다. 세단과 쿠페만으로는 경쟁력이 떨어져 제품 라인 확대가 필요했다.

[사진: 크리스 뱅글 / 출처: BMW코리아]

X5가 1999년 최초 출시하기 이전부터 BMW는 SUV 상품군을 확대할 계획을 수립했다. SUV는 기존 제품과 많은 차이가 있었고 새로운 디자인 언어가 필요했다. 뱅글은 시장의 요구에 기반하면서 새로운 변화를 준비했다. X시리즈가 완성된 이후에도 디자인 언어는 더욱 진화가 필요했다. 엔지니어

및 비디자이너가 디자인을 지원하기 위해 직원 대상 세미나를 개최하기도 했다. 고객을 따라가는 것이 아니라 회사를 따라오도록 이끌어갔다.

그의 디자인 센스를 가장 잘 엿볼 수 있는 차량은 Z9 콘셉트카이다. 양산 차량에서는 2세대 6시리즈에 반영되었다. 트렁크의 측면부의 몰딩이 짧았고 중앙 부분은 위로 올라간 형태였다. 다이내믹하고 굴곡이 있어 도전적인 디자인이었다. 당시에는 거의 직선 위주의 엄숙한 형태를 사용했기 때문에 너무 파격적이었다. 직선의 단순함을 버리고 차별성과 혁신성을 담아냈다. 리어 휀더를 포함한 후면부와 트렁크가 면으로 분리된 새로운 접근 방식이었다.

뱅글의 역작은 BMW 플래그십 모델인 4세대 7시리즈이다. Z9 콘셉트카에서 선보였던 파격적인 디자인을 양산차인 7시리즈에 도입시켰다. 치솟은 형태의 뒤 트렁크 라인은 차체를 커 보이게 하는 효과가 있었다. 최초 파격적인 변신은 시장의 심각한 저항이 있었지만 사상 최대의 판매를 기록하는 등 시장의 긍정적인 평가를 이어나갔다. 라이벌인 메르세데스와 포드, 아우디 등 경쟁사들이 디자인을 벤치마킹하며 글로벌 트렌드를 선도한 모델이었다.

Z3의 후속작인 스포츠 로드스터 Z4는 2003년 출시되어 날렵하고 고급스러운 디자인으로 고객들의 호평을 이끌었다. 당시 로드스터에 대한 시장의 관심에 대응하기 위해 등장한 모델이다. 스포티한 퍼포먼스와 날렵한 디자인으로 경쟁 차량들을 긴장시켰다. 스포티한 디자인을 선도하고 기준을 제시했다. 이 외에 X3와 1시리즈 등 성공적인 작품을 탄생시킨 그는 2009년 BMW에서 퇴직 후 디자인 컨설팅업체 크리스 뱅글 어소시에이츠 SRL을 설립했다.

[피터 슈라이어]

피터 슈라이어는 독일 출신의 디자이너로 자동차 디자인의 역사에 한 획을 그었다고 평가받는다. 어린 시절 어머니가 운영하는 식당 뒤쪽 비행장에서 이륙하는 비행기를 보고 자라며 파일럿을 꿈꿨다. 부친의 영향으로 자동차 동체 및 구조에 많은 관심을 가졌다. 비행기와 자동차를 비롯한 각종 기계에 남다른 관심을 보였다. 부친에게 자동차 운전도 직접 배워 코너링이나 드리프트 등 기능적인 영역을 경험했다. 항상 스케치를 하고 페인팅을 했다.

독일 태생인 그는 우연히 본 포스터에 이끌려 뮌헨 대학교 산업디자인학과에 진학했다. 재학 중 1978년 아우디 인턴사원 기회를 얻어 인턴십을 수행했다. 당시 총괄 바르쿠스의 추천으로 아우디의 장학생이 되어 졸업 후 영국의 왕립 예술대학(RCA, Royal College of Arts)에서 자동차 디자인을 공부했다. 1980년부터 본격적으로 아우디의 외형 디자인을 담당하여 여러 스튜디오를 거치고 1993년 폭스바겐으로 이동하여 디자인을 계속했다.

[사진: 피터 슈라이어 / 출처: 현대차그룹]

슈라이어는 아우디TT를 비롯해 A4, A6와 여러 콘셉트카를 세상에 선보였다. 캘리포니아 디자인 스튜디오와 폭스바겐에서 쌓은 경험으로 1994년 아우디 디자인 총괄을 담당했다. 그를 있게 만든 모델인 아우디TT는 아우디를 상징하는 쿠페이다. 1995년 독일 프랑크푸르트 모터쇼에서 콘셉트카로 최초 공개되었던 이 차량은 곡선의 미학을 매우 강조했다. 아우디TT의 이름은 모터사이클 대회 투어리스트 트로피(Tourist Trophy)의 약어를 가져온 것이다.

아우디TT는 기존 아우디의 직선을 강조하는 디자인을 과감히 포기하고 선의 유려함을 선보였다. TT에서 가장 강조한 디자인은 내부와 외부를 조화롭게 이룬 원이다. 둥근 외형과 앞뒤 대칭을 절묘하게 이룬 기하학적인 구조가 인상적이라는 평가를 받았다. 1999년 아우디TT가 본격적으로 양산되고 자동차 업계에서는 디자인의 혁신성에 감탄을 했다. 자동차 전문지 카디자인 뉴스는 근래 가장 영향력 있는 디자인의 하나로 차량을 선정했다.

슈라이어는 독일연방디자인대상, 시카고 굿 디자인상, 독일산업포럼 디자인상 등 디자인 관련된 상을 휩쓸었다. 1992년에는 폭스바겐으로 이동하여 골프 5세대, 제타, 파사트, 뉴비틀의 디자인을 총괄했다. 아우디의 흑자 전환과 독일 경제성장에 큰 영향을 미쳤다는 찬사가 이어졌다. 그의 디자인 모토인 직선의 단순함은 많은 고객들의 공감을 이끌어냈다. 2007년 세르지오 피닌파리나, 조르제토 주지아로를 이어서 영국 왕립예술대학 명예박사 학위를 수여한 3번째 자동차 디자이너가 되었다.

2006년 슈라이어는 기아에서 보낸 스카우트 제안을 받아들였다. 현대자동차그룹 정의선 회장의 디자인 경영과 유럽 시장 공략을 위한 영입 제의였다.

슈라이어는 K5 모델에 고유의 패밀리룩인 호랑이코 그릴을 적용했다. 디자인 철학인 직선의 단순화를 간결하고 날렵하게 정돈해서 디자인 역량을 끌어올렸다. 2013년에는 현대차그룹의 디자인 총괄 사장으로 승진하고 2018년 디자인 경영 담당 사장으로 자리를 옮겼다. 2021년 디자인경영 어드바이저로 일선에서 물러났다.

[발터 드 실바]

발터 드 실바는 아우디의 상징으로 불리는 싱글프레임으로 이름을 알렸다. 2003년 세상에 처음 선보인 싱글프레임은 디자인 역사에 있어서 변혁을 일으켰다. 일반적인 자동차 전면부의 라디에이터 그릴을 가로가 아닌 세로 방향으로 길게 늘인 형태이다. 라디에이터 그릴과 공기흡입구를 합쳐서 전면부의 볼륨감을 강조한다. 2004년부터 모든 아우디 디자인에 적용되어 트렌드를 이끌었다. 고유한 아이덴티티를 형성하고 패밀리룩을 견고하게 만들었다.

실바의 디자인에는 건축학적인 요소를 찾아볼 수 있다. 이는 건축가였던 아버지와 건축 디자이너인 렌초 피아노 아래에서 지도를 받은 영향으로 해석된다. 최초 피아트에서 디자이너 커리어를 시작하여 1986년 알파로메오에서 전통적인 삼각형 그릴을 보다 발전시켰다. 폭스바겐 그룹의 세아트로 이직하여 센스 오브 스포티 에어라인 디자인을 비롯하여 3년간 디자인 기틀을 다졌다. 레드닷 디자인 어워드와 많은 디자인상을 수상하여 실력을 인정받았다.

실바는 1998년 폭스바겐 그룹에 합류하여 세아트, 아우디, 람보르기니 등을 담당했다. 그가 디자인을 책임지며 브랜드는 비약적으로 발전을 이뤘다.

2003년 싱글프레임 디자인의 3대의 콘셉트카를 발표했다. 북미 국제 오토쇼에서 파이크스 피크 콰트로를, 제네바 모터쇼에서 누볼라리 콰트로, 프랑크푸르트 모터쇼에서 르망 콰트로를 공개했다. 이는 순서대로 대형 SUV Q7, 쿠페형 아우디 A5, 고급형 R8이 되어 양산형 모델의 디자인에 적용되었다.

[사진: 발터 드 실바 / 출처: 폭스바겐코리아]

싱글프레임은 라디에이터 그릴에 육각형 형태의 헥사고날 디자인이 적용된다. 모서리는 더욱 각지고 날렵하게 변화했다. 이렇듯 싱글프레임은 패밀리룩의 전통을 이어가고 아우디 브랜드의 정체성이 되었다. 실바는 2007년 이후 폭스바겐 그룹의 디자인을 총괄하게 되었다. 아우디뿐만 아니라 폭스바겐 핵심 모델에도 새로운 패밀리룩을 적용하고 디자인 변화를 주도했다. 신형 골프, 제타, 투아렉 등에도 절제된 강인함과 우아한 세련미로 조화를 이뤘다.

이탈리아 최고 권위를 자랑하는 디자인상인 '황금 나침반'이 실바에게 주어졌다. 이 상은 자신의 분야에서 최고의 업적을 쌓은 전문가에게만 주어진다. 자동차 디자이너로서 40년간 쌓은 업적을 인정받은 것이다. 또한, 1954년 상이 제정된 이래로 22번째 수상자였다. 심사위원단은 독일의 기능주의 디자인과 아름다움을 중시하는 낭만주의 디자인을 조화시켰다고 평가했다. 간결하고 세련된 라인의 미니멀리즘 디자인은 최신 트렌드로 각광받았다.

2015년 디젤게이트 스캔들로 실바는 당시 담당 임원들과 함께 은퇴하였다. 본인의 디자인 커리어에서 수많은 족적을 남기고 폭스바겐 그룹에서 나오게 된 것이다. 2017년에는 독일 컨설팅 회사 에다 그룹으로 이직하고 2019년 중국 기업으로 옮겼다. 그룹에서는 떠났지만 현재 아우디 디자인의 기틀을 잡았다고 평가받는다. 아우디 브랜드에서 최근 판매되는 차량에서도 그의 흔적을 찾을 수 있다. 자동차 디자인 역사 전체에서도 큰 족적을 남겼다.

[고든 바그너]

"메르세데스-벤츠의 자동차는 30년이 지나도 거리에서 구식으로 보이지 않는다. 그것이 바로 우리가 말하는 오랫동안 지속되는 디자인의 개념이다." - 메르세데스-벤츠의 디자인 수장이었던 고든 바그너의 철학이 담긴 말이다. 2008년 그의 취임 당시 "벤츠의 전통을 신선하면서 모던하게 적용하는 것도 나의 임무"라는 이야기를 했다. 브랜드의 유구한 역사와 전통을 이어가는 것을 목표로 했다. 시대의 흐름 또한 선도하겠다는 의지를 엿볼 수 있다.

그가 디자인 사령탑에 올랐을 때 많은 이슈가 있었다. 40여 년간 메르세데스의 디자인을 책임진 피터 파이터와 전설적인 디자이너 중 한 명인 브루노

사코에 비해 명성이 부족하다는 시선이 있었기 때문이다. 바그너는 회사의 결정이 옳았다는 것을 증명했다. 비록 경력이 다소 부족했지만 결과를 만드는 데 전혀 문제없었다. 다소 보수적일 수 있었던 메르세데스의 디자인에 새로운 바람을 불어왔다. 시장의 우려를 불식시키고 명가의 이름을 이어갔다.

[사진: 고든 바그너 / 출처: 메르세데스벤츠코리아]

바그너는 1968년 9월 3일 독일 노르트라인베스트팔렌주 에센에서 태어났다. 어린 시절부터 메르세데스의 차량 디자인과 고유의 삼각별 엠블럼을 보면서 성장했다. 자동차를 그리며 즐거움을 느끼고 성장 과정에서 브랜드와 자동차 디자인의 관심을 키웠다. 에센 대학에서 산업디자인을 전공했고 영국 왕립예술대학(RCA)에서 자동차 디자인을 전공했다. 1995년 외관 디자이너로 경력을 쌓고 폭스바겐, 마쓰다, GM 등 제조사들을 거치며 경험을 쌓았다.

1997년 메르세데스에 입사하여 세단, SUV, 콘셉트카 등을 디자인하며 입지를 다졌다. 입사 초기에는 주로 SUV 디자인에 참여하고 2002년까지는 A~E 클래스와 CLK, CLS 라인업을 총괄했다. 2006년 전략적 선행 디자인 부서 총괄을 담당하고 메르세데스의 미래를 제시한 콘셉트카 F700을 선보였다. 육중한 그릴과 수직의 LED 테일라이트 등을 적용하는 획기적인 시도를 선보였다. 시장에서 호평을 이끌었고 2008년에는 디자인 총괄직을 맡게 되었다.

바그너는 이후 개성 있는 직선 중심의 각진 디자인으로 GLK 차량을 선보였다. 강렬한 인상으로 북미 프리미엄 콤팩트 SUV 시장을 선도했고 그의 입지도 확고히 했다. 글로벌 각국의 디자인 스튜디오 직원들과 교류하여 시장의 변화에 대응하고 있다. 바그너는 브랜드가 고수하는 디자인 철학을 감각적 순수미로 꼽았다. 아름다움과 특별한 것의 결합으로 의미를 정의했다. 시간이 지나도 매력적인 느낌과 예상하기 어려운 특별함이 필요하다고 강조했다.

바그너는 2016년 메르세데스-벤츠의 디자인 부문에서 최고책임자로 임명되었다. 디자인 리더로 트렌디하며 혁신적인 디자인을 리딩했다. 특히, 전기차 모델인 EQS는 고유하고 특유한 스타일을 선보이며 그의 디자인 철학을 잘 투영했다. 지속적으로 미래 전동화 모빌리티를 통해 세련되고 창의적인 디자인을 반영했다. 그의 창의성과 혁신적인 자세는 자동차 산업에 많은 영향을 미쳤다. 현대 디자인의 발전에도 중요한 역할을 했다고 평가받는다.

8. 독일 3사는 인문학에 관심을 가지고
인간의 본질을 잘 알고 제품을 디자인한다.

독일 3사는 디자인을 전공한 전문 디자이너가 디자인을 결정한다. 브랜드와 정체성을 결합하여 디자인 철학을 제시하는 디자이너를 배출해 왔다. 이는 회사 매출과 브랜드 가치에 영향을 주었고 고객에게는 높은 가치를 제공했다. 디자인은 제품 자체의 형태와 색상 등을 통해 상품성을 강조한다. 사회문화, 가치, 시대, 감성을 꿰뚫어 보며 결국 회사의 수익성에 영향을 끼친다. 현대 시대에서 디자인은 인문학, 혹은 인간 자체에 대한 이해를 요구한다.

기업은 매우 광범위한 조직과 개인들로 구성되어 체계적인 시스템 내에서 운영된다. 기업의 성적을 분석하기 위해서는 매출과 판매량, 영업이익 등 다양한 지표를 사용한다. 다만, 디자인은 대중들의 공감을 이끌어내는 한편, 주관적인 감성도 개입이 되는 복합적인 영역이다. 훌륭한 디자인이 어떻게 탄생하게 되었는지 분석하기 쉽지 않다. 우리는 앞서 소개한 디자이너 개인의 철학과, 우수한 디자인이 탄생한 과정들을 통해 살펴볼 필요가 있다.

"하늘이 돕는 사람을, 우리는 하늘의 아들이라 부른다. 그들은 배워서 습득하지 않으며, 일로서 일하지 않는다. 그들은 이성으로 사고하지 않는다. 이해할 수 없는 것을 이해하는 것은 훌륭한 재주이다. 그렇지 못한 사람들은 하늘의 선반에서 파괴될 것이다." - 장자

BMW의 수석 디자이너 크리스 뱅글이 2003년 인터뷰 시 언급한 장자의 구절이다. 디자인 분야에서 수많은 업적을 남긴 그는 특이하게도 인문학을 전공했다. 위스콘신 대학에서 인문학과 함께 ADDC(Art Center College of Design)의 산업디자인을 함께 전공했다. 감리교 목사가 되기 위해 철학, 문학, 심리학, 역사학 등의 강의를 수강한 것이 리더로서 성장하는 데 도움이 되었다고 한다. 대상에 대한 인문학적 접근법은 자동차 디자인에서 확인된다.

그는 미국인 최초 유럽 자동차 회사의 강자 BMW 총괄 디자이너였다. 장자의 구절을 언급할 정도로 동서양 문화에 두루 관심이 많았다. 본인의 주장을 펼치기 위해 독일어와 이탈리아어를 사용하기도 했다. 때로는 디자인에 대한 논의가 아닌 미술, 박물관, 문학, 영화, 그리스 신화에 대해서도 열변을 토하기도 했다고 한다. 인간이 무엇을 원하는 것인가에 대해서 끊임없는 관심과 노력을 기울였다. 그의 수많은 걸작들은 노력의 산물이 아닌가 싶다.

그의 디자인 철학은 무엇일까? 디자인은 기업이 이익을 내기 위한 핵심적인 요소이다. 자신만의 디자인을 고집하지 않는다. 어떤 제품을 고객이 선호하는지 연구개발, 생산, 마케팅 등 유관 부문 담당자와 함께 고민한다고 했다. 디자인이 우수하지만 생산하기 어려운 제품은 처음부터 틀린 것일지 모른다. 가장 비싼 공산품인 자동차를 디자인하며 인문학에 대한 이해와 마케팅을 접

목했다. 이러한 노력을 기반으로 디자인 트렌드를 이끌어온 듯하다.

BMW는 세계 각지에 디자인 스튜디오를 운영하며 폭넓은 디자인 관점을 수용하고 있다. 1995년 뱅글의 아이디어로 디자인웍스를 매입하기도 했다. 그들의 기업 문화를 존중하며 폭넓은 정보를 수집했다. 외부에 존재하는 디자인 회사의 가치를 이해하고 받아들이는 것은 회사에 매우 큰 자산이다. 자동차뿐만 아니라 다양한 산업 분야의 디자이너를 보유할 수 있었다. 디자이너들에게 지속적인 배움의 기회를 제공했고 열정 또한 지치지 않게 만들었다.

최고의 디자이너는 본인의 디자인만 고집하지 않는다. 고객의 기호와 시장의 반응, 당시 시대상과 전반적인 분위기, 그리고 생산, 판매, 마케팅 등 다양한 부문을 통찰하고자 한다. 디자인은 일종의 설득의 과정이다. 디자이너가 상상하고 그리고자 하는 이상을 자동차라는 공산품에 투영한 결과물이다. 디자인의 판도를 뒤엎은 다양한 사례들은 평범하지 않다. 자동차 디자인에 인문학과 여러 분야를 통합하는 섬세한 작품 활동을 통해서 탄생해 왔다.

아우디와 폭스바겐 디자인 총괄 책임자였던 피터 슈라이어는 어린 시절 할아버지의 공방에서 시간을 보냈다. 그의 디자인의 원천은 매우 다양하다. 글라이더 면허를 취득하기도 했다. 세계 챔피언십에 참가할 정도로 스켈레톤에 애정을 가졌다. 스페인 화가 살바도르 달리를 비롯하여 순수미술가들에게 많은 영감을 받았다. 실용성을 바탕으로 한 합리적인 디자인을 강조해 왔다. 절제와 단순미를 바탕으로 한 바우하우스 디자인 철학을 근간으로 한다.

슈라이어는 본인의 디자인에 대한 철학이 담긴 책 '디자인 너머'에서 다음과 같이 설명한다. "이야기가 없는 디자인은 형태에 불과하다." 단순히 아름다운 선과 색채의 조합을 넘어선 스토리와 디자이너의 의도가 담겨 있는 작품을 디자인이라고 정의하고 있는 것이다. 이러한 해석은 자동차 디자인이라는 산업디자인에서 빼놓을 수 없는 이야기라는 부분을 강조한다. 그는 브랜드를 우선적으로 정의하고 각각 디자인 요소에 기능과 의미를 부여했다.

슈라이어는 디자인에 대한 5가지 기준을 제시했다. '첫 번째, 비례와 균형이 전부이다. 두 번째, 주제를 찾아내서 고수할 것. 세 번째, 자동차 실내 디자인은 건축이다. 네 번째, 주류 너머의 세계로 전진할 것. 다섯 번째, 개성을 구축하는 것은 결국 아날로그이다.' 오랜 경험을 통해 이러한 기준이 수립되었다. 그의 기준을 바탕으로 수많은 위대한 디자인이 탄생했다. 결국 자동차는 인간을 이롭게 하고 인간 중심으로 생각이 필요하다.

자동차는 전체와 부분을 분리할 수 없다. 완제품 상태에서 조화롭게 비례를 이루고 균형을 맞춰야 한다. 디테일도 중요하지만 전체에 기여하도록 배치가 필요하다. 비례와 균형은 인간이 선천적으로 타고나는 능력이다. 이를 신뢰하고 직관을 따라야만 한다. 부분적인 디자인은 쉽지만 이야기를 전하는 것이 어렵다. 제품이 가진 개성과 주제를 반영하고 결과물을 만들려면 이야기가 필요하다. 이야기가 없는 디자인은 형태에 불과하다는 것이다.

차량의 실내는 안전하고 편안하면서 친근하고 행복해야 한다. 제한된 공간이라는 한계를 넘어 주거 공간과 같은 안락함을 지향해야 한다. 고객이 긴 시간을 보내야 하기 때문에 인체공학, 인터페이스, 심미적인 부분까지 고려가 필요하다. 시장의 수요, 생산성, 유행 등으로 미적으로 획일화되기 쉽다. 현존하는 토대에 아이디어를 접목해서 고유한 디자인을 탄생시켜야 한다. 또한, 디자이너 고유의 개성을 유지하기 위해 지성과 직관이 우선되어야 한다.

자동차 디자이너의 역할을 외교관이자 커뮤니케이터이자 앰배서더라고 정의했다. 번뜩이는 창의성과 예술적인 아이디어만으로 우수한 디자인이 나올 수 없다고 한다. 디자이너가 본연의 역할을 다하고 개발 시 다양한 요구 사이에서 탁월한 균형을 맞춰야 한다. 창의력과 외교력과 소통능력이 잘 결합할 때 기업과 개발에 참여한 이들 모두가 득을 보는 결과를 맞이할 수 있다. 이러한 다채로운 역할을 수행하기 위해 성실성과 유연성이 필요하다.

이 외에도 다양한 디자인 철학 아래에 명작이 탄생했다. 그러나 역사에 족적을 남긴 디자인은 인간 중심의 관점에서 시작되었다. 시대를 살아가는 다양한 사람들이 원하는 것을 고민하고 연구한 과정을 공감할 수 있다. 디자이너는 구성원들이 요구하는 목표를 정확히 이해하고 구현해야 한다. 앞으로 전동화, 자율주행, 인포테인먼트 등 기술이 진보되며 고객의 새로운 니즈를 만족해야 한다. 앞으로도 위대한 디자인이 세상에 모습을 비추기를 기대한다.

9. 자동차는 특정 국가에서만 판매해서는 성공하기 어렵다.

제조업은 모든 산업과 경제 발전의 기본이다. 제조업은 지구상에 존재하는 생산물을 가공하여 인류에게 필요한 물건을 만들어내는 산업이다. 음식료품 및 기초적인 경공업부터 기계, 조선, 자동차 등을 생산하는 중공업까지 포함된다. 보통 제품을 만드는 공장에는 굴뚝이 존재하기 때문에 굴뚝 산업 또는 2차 산업이라 불린다. 시대가 발전해도 제조업은 언제나 산업의 중심에 있다. 인류의 삶은 제조업의 산물인 제품을 통해 더욱 윤택해져 왔다.

제조업은 고객이 있기에 존재할 수 있다. 고객은 적절한 비용을 지급하고 기업이 제공하는 우수한 품질의 제품을 사용한다. 가치 높은 제품을 구매하거나 소비하기 위해서 경제활동을 통해 확보한 재화를 지불한다. 이러한 과정을 통해 산업이 함께 발전해 왔다. 자동차는 소비재 중에서 가장 비싼 제품이다. 높은 비용을 지불하는 만큼 고객은 많은 것을 기대한다. 가장 만족감을 주는 상품에 지갑은 열리게 된다. 선택지는 다양해지고 기준은 높아져 왔다.

국제화는 제조업의 발전과 흐름을 같이해 왔다. 기업이 발전하기 위해서는 지속적으로 확장해야 한다. 글로벌 시대에 해외 진출을 통해 몸집을 키워나간다. 이어서 규모의 경제를 실현하기 위해 다양한 국가로 진출한다. 진출한 국가에서 판매량 증대를 위해 현지와 관련된 각종 노하우를 축적하게 된다. 글로벌 전략은 자동차 산업에서 절대 빼놓을 수 없는 요소이다. 자동차 글로벌 판매를 이해하기 위해서는 고객과 기업의 관점에서 모두 바라봐야 한다.

독일을 포함하여 유럽에서 발달한 자동차 산업은 전 세계로 뻗어나갔다. 글로벌 시장에서 지구 반대편에서 만들어진 제품이 판매되고 있다. 원활한 공급을 위해 판매지와 생산지의 거리도 가까워진다. 자국 중심의 폐쇄형 경제 체제가 아니라면 상품의 생산지와 본사의 위치는 중요하지 않다는 의미이다. 자동차는 한 국가에서만 많이 판매해서는 결코 성공할 수도 생존할 수도 없다. 글로벌 시장에서의 경쟁력이 회사의 영속성을 결정하는 요소이다.

독일은 자동차를 포함한 제조업 분야에서 세계 최고 경쟁력을 보유해 왔다. 이러한 배경은 수출만이 살길이라는 모토로 국제화에 집중했기 때문이다. 규모가 협소한 내수 시장의 한계를 극복하기 위해 수출 지향적인 기조를 유지하여 경제력을 이루었다. 국가적인 상황과 제조업 기술의 발전을 이루어 왔다. 일찍이 수출과 국제화가 필수적이라는 사실을 이를 통해 깨달았다. 유럽 대륙에 다양한 국가가 위치해 있는 지정학적인 사실도 영향을 미쳤다.

자국에서의 상품 판매로만 기업을 운영할 수 있는 나라는 극히 드물 것이다. 물론 거의 대부분의 자동차 회사들은 자국에서부터 해외로 확장하는 전략을 펼쳐왔다. 오랜 역사를 자랑하는 독일, 프랑스, 이탈리아, 영국 등의 유럽 업체도 마찬가지이다. 미국, 일본, 한국 등의 브랜드도 동일한 방식으로 성장해 왔다. 중국은 14억 명이나 되는 인구수를 바탕으로 내수 경제가 성장해 왔다. 해외로의 확장은 필수적이며 전진하지 못하는 기업은 도태될 뿐이다.

시장 초기에는 국가에서 자국 산업 보호를 위해 폐쇄적으로 운영할 수 있다. 해외 브랜드의 유입을 막고 보조금을 지급하는 방식이 가능하다. 하지만 이 또한 영원할 수는 없다. 결국 자국 시장을 개방하게 되는 순간 경쟁자들의 공습이 이어진다. 판매량은 얼마나 많은 고객이 선택을 했는지 확인할 수 있는 지표이다. 판매량을 결코 허수로 볼 수 없다는 뜻이다. 그렇기에 시장이 과열되거나 경기가 침체 시에는 기업은 일부 수익을 포기하기도 한다.

기술 발전 없이 안전하게 차량을 판매하는 것을 고객은 허용하지 않는다. 현재 산업구조에서는 고객이 모든 것을 결정한다. 전 세계에서는 신규 기술이 쏟아지고 있고 제품의 상품성은 지속적으로 발전한다. 기업이 자체적으로 독과점을 하기는 어려운 상황이며 적절한 가격과 서비스가 함께 제공되지 않는다면 고객에게 외면받는다. 글로벌 자동차 브랜드 간의 격차가 많이 줄어들고 품질이 상향 표준화되면서 기존 브랜드에도 큰 숙제를 주었다.

기술 경쟁 또한 글로벌 트렌드에 매우 민감하게 대응하고 전략을 수립해야 한다. 자국뿐만 아니라 해외 경쟁사들이 어떠한 신기술을 개발했고 상용화했는지 모니터링이 필요하다. 각 브랜드들은 기술 로드맵을 구체적으로 작성하고 대응해야만 한다. 각국의 법규와 환경규제에 대한 분석은 매우 중요하다. 자동차 기업들은 현지에 연구소와 생산법인을 두고 신속하게 정보를 수집하여 능동적으로 대응한다. 전략적 요충지 선정도 매우 중요한 요소이다.

효율적인 판매와 서비스망의 구축은 필수적이다. 독일 자동차 회사는 프리미엄 이미지와 오랜 기간 구축한 노하우를 통해 글로벌 시장에서 높은 경쟁력을 가진다. 판매 진출 국가의 딜러와 계약을 하고 고객들에게 차량을 판매한다. 품질보증 기간 내 발생하는 불량에 대해서는 전 세계에서 우수하고 균일한 수준의 정비를 제공한다. 이를 위해서는 원활한 부품 공급과 정비사의 실력 육성은 필수적이다. 판매와 정비 품질은 브랜드의 이미지를 결정한다.

메르세데스는 정비사 인력 육성을 위해 AMT(Automotive Mechatronic Traineeship) 과정을 운영한다. 품질 문제를 신속하게 해결하기 위해 정비사를 고용하고 실력을 높였다. 최근에는 xEV 차종의 정비를 위해 AET(Automotive Electric Traineeship) 과정을 추가했다. 고전압배터리, 구동시스템, 냉각시스템, 충전장치 정비 등을 대상으로 한다. 전동화 시대에 진입하면서 고객이 정비 서비스에 만족하고 불편함을 최소화하기 위한 전략이다.

독일은 유럽을 기반으로 한 판매 확대를 통해 글로벌 시장을 점유했다. 독일이 파운드화를 포기하고 유로화 단일 화폐를 사용했다. 그 결과 전체 유럽연합의 국가들의 자본은 제조업 중심의 독일로 모두 흡수되었다. 경제가 성장할 경우 화폐 가치가 상승해야 하는데 유럽 국가 간의 환율 방어가 의미 없어졌기 때문이다. 제조업 기반의 수출 중심의 독일 산업 구조는 유럽연합의 국가들 사이에서는 최고의 효율성을 지니고 있었다.

독일 3사는 본진인 유럽을 기본으로 북미 대륙에서 쉽게 뛰어넘을 수 없는 프리미엄 이미지를 구축했다. 중국 및 한국 등 아시아 시장에서도 높은 점유율을 차지해 왔다. 단순히 인구수가 많은 국가뿐만 아니라 실제 수익성을 중심으로 국가별 맞춤 전략을 펼쳤다. 차량 수출과 더불어 현지 공장 증설 등을 통해 공급망을 단단하게 구축했다. 국가별 고객 성향을 고려하여 판매 또한 현지화 전략을 펼친다. 제품의 상품성은 기본적인 부분이었다.

역설적으로 글로벌 정세의 변화는 국제화를 더욱 요구하고 있다. COVID-19 팬데믹 시대와 리오프닝에 따른 국제 무역의 변동성, 반도체 공급 대란으로 차량 생산 중단, 고유가 시대 에너지와 상품 가격의 불안정, 우크라이나와 러시아 전쟁으로 인한 지정학적 위기 등 차량의 생산과 판매에 있어 글로벌 자동차 브랜드는 지속적으로 전략을 수정해야 했다. 어쩌면 이러한 어려운 상황을 뚫고 진짜 실력 있는 기업만이 살아남을지도 모른다.

2022년 8월, 미국 조 바이든 대통령이 인플레이션 감축 법안(IRA)에 서명했다. 이는 글로벌 자동차 기업에 큰 충격을 주었다. 온실가스 배출 저감을 위해 전기자동차 및 에너지 저장시스템을 대상으로 북미 공급망 강화 내용이 포함되었다. 북미에서 배터리와 자동차를 조립해야만 보조금을 지급 가능하기 때문에 현지 전동화 공장 증설이 필수적으로 요구된다. 유럽에서는 유럽판 IRA인 핵심원자재법(CRMA)을 시행하여 더욱 치열한 경쟁을 예고했다.

글로벌 자동차 시장은 많은 변화를 예고하고 있다. 독일 3사를 비롯한 전통의 내연기관 강자들도 큰 어려움을 경험하는 중이다. 기존의 경험과 장점들은 다소 힘이 떨어지고 있다. 새로운 변화에 보다 빠르고 유연하게 대처하는 능력이 경쟁력이 될 것이다. 다만, 유구한 헤리티지를 바탕으로 생존하고 성장해 온 브랜드들은 시대를 관통하는 철이 있다. 변화하는 시대에도 기술력을 중심으로 현지 고객들이 원하는 제품을 제공한다는 원칙은 동일하다.

10. 독일 3사의 생산공장 설립과
판매망 구축 전략은 무엇인가?

글로벌 자동차 시장에서 브랜드 간 경쟁은 매우 치열하다. 글로벌 전체 판매량과 수익성이 기업의 지속가능성을 결정하기 때문에 글로벌 시장 전략 수립은 절대적으로 필요하다. 차량 구매를 희망하는 고객에게 적절한 기간 내에 제품을 공급하는 능력은 경쟁에서 우위를 차지하는 데 중요한 요소이다. 이를 위해 원활한 차량의 생산과 물류 계획 수립이 필요하다. 또한, 국가별로 판매와 정비를 원활하게 수행할 수 있는 딜러 네트워크를 구축해야 한다.

자동차의 글로벌 판매를 위해서는 생산 거점 구축이 선행되어야 한다. 기본적으로 자국 공장을 바탕으로 한 안정적인 생산 능력을 확보한다. 본사가 있는 국가에서 직접 차량을 제조해서 판매하는 것이 사실상 가장 관리가 용이하다. 상품 전략부터 연구 개발까지 차량 양산 관련된 의사결정들을 실시간으로 반영할 수 있다. 차량을 판매한 이후에도 양산 공장의 부품 수급이나 판매 차량의 A/S 부품 공급까지도 적기에 가능하다는 장점이 있다.

거대한 선박으로 차량을 운송하는 과정에는 엄청난 관리와 비용을 동반한다. 선박 1대에 많은 차량이 해상을 이동하는 과정에서 다양한 리스크가 발생한다. 차량 관리부터 예상치 못한 사고 관리 등 엄격한 물류 관리 프로세스가 필요하다. 수출이 아닌 해외 투자를 장려하는 법안으로는 미국의 IRA(인플레이션 감축 법안)가 대표적인 예시이다. 북미에서 생산한 전기차와 배터리에만 보조금을 지급하여 글로벌 기업들에 상당한 압박이 예상된다.

달러 환율이 급등한 장세에서는 반대로 수출하는 차량들이 이득을 볼 수 있다. 역사상 전례 없을 정도의 강력한 달러 강세는 주변국들의 화폐 가치를 상대적으로 절하했다. 이는 원화, 엔화, 유로화, 위안화 등 대부분의 화폐 가치가 달러 대비 낮아지는 효과를 초래한다. 실제로 대미 수출 시에는 이득을 취할 수 있게 된다. 자동차 신규 공장 설립 시에는 막대한 비용이 투입될 수 있다. 완성차 브랜드는 신규 투자를 위해서 신중한 고민이 수반된다.

글로벌 판매를 위해 국가별 원활한 제품의 공급은 필수적이다. 시장 상황과 고객의 요구를 고려한 생산 계획을 수립해야 한다. 이를 만족하기 위해 차량을 전략적으로 생산해야 한다. 목표 달성을 위해서는 국내 생산 차량의 판매와 현지 생산 모델에 필요한 부품을 조달받기 위한 방법도 고민이 필요하다. 전 세계에 구축된 생산공장에 원활한 부품 공급은 필수적이다. 우수한 기술력의 자동차를 위해서는 이를 만족할 수 있는 품질이 절대적이다.

완성차 업체는 해외 진출 시 부품 협력사와 동반하거나 현지 부품업체와 제휴를 한다. KD(Knock Down) 부품을 이용한 생산체계 구축은 필수적이다. 각 국가 및 권역의 무역장벽, 관세정책, 물류, 지정학적, 환율, 인건비, 에너지

비용 등 다양한 요소들의 검토가 필요하다. 배터리와 반도체 등 특정 부품 수급에 매우 큰 어려움이 도래했다. 부품의 적기 공급과 신규 공장 증설 비용 부담 감수를 위해 완성차와 배터리 업계의 합작사도 설립되고 있다.

독일 3사는 일찍이 글로벌 생산체계 구축의 중요성을 깨닫고 현지화 전략을 시작했다. 폭스바겐 그룹은 60년대부터 시작해서 21세기에 들어 모듈화와 플랫폼 통합을 기반으로 현지 생산을 추진했다. 공격적인 경영 전략을 통해 글로벌 생산 네트워크를 확보한 것이다. BMW는 로버 브랜드 인수를 통해 소품종 대량 생산을 추진했으나 실패를 경험했다. 프리미엄 차량을 위주로 글로벌화 전략을 택하고 현지 업체와의 조립생산을 원칙으로 진행했다.

메르세데스는 독일 내 브레멘, 라슈타트, 진델핑겐, 뒤셀도르프 공장을 운영 중이다. 브레멘 공장에서는 C, E 클래스 쿠페, 카브리올레, GLC, EQC를 생산하고 있다. 바덴뷔르템베르크주 카를스루 현 라슈타트에서는 A, B클래스, GLA, EQA가 생산된다. 바덴뷔르템베르크주 슈투트가르트 현 뵈블링겐군 진델핑겐 공장에서는 E클래스, 마이바흐 S클래스를 생산한다. EQS는 팩토리 56에서 생산하고 있다. 노르트라인베스트팔렌주 뒤셀도르프 공장에서 스프린터가 생산된다.

유럽 다른 국가에는 스페인과 헝가리 공장이 있다. 스페인 비토리아 공장에서는 V클래스, EQV가 생산된다. 헝가리 바치키슈쿤주 케스케메트에서는 CLA, EQB가 생산된다. 미국 앨라배마주 터스컬루사 공장에서는 GLE, GLS가 생산되고 있다. 벤츠 최대 주주 베이징자동차 그룹 소유의 공장이었던 베이징 공장은 동남아 수출 물량을 시작으로 물량을 늘려서 S클래스, 마이바흐,

AMG 등 최상위 모델을 제외한 거의 모든 차량들이 생산되고 있다.

BMW 본사가 위치한 바이에른주 뮌헨 공장에서는 3시리즈를 생산하며 딩골핑 공장에서는 4, 5, 6, 7, 8시리즈, iX가 생산된다. 레겐스부르크 공장에서는 1시리즈, X1, X2를 만들며 라이프치히에서는 1시리즈, 2시리즈 그란쿠페와 액티브 투어러, i3가 생산된다. 미국 사우스캐롤라이나주 스파르탄버그 그리어 공장에서 X3, X4, X5, X6, X7을 생산한다. 중국 랴오닝성 선양에서는 1시리즈 세단, iX3가 멕시코 산 루이스 포토 시에서는 2시리즈 쿠페를 생산한다.

아우디는 바이에른주 오버바이에른 현 잉골슈타트 공장에서 A3, A4, A5, TT, Q2를 생산한다. 바덴뷔르템베르크주 네카르줄름 공장에서는 A4, A6, A7, A8 차종과, R8, e-트론 GT가 생산된다. 독일 외 지역은 벨기에 브뤼셀 포레스트 공장에서 e-트론을 생산 중이나 벨기에 공장의 폐쇄가 검토 중이다. 헝가리 죄르 소재 공장에서는 Q3를 생산하고 있다. 멕시코 푸에블라주 산 호세 치아파 공장에서는 Q5가 생산된다. 중국 길림성 장춘에서 차량을 생산 중이며 전기차 전용 공장 설립을 추가적으로 검토하고 있다.

독일 3사의 자동차는 중국, 미국, 유럽, 한국 등을 중심으로 판매되고 있다. 2022년 BMW는 210만 692대를 판매하며 글로벌 프리미엄 브랜드 판매 1위를 기록했다. 메르세데스는 204만 3,900대, 아우디는 161만 4,231대를 판매했다. 메르세데스-벤츠 그룹은 205억의 영업이익을 기록하여 전년 대비 28%의 수익이 증가했다. S클래스와 마이바흐급 하이엔드 모델은 4% 판매가 증가되었다. 결국 글로벌 시장에서 고급차 판매의 중요성을 엿볼 수 있다.

2022년 중국은 메르세데스-벤츠 매출의 18%, 자동차 판매의 37%를 담당했다. BMW와 아우디의 판매량 비중은 각각 34%, 42% 수준으로 역시 높은 수준이다. 최고경영자 카엘레니우스는 세계에서 두 번째로 큰 경제 대국인 중국으로부터 탈동조화는 독일산업에서 상상할 수 없는 일이라고 밝혔다. 중국에 대한 의존도가 높은 동시에 매우 큰 수익을 얻고 있는 것이다. 중국은 자동차를 비롯한 독일 제조업에 매우 큰 애정을 가지고 있다.

독일 3사는 중국에 지속적으로 많은 투자를 했다. 외국 자동차 브랜드 중 폭스바겐은 상하이에 최초로 진출했다. 창춘에 있는 제일기차에서 아우디는 중국 최초 자동차 공장을 증설했다. 네 개의 원으로 구성된 엠블럼은 중국 사람들에게 사랑을 받았다. 2022년 10월 폭스바겐 그룹은 24억 유로를 투자하여 중국업체와 합작사를 설립하고 자율주행 기술을 개발하기로 했다. 11월 BMW는 랴오닝 선양시에 100억 위안을 배터리 공장 증설을 위해 투자했다.

미국은 자동차 판매의 격전지이다. 미국, 일본, 한국, 유럽 자동차 회사들이 모두 승부를 벌이고 있는 지역이다. 고급차 시장에서도 경쟁자가 없는 중국이나 한국과 비교했을 때 최근 럭셔리 전기차 브랜드인 테슬라와 도요타의 프리미엄 브랜드인 렉서스가 함께 경쟁을 하고 있다. 심지어 2022년 미국 고급차 판매 1위는 테슬라가 차지했다. 렉서스가 4위를 기록하며 아우디는 유일하게 독일 3사 중 일본 브랜드보다 낮은 순위에 위치했다.

BMW는 이전 3년간 미국 판매 시장 1위를 차지했다. BMW와 메르세데스-벤츠는 미국 빛 멕시코 공상을 증설하여 현시 생산능력을 지속석으로 높여왔다. 현지 딜러 인센티브 비율까지 높여 매우 공격적인 전략을 취했다. 판매 대당 마진이 타 브랜드 대비 높기 때문에 취할 수 있는 방법이다. 미국에서도 독일 프리미엄 브랜드에 대한 신뢰도와 기대는 매우 높다. 메르세데스의 고급감, BMW의 스포티함, 아우디의 기술력의 영향력은 대륙을 넘어섰다.

IRA에 대응하기 위해 BMW는 2022년 10월 미국 스파턴버그 공장에 17억 달러를 투자하고 현지에 배터리 공장 2개를 짓기로 했다. 멕시코 산 루이스 포토시 차량 공장에는 8억 유로를 투입하기로 결정했다. 폭스바겐 그룹은 배터리 자회사인 파워코와 캐나다 온타리오주에 20kwh급 배터리 공장을 증설하기로 했다. 메르세데스-벤츠는 미국 앨라배마 공장에서 첫 BEV-SUV인 EQS를 생산했다. 미국 내 배터리 생산망 구축을 위한 전략이 진행 중이다.

한국은 인구가 5천만 명 수준으로 많지는 않지만 독일 3사에 매우 중요한 시장이다. 2022년 한국 수입차 중 독일 차의 시장 점유율은 70%를 돌파했다. 수입차 구매자 10명 중 7명은 독일 차를 구매한 셈이다. 중국, 미국, 독일에 이어서 글로벌 판매량 4위이다. 한국인이 가장 사랑하는 독일 차는 벤츠이다. 벤츠, BMW, 아우디는 순서대로 8만 976대, 7만 8,545대, 2만 1,402대를 판매했다. 벤츠와 BMW는 차이가 근소하지만 아우디의 판매가 저조하다.

토마스 클라인 메르세데스-벤츠코리아 사장은 한국 고객은 럭셔리 브랜드에 대한 이해가 높고 취향이 뚜렷하다고 말했다. 그룹 내에서도 한국은 리딩 마켓으로 입지가 확고하게 굳어졌다고 한다. 럭셔리를 사치품이 아닌 명품으로 인식한다는 뜻이다. 한국 시장을 공략하기 위해 전 세계에서 최초로 한국에 마이바흐 차량/브랜드를 체험할 수 있는 마이바흐 센터를 론칭할 계획을 수립했다. 벤츠 그룹이 한국 시장을 그만큼 중요하게 여긴다는 의미이다.

_4_

프리미엄 자동차 왕국
독일의 탄생 비결

1. 주식회사 독일

독일은 전 세계에서 네 번째 경제 대국이다. 유럽 내에서는 최대의 경제 규모를 자랑하며 유럽연합 전체를 주도하는 국가이다. 유럽의 한복판에 위치하여 9개의 국가와 국경을 맞대고 있다. 전체 인구가 8,000만 명을 넘지만 안정적인 경제 구조를 갖춘 나라이다. 각종 공업을 비롯하여 의학, 약학 등 다양한 산업 분야에서 높은 경쟁력을 갖췄다. 각종 산업군에서 세계 순위권을 다투고 있다. 특히 제조업은 전 세계 최고 수준이라 평가받는다.

독일의 제조업은 국내총생산(GDP)의 약 30%, 고용의 24%를 점유한다. 제조업의 특성상 수출 위주의 산업 구조는 세계 시장에 영향력을 과시한다. 다양한 독일 제품들은 우수한 성능과 품질을 자랑하며 고객들의 사랑을 받고 있다. 시장에서는 우수한 품질의 브랜드와 브랜드가 탄생한 국가의 이미지를 동일시하는 현상이 있다. 독일이라는 나라 자체가 하나의 기업이며 브랜드라고 평가할 수 있다. 주식회사 독일은 전 세계에서도 최상급 브랜드이다.

Made in Germany - 독일산 제품이라는 상품 원산지 표기이다. 이 표현은 현재 전 세계인들에게 최고의 품질을 보증해 주는 의미로 이해가 된다. 최초이 문구가 가진 뉘앙스는 지금과 같지 않았다. 1877년 영국 정부에서 최초로 원산지 표시를 도입하는 상표법 규정이 시행되었다. 해당 규정으로 모든 독일 제품은 원산지를 부착하는 것이 법적인 의무화가 되었다. 사실 이러한 배경에는 낮은 품질의 유통을 방어하기 위한 영국의 전략이었다.

영국의 제품을 모조한 독일산 제품들이 유통되어 영국 정부에서는 골머리를 앓았다고 한다. 당시 영국에서는 칼, 가위, 면도날, 줄 등 우수한 철제품을 제작하고 있었다. 당시 독일에서는 영국 제품을 모방했을 뿐만 아니라 심지어 원산지까지 도용했다. 이를 규제하기 위한 가장 확실한 방법으로 영국산 제품이 아니라는 표기가 필요했다. Made in Germany라는 문구는 저렴하지만 품질이 다소 떨어진다는 의미로 고객들에게 받아들여졌다.

1876년 필라델피아 세계무역박람회에서 독일 제품의 품질 수준은 혹평을 받았었다. 이러한 부정적인 평가를 극복하고자 독일 산업계는 절치부심하여 품질 수준을 향상했다. 독일산 제품은 19세기 말에 극적으로 품질이 개선되었다. 철제품뿐만 아니라 각종 패션, 가구, 공구, 주방용품, 문구류 등 독일 원산지가 부착된 제품의 품질 수준이 부족하지 않음을 전 세계에 입증했다. 오히려 독일산 제품의 우수한 품질은 소비자들의 지갑을 열도록 했다.

제품이 가지고 있는 기술력과 품질의 힘이었다. 이제 독일산 제품은 내구성과 신뢰성 측면에서도 전 세계를 선도하는 수준에 이르렀다. 독일산이라는 것은 제품을 구매하는 이유가 되었다. 고객들은 국가라는 브랜드를 매우 크게 신뢰했다. 기초 상품에서부터 시작하여 하이테크 제품까지 각종 산업군에서 Top-Ranking을 차지했다. 2004년에 유럽연합에서 원산지 표기법을

Made in EU로 제안했으나 독일의 반대로 기존 방식을 유지한다.

1990년대 통일 당시 독일은 7% 수준의 경제성장률을 과시했다. 통일 후유 증으로 동독의 경제 붕괴와 재정 부담 등으로 실업률이 11% 수준에 이르는 등 어려움이 찾아왔다. 여기에서 무너지지 않고 2014년 경제성장률 1.9%, 실 업률 4.1%로 정상 궤도로 회복하는 저력을 다시 보였다. 경기 침체로 유럽의 병자라는 이름으로까지 불렸던 독일이었다. 이처럼 어려운 기간을 극복하고 이들을 다시금 달릴 수 있게 한 비결은 과연 무엇일까?

역시나 해답은 탄탄한 제조업에서 찾을 수 있다. 우수한 제조업을 기반으 로 한 산업구조와 기술력을 바탕으로 고된 기간을 탈출했다. 유럽의 주요 선 진국들은 경제 성장과 함께 내수 산업과 서비스 발전에 집중했다. 독일은 멈 추지 않고 제조업을 중심으로 한 수출주도형 경제 모델을 유지했다. 2008년 서브프라임 모기지론 사태가 전 세계를 강타했을 때에도 금융위기의 타격을 면할 수 있었다. 수출 모델이 유사한 한국과도 모습이 닮았다.

독일은 대기업은 물론 중견, 중소기업까지 강력한 경쟁력을 가지고 있다. 제2차 세계대전 이후 제조업은 지속적으로 성장했다. 기술과 교육, 고용까지 우수한 구조였다. 완성차와 주요 대형 기업을 필두로 부품을 공급하는 중견 기업들은 매우 탄탄했다. 해외 수출과 국가 경제에서도 많은 비중을 차지했 다. 히든챔피언이라고 불리는 세계적인 우량 기업을 육성하기도 했다. 독일 은 전 세계 히든챔피언의 절반을 보유하며 자국의 경제를 뒷받침했다.

독일의 대표 산업 중 으뜸은 바로 자동차를 필두로 한 산업이다. 다임러,

BMW, 폭스바겐 등의 완성차와 우수한 자동차 부품 및 기계류 생산기업이 존재한다. 세계에서 운행되는 자동차의 20%는 독일 차량이다. 자국에서 생산한 자동차의 75%는 해외로 수출된다. 세계 100대 자동차 부품 회사 중 21개가 독일 회사이다. 자동차 산업은 많은 고용을 창출하고 국가 경제에 매우 큰 영향력을 미친다. 따라서, 자동차 강국은 경제 강국이라 볼 수 있다.

국가별 1인당 수출액을 비교한다면 독일은 압도적인 수준이라고 볼 수 있다. 1986년에 사상 최초로 미국을 제치고 세계 수출 최강국의 자리에 올라섰다. 독일의 인구도 세계 인구의 1.2퍼센트 수준이고 고령화와 인구 감소가 빠른 속도로 진행되고 있다. 국내 소비와 서비스 부문의 규모도 협소한 반면에 사회보장제도로 대표되는 복지 정책도 유지하고자 한다. 산업구조를 짧은 기간에 바꾸는 것도 어렵기 때문에 수출 지향 기조를 바르게 이어가야 한다.

독일은 대부분의 산업 분야에서 매우 치열하게 경쟁을 펼치고 있다. 자동차 산업을 기반으로 다양한 업계들은 독일 내부에서도 경쟁을 통해 역량을 발전시킨다. 또한, 수십여 개의 산업 클러스터가 존재한다. 뉘른베르크 지역 중심의 연필 단지, 펠베르트/하일리겐하우스 지역의 잠금장치 단지, 북독일의 풍력 발전 단지 등이 대표적이다. 이러한 역량 집중 단지가 독일 전역에 골고루 분포된 것은 큰 경쟁력이다. 새로운 기업들의 성장을 장려한다.

기업, 행정관청 등 인구밀집지역이 국가별로 분산되어 있는 현상이 있다. 지역별 균형 잡힌 발전을 도모할 수 있는 근간이다. 기술적인 혁신력은 특허 건수를 기반으로 이해할 수 있다. 2010년 특허 건수의 경우 유럽 내에서 압도적인 1위이며, 100만 명당 특허 건수는 프랑스보다 2배 이상, 이탈리아보다 4배 이상, 영국보다 5배 이상이 많다. 직업 교육은 지속적인 발전을 위한 핵심 수단이다. 각 분야별 교육을 통해 전문인력을 쉽게 찾을 수 있다.

독일어권 국가들은 글로벌 산업 관점에서 지정학적인 전략요충지에 위치해 있다. 현재 진행되는 세계화는 바로 전 세계를 대상으로 하는 영업이다. 최근 커뮤니케이션 기술이 발전하고 영상회의의 보급화를 통해 시차 문제가 비약적으로 완화되었다. 독일어권 국가들은 북반구에서 주요 전략 국가인 동아시아와 북미 지역의 중심에 위치한다. 근무 시간인 8~9시간 내 서로 원활한 커뮤니케이션이 가능하다. 실제 비즈니스를 위해 대응하기가 용이하다.

국제 비즈니스에 있어 문화적인 국제화는 필수적인 요소이다. 문화적인 차이를 이해하고 적응했을 때 현지화 전략도 성공할 수 있다. 외국어 능력을 통해 유연하고 세련되게 국제화를 시도할 수 있다. 4개 국어를 사용하는 스위스는 국제화에서도 매우 유리하다. 독일은 영국을 포함한 일부 유럽 국가를 제외하고는 영어 사용 능력이 최상위권이다. 해외여행도 세계화의 정신적 기반에 중요한 역할을 한다. 독일인들은 해외여행에도 매우 적극적이다.

주식회사 독일은 유로연합 내에서 단일 화폐인 유로화의 가장 큰 혜택을 누렸다. 수출주도형 산업 구조의 독일은 유럽연합에서 매우 경제적으로 유리했다. 일반적으로 부강한 국가는 환율이 고평가를 받기 때문에 수출 측면에서 불리한 구조이다. 생산과 판매 모든 측면에서 마찬가지이다. 유로화는 독일 경제와 비교하여 저평가된 화폐이다. 저렴한 생산단가를 바탕으로 수출 시 무역수지 흑자를 확대할 수 있나. 상한 기술력과 통화제노의 이섬을 쥐했다.

독일은 절대적으로 유리한 유로화 체제에서 지속적인 발전을 이끌었다. 특히, 제조업은 타 국가와 비교했을 때 비교우위를 가질 수 있었다. 농경, 관광, 복지 등에 집중하는 유럽연합 내 국가의 돈이 매해 자연스럽게 독일로 흘러 들어 간다. 산업 관점에서 독일은 유럽연합이라는 나라 안에 존재하는 거대한 회사이다. 그 회사의 인재들이 제작한 우수한 상품을 구매하기 위해 유럽연합에서는 비용을 지불했다. 실력과 환경이 함께 만들어낸 결과물이다.

독일의 탄탄한 제조업 모델은 전 세계 산업에 시사하는 바가 크다. 한국과 같이 제조업 중심의 경제 구조의 국가에서는 벤치마킹할 요소가 매우 많다. 국가가 부강해지기 위해서는 결국 제조업이라는 기틀이 반드시 필요하다. 이미 수많은 전문가들이 독일 모델을 연구해 왔다. 많은 회사들이 독일의 경쟁사를 뛰어넘기 위해 노력하고 있다. 독일의 제조업의 우수한 점은 분명 배울점이 많이 있다. 각자 자체 경쟁력을 특화하여 체화가 필요하다.

2. 히든챔피언 독일,
독일은 어떻게 중견/중소기업의 강국이 되었는가?

독일은 제조업의 강국이다. 메르세데스-벤츠를 비롯한 자동차를 비롯하여 선박, 반도체, 휴대폰, 전자, 기계, 화학 제품으로 명성을 떨쳤다. 이러한 산업 분야는 오랜 기간 구축해 온 노하우와 기술력이 필요하다. 제조업을 중심으로 구성된 산업 구조를 취하는 국가는 사실상 많지 않다. 국가 자체에서 기술력을 중시했거나 지정학적인 이유를 극복하기 위해 국가 경쟁력을 향상한 형태이다. 한국, 대만, 독일, 일본 등 국가가 대표적인 예시이다.

독일에서도 전 세계적으로 유명한 브랜드의 영향력은 절대적이다. 국가 전체의 경제지표를 나타내는 수출 규모에서나 실질적인 고용창출 효과 역시 매우 강력하다. 제품과 브랜드에 대한 대중들의 인지도는 특정 국가에 대한 전체적인 이미지를 결정하기도 한다. 이러한 대기업들의 비중과 영향력에 대해서는 아무도 부정할 수 없다. 그러나 독일이라는 국가의 단단한 조직력과 경제력을 지탱하기 위해서는 이것만으로 설명되지 않는 부분이 많이 있다.

거대한 돌탑을 본다면 큰 돌덩어리와 틈새를 메우는 작은 돌멩이들, 그리고 더 빈 공간을 메우는 진흙들로 구성되어 있다. 견고함의 답은 여기에 있다. 국가 전체의 경제를 지탱하는 힘 ― 독일은 중견, 중소기업의 강국이다. 전체의 틀에서 벗어나서 당당하게 자신의 길을 개척한 '히든챔피언'은 세계를 선도하는 진정한 승리자로 평가받는다. 전통적인 히든챔피언을 필두로 독일의 중견, 중소기업들은 그 기량과 역량을 지속적으로 발전시켜 왔다.

대기업과 중소기업의 밸런스는 지속적인 국가 경제 발전에 중요한 요소이다. 2000년대 글로벌 모바일 시장을 선도했던 노키아는 핀란드 수출의 20퍼센트 이상을 점유했다. 스마트폰의 태동으로 영광은 과거 속으로 사라졌고 시스템의 어려움을 노출했다. 반면 독일은 글로벌을 선도하는 대기업과 탄탄한 중소기업을 기반으로 분권화에 성공했다. 특히, 중소기업의 수출 성과는 국가 전체 수출량에 큰 기여를 했다. 안정적인 일자리 공급에도 주요했다.

'히든챔피언'이라는 용어는 독일의 경제학자인 헤르만 지몬이 최초로 사용했다. 숨겨진 강소기업을 의미하는 히든챔피언은 다음 3가지 조건을 만족해야 한다. 첫째, 일반인에게 비교적 덜 알려지고 대중적인 인식이 낮은 것을 기본으로 한다. 둘째, 본인 분야에서는 세계 시장 점유율이 1~3위 안에 들거나 해당 기업의 대륙에서 1위를 해야 한다. 셋째, 기업의 연 매출은 50억 유로 이하여야 한다. 이는 2005년 30억 유로 기준에서 상향된 수치이다.

규모적인 측면에서 접근했을 때 영세하거나 중간 규모 수준에 해당하는 기업이 해당한다. 인지도 면에서는 부족할 수 있지만 독일 내수를 비롯하여 글로벌 시장에서 경쟁력이 강력한 선도적인 기업을 가리킨다. 각 분야에서 특화된 경쟁력을 바탕으로 세계 시장을 지배하는 기업이다. 독일 내에서 창업한 지 100년이 넘은 기업은 전체의 1/3을 넘는 약 38퍼센트를 차지한다. 40년 이상의 역사를 가진 기업은 무려 75%에 이르는 비율을 점유하고 있다.

이러한 '히든챔피언'의 가장 중요한 성공 비결은 바로 일관성이다. 오랫동안 한 분야에 대해 집요할 정도로 연구하고 집중한다. 고객의 수요와 요구를 철저하게 파악하여 접근하는 전략을 펼친다. 고객의 입장에서 가까이 다가가려는 자세를 통해 친화성과 성실한 경영 원칙을 지닌다. 특히, 대기업이 진입하기 어려운 틈새시장을 공략하여 장기적이고 안정적인 비즈니스를 수행한다. 특수하거나 규모가 작은 영역이 대표적인 분야라고 할 수 있다.

이들은 지속적인 연구 개발을 통해 기술력을 끊임없이 발전시키고 혁신을 추구한다. 이러한 자세를 통해 철저하게 고객 중심주의를 지향한다. 세계 시장에서 생존하고 지속적인 발전을 위해서 글로벌화를 추구한다. 기업을 지탱하는 인력 관리에도 전력을 기울인다. 가족기업 중심이기 때문에 평균 재임 기간은 20년을 넘어선다. 또한, 한 지역에 근거를 두고 경영하면서 지역 주민과 유대 관계를 유지하며 지역 경제 발전에도 중요한 역할을 한다.

히든챔피언 Top-10을 살펴보자. 1~10위까지 다음과 같은 기업들이 순위를 차지한다. 1위 미일레 - 청소기, 세탁기 등 가전업체, 2위 캐르혀 - 고압세척기, 3위 젠하이저 - 음향기기, 헤드폰, 4위 하리보 - 황금곰 젤리, 5위 라벤스부어거 - 보드게임과 퍼즐, 6위 질트로닉 - 실리콘 웨이퍼, 7위 질트로닉 - 실리콘 웨이퍼, 8위 브리타 유한회사 - 성수 여과 필터, 9위 하그 난초 - 글로벌 난초 회사, 10위 아리바 홀딩 유한회사 - IT 보안 회사.

히든챔피언으로 불리고 있는 각 기업은 특화된 영역에서 두각을 드러낸다. 또한, 상당히 다양한 분야에서 각기 생태계를 이루는 것을 알 수 있다. 한 국가에서 보유하고 있는 넓은 사업 카테고리는 국가 전체의 경쟁력으로 확장된다. 다양한 직업군과 일자리로 국민 전체의 균형적인 발전을 도모할 수 있다. 기업 측면에서도 고유한 사업 분야에서는 모두가 높은 점유율을 차지하는 효율적인 모델이다. 신규 플레이어에게는 언제나 새로운 기회를 제공한다.

히든챔피언의 또 다른 특징은 강도 높은 집중력을 들 수 있다. 최고 전문가들이 집중하고 틈새시장을 공략하여 경쟁력을 확보한다. 집중과 포기할 영역을 명확하게 구분한다. 다만, 대기업과 사업 분야가 오버랩이 될 수도 있다. 미일레는 가전 시장에서 마니아들에게 호평을 받지만 삼성전자나 LG전자와 같은 회사와 경쟁을 한다. 집중을 가져가는 전략은 플랜B가 부족하다는 약점이 있다. 경쟁자에게 밀리거나 시장이 변화할 때 위험 요소가 따른다.

그렇다면 이들이 가진 경쟁력의 배경은 어디에 있을까? 일관된 방향으로 높은 집중력을 기울였을 때 남들과는 차별화된 독창성을 가질 수 있다. 깊이 있는 연구개발을 통해 독보적인 기술력을 가지기 위해 노력한다. 경쟁우위의 지속성을 위해서는 회사의 기술력부터 전체 조직의 구성과 개별 직원의 역량까지 연계되어 있다. 기초 기술부터 생산과 공정 단계를 거쳐 차별된 역량을 통해 가치를 창출한다. 규모 측면에서 이 모든 것이 연계되어 있다.

대기업이 탄생하는 과정을 살펴볼 필요가 있다. 처음부터 대기업으로 시작하는 것은 불가능하다. 지속적으로 성장하는 중소기업이 결국 대기업의 출발점이다. 히든챔피언 중에서도 1995년부터 2010년까지 매출액 경계인 50억 유로를 넘어 성장한 기업이 존재한다. 빅챔피언이라고 불리는 기업들은 지속적으로 높은 성장률을 자랑한다. 쉐플러는 1946년 플레인 베어링과 롤러 베어링 업체로 시작하여 자동차 산업의 부흥과 함께 발전을 이룩했다.

히든챔피언은 독일 전체 경제뿐만 아니라 자동차 산업에도 큰 영향을 미쳤다. 자동차 번호판을 개발하는 우취는 120개국 이상에 번호판을 수출 중이다. 카셰어링을 전문적으로 하는 인버스는 세계시장을 선도하고 있다. 에어백 센서나 여권에 내장된 칩 등에 사용되는 접착제는 델로가 세계를 주도한다. 주철롤러의 슈베비셰 휘텐베르와 알루미늄 압연설비인 아헨바흐 부쉬휘텐은 매우 역사가 깊다. 레오니는 차량 케이블 시스템 시장을 선도한다.

전동화 시대에서 히든챔피언의 역할은 어떻게 변화할까? 여전히 매우 높은 영향력과 신규 업체의 출현이 기대된다. 고전력 부품과 소재의 개발부터 설비나 소모품의 공급 등 완성차 업계와 직접적인 연계도 가능하다. 충전 인프라 구축이나 폐배터리 처리 등 다양한 기회의 문은 열려 있다. 다만, 전력반도체, 고전압배터리, 구동모터 등 규모의 경제가 필요한 영역도 존재한다. 철저한 미래 전망과 자사 경쟁력의 분석을 통해 합리적인 판단이 필요하다.

3. 독일이 자랑하는 부품 업체들은
   어떻게 최고의 품질을 만드는가?

자동차 회사는 완성차라는 상품을 고객에게 판매한다. 기업과 고객이 직접 거래를 하는 B2C(Business to Customer) 형태이다. 상품기획, 디자인, 설계를 하고 수만 개의 부품을 차량의 형태로 조립한다. 우수한 품질의 차량은 결국 각 부품의 기술력과 품질에 의해서 결정된다. 완성차 업체에서 모든 부품을 직접 개발하고 제작할 수는 없다. 이러한 방식은 효율 측면에서 불리하다. 실력 있고 기술력을 보유한 전문업체에 위임하는 것이 유리하다.

최고의 부품을 구매하기 위해서 우수한 협력업체를 개발하고 품질을 육성한다. 자동차의 심장인 엔진과 변속기는 차량 전체의 퍼포먼스를 결정하는 핵심 부품이다. 독일 자동차 3사는 전통적인 내연기관의 강자이다. 강력한 파워트레인을 바탕으로 지금과 같은 기술력을 비롯하여 브랜드 이미지를 구축했다. 엔진과 변속기뿐만 아니라 전동화 관련 기술력을 확보해서 독자적인 엔지니어링을 강화했다. 결국 협력업체의 품질이 완성차의 품질을 좌우한다.

자동차는 이미 이동 수단을 뛰어넘어 달리는 전자기기로 평가받고 있다. 전통적인 기계공학의 산물이었지만 이미 전자, 전기, IT, 화학 등 다양한 과학 기술과 공학이 융합된 제품으로 변화했다. 독일의 전자, 제어 산업은 자동차, 기계 부문과 함께 총매출의 95%를 점유하는 대표적인 수출산업 분야이다. 반도체부터 나노기술까지 광범위한 첨단 산업은 인더스트리 4.0을 선도한다. 전자 제품을 비롯하여 자동차 부품 등 다양한 범위에서 역할을 한다.

자동차에서 전자부품의 비중이 커진 것은 짧은 시간 동안 벌어진 일이 아니다. 자동차의 기술, 내구, 효율성 등을 고려하여 점진적으로 전자부품이 증가되었다. 기계식 부품은 직관적이고 신뢰성이 높지만 마모나 하드웨어적인 변형이 발생 가능하다. 응답 속도가 늦고 정비성 또한 저하될 수 있다. 차량에서 사용되는 기계적이나 유압적인 안전, 편의, 부가 기능이 전자식으로 바뀌었다. 인포테인먼트, 자율주행 등 새로운 기술이 추가되어 왔다.

독일이 육성하고 자랑하는 자동차 부품 업체들은 셀 수 없이 많이 존재한다. 각 분야를 대표하는 회사를 살펴보며 최고 품질의 부품을 생산한 역사를 살펴보겠다.

[ZF]

ZF 프리드리히스하펜 AG는 1915년 독일에서 설립된 변속기로 유명한 기업이다. 독일 바덴뷔르템베르크에 소재한 이 회사는 페르디난트 폰 체펠린에 의해 설립됐다. ZF라는 기업명은 톱니바퀴 공장이라는 ZahnradFabrik의 약자이다. 자국의 자동차 회사인 메르세데스, BMW, 포르쉐, 아우디 등을 포함하여 푸조와 알파로메오 등 업체에 변속기를 공급하고 있다. 승용 및 상용 자동차의 트랜스미션, 서스펜션, 조향 및 제동시스템이 주요 제품이다.

창립 초기에는 비행기 및 자동차에 투입되는 기어박스를 제작했다. 이를 기반으로 트랜스미션을 포함한 자동차 부품으로 비즈니스의 영역을 확대했다. 제2차 세계대전 이후 자동차 산업의 확장과 함께 궤를 함께했다. 글로벌 기술 발전을 이끌어온 독일 자동차 업체의 파트너로서 동반 성장을 이뤄왔다. 기술력에 대한 중요성을 일찍 이해하고 지속적인 연구 개발을 이어온 것이다. 이들은 과거를 비롯하여 미래에서도 주요한 플레이어에 위치해 있다.

[사진: ZF 로고 / 출처: ZF]

1969년에 최초 승용차용 자동변속기를 주요 업체에 납품하기 시작했다. 이후 1991년에 5단 자동변속기를 BMW에 공급하고 1999년 최초의 6속 변속기를 세상에 공개했다. 2014년에는 미국의 자동차 부품업체인 TRW를 인수했다. 2019년에는 메르세데스 EQC에 전기 파워트레인을 공급하고 2023년 글로벌 16.7만 명의 직원이 466억 유로의 매출을 기록했다. 31개국에 162개의 생산공장이 위치하고 연간 연구개발비만 35억 유로 이상을 사용 중이다.

가장 인정을 받고 있는 모델은 8속 자동변속기이다. ZF의 자회사인 자르뷔켄에서 개발이 된 제품이다. 이는 세계에서 가장 널리 사용되고 있는 변속기 중 하나이며 우수한 성능과 효율성을 자랑한다. ZF의 8속 변속기는 사양에 따라서 일반 승용 차량, 중형 및 SUV, 고성능 스포츠카 및 대형 차량, 대형 SUV 및 고성능 스포츠카에 널리 사용되고 있다. BMW의 5시리즈, X5, 아우디의 A6, Q7, 메르세데스의 E-클래스, GLE 등 모델에 적용되었다.

[콘티넨탈]

콘티넨탈(Continental)은 타이어, 브레이크, 엔진 부품 등을 담당하는 복합 자동차 부품 기업이다. 1871년 설립되었고 독일 니더작센주 하노버에 본사가 있다. 모리츠 마그누스가 고무제품 공장인 '노이에 하노버'를 인수하여 설립한 회사이다. 창립 최초에는 고무 제품을 비롯하여 자전거 타이어, 마차 바퀴를 생산했다. 1898년부터 자동차 타이어를 생산했고 1990년대 이후로 자동차 브레이크 시스템, 엔진 부품 등 각종 엔진 부품을 생산하고 있다.

[사진: 콘티넨탈 로고 / 출처: 콘티넨탈]

부품 공급 업체로는 글로벌 10위의 대형 기업이다. 150년이 넘는 역사를 자랑한다. 1882년 역동적인 말을 상표로 채택하여 그룹의 정체성을 표명했다. 현재 글로벌 57개 국가에 20만 명 이상의 직원을 두고 있다. 이들은 모빌리티 산업을 중심으로 고객 친화적이고 지속가능성을 목표로 한다. 콘티넨탈 타이어는 타이어 분야에서 글로벌 4위에 위치한다. 타이어는 차량에서 유일하게 도로에 닿는 부분으로 안전성과 성능에 매우 중요한 역할을 한다.

콘티넨탈 타이어는 오랜 역사와 함께 기술력을 지속적으로 향상해 왔다. 1901년에 메르세데스에 콘티넨탈 공기압 타이어가 최초로 적용되었다. 1908년에는 정비성 향상을 위한 최초의 탈착식 림을 개발했다. 제2차 세계대전 이후 메르세데스와 포르쉐 등 회사에 고속 타이어를 제공했다. 1960년 래디얼 타이어를 대량 생산하고 타이어를 칭하는 문자 'R'은 전 세계 표준이 되었다. 이후 1990년도까지 유럽 및 북미 등 글로벌 진출에도 성공을 한다.

콘티넨탈 오토모티브는 모빌리티의 미래 솔루션을 제공하고자 한다. 자율주행, 스마트모빌리티, UX, 안전/모션, 소프트웨어/시스템, 아키텍처/네트워크 사업본부를 두고 각 분야에 전문성을 두고 있다. 시장의 트렌드를 파악하고 각 분야에서 기술 발전을 지속적으로 도모하고 있다. 독일 및 글로벌 자동차 업체들과 긴밀한 파트너십을 구축하고 핵심 부품을 납품한다. 이러한 자동차 부품 분야에 대한 지속적인 투자를 통해 산업 발전에 기여하고 있다.

[셰플러]

셰플러(Schaeffler)는 독일이 자랑하는 베어링 및 엔진 부품의 명가이다. 1946년 설립되어 헤르초게나우라흐에 본사가 위치한다. 셰플러 그룹은 INA, FAG, LUK 세 브랜드를 보유한다. 2001년에는 자동차 클러치 회사인 LUK

와 베어링 업체인 FAG를 인수하여 그룹을 설립했다. FAG는 글로벌 챔피언 베어링 브랜드이다. 글로벌 50개국에 약 170개의 시설을 보유하고 8만 명 이상의 직원을 보유한다. 케이지 가이드형 니들 롤러 베어링으로 업계를 선도하는 리더가 되었다. 자동차 산업 및 기계, 풍력 등 다양한 비즈니스 활동을 한다.

셰플러는 웰헬므 셰플러와 게오르그 셰플러 형제가 본인들의 성을 인용하여 회사명을 정했다. 베어링을 포함한 자동차를 포함한 각종 산업 분야에 부품을 공급했다. 베어링은 기계의 마찰을 감소시키는 부품이다. 기계적인 접촉부의 마찰을 최소화하는 반면, 기계의 성능은 최대화하며 에너지 소모는 줄여주는 역할을 한다. 내연기관 차량의 파워트레인과 전동화 차량의 구동 모터에 투입된다. 동력을 요구하는 산업에서 필수적인 부품 중 하나이다.

미래 전략으로 CO^2 배출 최소화 비즈니스, 전동화 모빌리티, 인더스트리 4.0, 디지털 산업, 재생 에너지 솔루션을 제공한다. 2023년에는 전동화 차량의 주행거리를 연장하기 위한 트리피니티 휠 베어링을 개발했다. 기존 베어링과 비교하여 마찰 손실을 67%까지 줄였다. 히트펌프를 통해 배터리에서 발생하는 폐열을 난방열로 전환하여 전력 소모를 최소화했다. 모터를 포함한 각종 편의장치가 증가되는 추세에서 기술 발전에 기여가 기대된다.

[베바스토]

베바스토(Webasto)는 자동차 부품 세계 100위권에 속하는 글로벌 기업이다. 1901년 스톡도르프에서 설립되어 100년이 넘는 역사를 자랑한다. 전 세계의 자동차 메이커와 협업하며 모빌리티 산업에 다양한 솔루션을 제공한다. 대표적인 분야는 차량용 루프와 더불어 난방 및 냉방, 고전압배터리 등 열 관리 및 전기시스템이다. 이 중 차량용 루프 분야에서는 세계 1위를 차지하고 있다. 전 세계 각지에 30개의 공장과 20개의 지점을 보유하고 있다.

베바스토라는 회사명은 설립자인 빌헬름 바이어(Wilhelm Weier)와 지명인 스톡도르프를 합성하여 만들어졌다. 최초 자전거용 액세서리 부품 제조를 거쳐 1930년대에 버스 및 승용차의 폴딩 루프와 냉각수 히터를 개발했다. 1950년대에 버스용 히터를 개발하고 1955년에는 자전거용 부품 사업을 철수했다. 이후 차량용 루프와 열관리 시스템에 집중하여 전 세계로 비즈니스를 확대했다. 미국과 일본, 중국 등 글로벌 시장에서 지속 두각을 드러냈다.

베바스토의 루프시스템은 시장에서 압도적인 경쟁력을 자랑한다. 글로벌 시장의 리더로서 자동차 업체들에 고유의 루프 플랫폼을 통해 다양한 제품을 제공한다. 주요 루프 모델은 파노라마 루프, 선 루프, 컨버터블 루프, 솔라 루프 등이 존재한다. 루프시스템은 고객에게 쾌적한 상품성을 제공함과 동시에 철저한 신뢰성을 요구한다. 차량 내 환기 및 채광과 함께 안전성의 확보가 필요하다. 혁신적인 소재를 도입하고 새로운 기술 개발에도 적극적이다.

열관리 시스템은 대다수의 차량에 안락함을 제공한다. 이들은 오랜 기간 축적한 기술력으로 차량에서 요구하는 냉난방을 유지하는 데 솔루션을 제공한다. 내연기관 차량에는 연료 작동식 히터 방식을 통해 적절한 온도를 제어한다. 전동화 차량에는 전기에너지를 이용하는 전기 히터 방식을 사용한다. 에어컨디셔닝 기술 또한 필수적으로 고객에게 쾌적한 실내 온도를 제공한다.

연료 사용량을 최소화하고 신뢰성을 향상하는 방향으로 기술을 발전시켰다.

베바스토는 미래 에너지 절약형 모빌리티를 보장하고자 한다. 배터리 및 충전 솔루션을 통해 전동화 모빌리티 산업에 많은 기여를 하고 있다고 자부한다. 2019년부터 최신식 배터리시스템 생산 설비를 구축하여 자체 모듈식 시스템을 구축했다. 이를 통해 연간 4만 개 이상의 배터리시스템을 생산할 수 있다. 2022년부터 현대자동차그룹에도 배터리시스템을 공급하고 있다. 태양광 기업 솔라와트의 배터리 저장 시스템을 위한 모듈을 제조할 예정이다.

[보쉬]

독일이 자랑하는 글로벌 회사 중 보쉬(Bosch)를 빼놓을 수 없다. 보쉬는 독일을 넘어 세계적인 수준이며 자국 내에서 두 번째로 특허를 많이 낸 기업이다. 1886년 슈투트가르트에서 로버트 보쉬가 설립한 정밀공학 및 전기공학을 위한 작업장으로 시작되었다. 최초 내연기관의 작동을 위해 사용되는 점화플러그를 개발했다. 회사 로고 또한 점화플러그를 형상화했다. 자동차 전장 부품을 공급하기 위한 유력한 비즈니스 파트너로 출발했다.

[사진: 보쉬 로고 / 출처: 보쉬]

점화플러그로 전 세계 시장을 제패하고 엔진, 전자, 전기, ABS, 스티어링 등 자동차 부품 부문에서 글로벌 Top-tier급 회사로 성장했다. 냉장고나 내구 소비재, 전동공구 등 산업기계 개발에 힘써 사업을 다각화하기도 했다. 창업주인 로버트 보쉬의 의지로 재무 독립성을 확보하고 자주독립을 유지했다. 유한회사의 형태로 주식시장에 의존하지 않고 성장을 이뤄 기업의 이념을 유지하고 있다. 사회적 책임을 강조하고 공익에 기여하는 자세를 보였다.

1913년에는 헤드램프, 와이어링-하네스, 디젤엔진용 연료펌프를 제조했다. 또한 카오디오 업체인 브라우풍트를 설립하기도 했다. 1976년에는 안전제동장치로 유명한 ABS를 세계 최초로 개발하여 자동차 기업들에 납품을 했다. 글로벌 전체 125개 수준의 사업장을 보유하고 있고 매출의 약 10%는 연구개발에 재투자할 정도로 기술을 강조한다. 연매출이 약 100조 원 수준으로 10조 원 정도가 연구개발비로 사용된다고 볼 수 있을 정도이다.

1979년 전자식 엔진 매니지먼트 시스템을 개발하다. 1986년에는 자세제어장치인 TCS(Traction Control System) 상용화에 성공했다. 커먼레일 시스템을 1997년에 개발하고 2004년에는 피에조 인젝터를 사용한 3세대 시스템을 제작했다. 2000년에는 휘발유 직분사 시스템을 개발하고 2006년에는 약 3천여 건의 특허를 출원했다. 엔진 제어와 하이브리드 시스템 개발에도 적극적으로 투자했다. 푸조와 닛산에 하이브리드 시스템을 공급하기도 했다.

전자/제어 기술 개발을 위해 완성차와의 대표적인 협력 사례로 AUTOSAR(AUTomotive Open System ARchitecture)를 들 수 있다. 차량용 제어기가 증가하면서 소프트웨어도 비례하여 복잡해졌다. 구조 전반을 효율적으로 관리하기 위한 표준이 필요했다. 2003년 산업 표준 자동차 전자/전기 아키텍처 발전을 위해 출범된 대표적인 파트너십이다. 완성차 업체로는 폭스바겐, BMW, 다임러, 도요타, 포드, 부품사로는 보쉬, 콘티넨탈, 지멘스가 있다.

AUTOSAR에 참여한 핵심 기업들이 글로벌 매출의 45%를 차지하고 있다. AUTOSAR에서 배포하는 표준화 툴을 활용한 차량용 소프트웨어와 애플리케이션은 지속적으로 증가 추세이다. S/W 아키텍처 표준화를 통해 완성차 업체와 부품 업체 간 효율성은 증대되었다. 다만, 이를 통해 완성차 업체의 임베디드 S/W 의존도는 더욱 증가했다. 향후 수직 통합형 자동차 산업구조가 붕괴될 경우 보쉬와 같은 회사가 S/W 부문의 패권을 가져갈지도 모른다.

[지멘스]

지멘스(Siemens)는 베를린과 뮌헨에 소재한 글로벌 복합 기업이다. 가전제품, 전자/전기, 항공우주, 중공업, 철도 등 폭넓은 분야의 사업을 담당한다. 1847년 베르너 폰 지멘스와 요한 게오르크 할스케가 함께 설립한 회사이다. 창사 이후 1878년에는 세계 최초 상용화 전기모터, 1880년 세계 최초 엘리베이터, 1881년 세계 최초 전차를 개발했다. 19세기 말 독일이 성장하는 데 공헌했고 현재 세계 190개국에 법인과 직원 수만 약 50만 명에 이른다.

지멘스는 독일 10대 기업 명단에서 제외된 적이 없다. 매우 큰 영향력을 자랑하며 엔지니어링 분야에서 Top-tier에 위치해 있다. 자동차를 비롯한 에너지, 헬스케어, 디지털 산업 등 광범위한 비즈니스를 수행한다. 독보적인 역할을 수행하며 전자 분야에서 강점이 있다. 차량용 반도체 기업인 인피니언의 전신은 지멘스의 반도체 사업부로 현재는 분사를 한 상태이다. 전동화와 자율주행 측면에서도 지속적으로 자동차 산업에 하이테크 기술을 제공한다.

SIEMENS

[사진: 지멘스 로고 / 출처: 지멘스]

디지털 트윈을 통해 자동화 솔루션을 제공하고자 한다. 제품, 생산, 제품과 생산성능의 3가지 개념으로 구성하여 실존 시스템을 가상에 표현한다. 이를 통해 신규 개발 공장이나 수명 주기 등을 미리 예측하여 생산성을 최적화한다. 가상공장과 what-if 요소를 통해 최적의 엔지니어링 솔루션을 도출한다. 생산공장과 더불어 자율주행 기술에도 디지털 기술을 도입한다. 물리적인 개발과 시험 시간까지 단축하여 완성차 업체와도 협업하고 있다.

에너지 측면에서 전력의 생산, 전송, 배전 등의 비즈니스를 담당한다. 에너지 저장과 관리 영역도 핵심 기술을 보유한다. 재생 에너지 통합과 스마트 그리드를 통한 전력의 효율성을 증대한다. 헬스케어 부문은 다양한 산업기기와 진단장비 등을 제공한다. 지멘스 헬시니어스는 GE, 필립스와 함께 해당 분야에서 글로벌 시장을 선도한다. 인공지능, 빅데이터, 사물인터넷 등으로 디지털 산업도 리딩한다. 자동화, 제어시스템, 스마트 인프라에도 주력한다.

[인피니언]

인피니언(Infineon)은 독일 뮌헨에 본사를 둔 차량용 반도체 기업으로 1999년 지멘스에서 분사했다. 약 40년간 차량용 반도체 시장을 선도하고 있는 기업이며 글로벌 완성차 업체와 협업하고 있다. 전체 매출 중에서 차량용 반도체 비중이 40%를 차지한다. 300mm 웨이퍼칩 제조 설비를 보유하고 있고 오스트리아에서 12인치 웨이퍼로 전력 반도체를 생산 중이다. 차량용 반도체 분야에서 항공기 수준의 신뢰성을 제공하는 것을 목표로 하고 있다.

인피니언은 미래 모빌리티 반도체 분야에 집중하고 있다. 전력반도체는 글로벌 점유율 20% 수준으로 압도적인 No.1 회사이다. MCU(Micro Control Unit) 분야는 글로벌 점유율 30% 수준으로 Top-5 내에 포함되는 Top-tier 기업이다. 전동화 차량은 고전압배터리의 높은 직류 전압을 교류 또는 낮은 직류 전압으로 변환 시 내구성과 신뢰성을 요구한다. 이때 사용되는 전력반도체는 검증받은 기술력을 요구하기 때문에 진입장벽 또한 매우 높다.

현재 경쟁력도 우수하지만 향후 미래 전망은 더욱 밝아 보인다. 20~30% 수준의 높은 마진율을 지속적으로 확보하고 있으며 전동화 차량과 재생에너지 분야에서 발전하고 있다. 전동화 부문에서는 충전, 직류 전압 변환기, 교류 전압 변환기, 모터 컴프레서 등에서 강점을 가진다. 차량에서 차지하는 자율주행 레벨 1, 2의 비중이 21년도에는 50% 이하 수준이지만 27년에는 65% 이상 성장할 것으로 예상된다. 수익성도 비례하여 증가할 수 있다.

차량용 제어와 전력반도체 등 미래 모빌리티에 핵심이 되는 전자/제어 분야에서 독일 기업은 큰 강점이 있다. 독일 3사는 또한 자국 기업과 함께 기술 개발과 차량 생산을 함께 할 수 있기 때문에 강력한 경쟁력을 가진다. 전자/제어 부품은 창의성과 기술력도 필요하다. 고객의 안전과 차량의 핵심 부품을 담당한다. 따라서 높은 신뢰성은 핵심이자 가치척도로 평가받는다. 향후 글로벌 자동차의 미래와 새로운 역사에 함께할 기업들을 주목해야 한다.

4. 독일의 역사와 문화를 엿보면
그들의 국민성과 장인정신을 알 수 있다.

헤리티지(Heritage) - 인류가 만들어온 자연, 사회, 문화 등 역사적으로 가치가 있는 유산이라는 단어이다. 최근에는 이러한 사전적 의미에서 기업과 브랜드의 오랜 전통과 역사라는 뜻으로 확장되어 사용된다. 프리미엄 브랜드는 그들이 가지고 있는 헤리티지에 대해 깊게 고민하고 연구한다. 기업이 운영되고 브랜드가 성장한 배경 그 자체이기 때문이다. 독일 자동차의 성공 이유를 알기 위해서는 독일이라는 나라와 독일인에 대한 이해가 필요하다.

독일이라는 나라에 대해 살펴보자. 독일은 위도 47~57도 사이에 위치한 나라이며 대서양 북부 해역인 북해와 접해 있다. 고대 게르만족이 생활했던 장소이다. 과거 독일 지역에 정착했던 게르만족은 엘베강 하류의 저지대와 북해 연안에서 삶의 뿌리를 내렸다. 숲이 우거져 있어 작물 재배에는 불리하나 철의 생산이 풍부했다. 작물 성장에는 어려움이 있었지만 자연환경의 단점을 극복하기 위해 부지런하고 근검절약하는 습관을 가지고 있다.

[사진: 독일 지정학적 위치 / 출처: 위키백과]

유럽 남부에 위치한 로마인들은 북쪽에 위치한 다양한 민족을 '게르만족'이라고 불렀다. 특히, 문자도 모르고 농사나 목축업을 통해 생활하던 게르만족을 '바바리안'이라고 불렀다. 이는 '바~바~'라고 소리 지르는 야만인이나 이방인을 의미했다. 언어적 능력과 사고가 부족하다는 경멸의 뜻도 있지만 단순히 비그리스인이라는 뜻에 더 가깝다고 한다. 아이러니하게도 이러한 게르만족의 후예인 독일인들은 현재 유럽 경제의 중심을 담당하고 있다.

독일의 국토 면적은 남한의 약 3.57배 수준이다. 인구는 2017년 기준 8,200여만 명을 넘겼으나 노인 인구가 20퍼센트를 넘어선다. 유럽의 병자에서 유럽연합의 강자로 두각을 드러냈다. 카리스마 넘치는 비스마르크, 사상가 마르크스, 천재 예술가 베토벤과 바흐, 군사학의 아버지 클라우제비츠까지 각 분야에 유명한 사람들도 족적을 남겼다. 제2차 세계대전으로 패망하였으나 후발 자본주의 국가로 성장하여 유래가 없는 경제적인 성과를 이루었다.

게르만족의 전통, 고대 그리스 로마의 문화, 기독교 문화가 잘 어우러져 융합되었다. 이들의 문화적 차별성이 되는 고대문화는 그리스문화와 로마문화로 나뉜다. 광대한 제국을 통치하기 위해 제정된 법과 제도는 뿌리 깊이 위치해 있다. 또한, 사회과학과 천문학, 의학, 물리학, 화학, 공학 등 자연과학 분야를 중시했다. 과학과 기술을 중요시했기 때문에 발전을 이어올 수 있다. 산업혁명을 거치고 각종 산업 분야에서 꽃을 피울 수 있었던 배경이다.

독일은 1500년대 유럽에서 큰 성장을 하고 지속적으로 인구가 증가했다. 독일 연방의 오스트리아가 정치적으로 주도적인 역할을 했고 후반기에 프로이센이 강자로 등장했다. 합스부르크가는 스페인과 이탈리아 왕실과 결혼 정책을 통해 세력을 키웠다. 16세기 독일에서 영향력을 행사했던 교회는 도덕적으로 타락했다. 마틴 루터의 등장으로 종교개혁이 이루어졌다. 30년 전쟁과 베스트팔렌 평화조약을 거쳐 로마 제국의 전통적인 이념은 희미해졌다.

중세 후반부터 이탈리아 북부에서 시작된 르네상스 운동은 유럽 전역으로 확산되었다. 지중해 해안에 있는 이탈리아의 항구 도시들은 동쪽에 위치한 비잔틴 제국과 교류했다. 독일에서는 이탈리아와 같이 인간과 신을 분리할 수 있는 환경이 구축되지 못했다. 북부 독일에서는 수사들이 학교를 만들어 공동생활을 했다. 17세기 학교가 설립되어 교육 조건도 향상되었다. 주로 독일어로 교육했으나 상급학교는 라틴어를 필수로 채택했다. 당시 교육의 목적은 라틴어를 고급스럽게 구사하여 신앙심을 더욱 경건하게 발전시키기 위함이었다.

독일의 법치주의와 준법정신은 근간이 되는 가치로 평가받는다. 먼 과거 신성로마제국 시대는 교황의 억압이, 절대군주 시대를 거쳐 히틀러의 나치 시절까지 많은 어려움을 겪었다. 철학자 칸트는 도덕성을 확장하는 관점에서 법치주의를 널리 전했다. 법과 공권력은 지나치게 특정 집단의 이득이나 정치적 목적을 위해서는 안 된다. 공권력은 자유와 법을 위해서만 행사되어야 한다. 이러한 국가가 개인의 자유와 재산을 보호할 수 있다고 이해되고 있다.

법을 준수하고 규정을 지키는 것은 일상생활에 자리하고 있다. 인성이 최초 형성되는 유치원 교육에서도 규칙을 지키는 것을 가장 큰 비중으로 배운다. 놀이가 끝난 후 정리와 정돈을 하고 정해진 일과를 따라서 생활한다. 법과 규칙을 준수하는 태도에서 비롯하여 독일인들이 가진 문화와 국민성을 구성하는 가장 중요한 가치는 바로 신뢰이다. 정직성, 타인에 대한 배려, 자율성, 정확성, 철저함 – 이러한 단어들이 독일인들의 성향을 대표할 수 있다.

독일인들은 시간 개념이 매우 철저하고 정확성을 중시하는 것은 기본이다. 시간 약속을 잘 지키는 테어민 문화를 중시한다. 위트가 있거나 개성이 강해서 매력적으로 보이는 것도 중요하다. 행복을 추구하고 융통성이 있는 자세 또한 때때로 필요하다. 독일인들이 지나치게 딱딱하거나 재미가 없다고 외부에서 평가할지 모른다. 그러나 이러한 태도는 신뢰를 받는 국민성으로 이어진다. 모든 것은 개인과 국가의 기본이 되는 가치를 뿌리에 두고 시작된다.

공적인 영역과 사적인 영역을 확실하게 구분하는 성향이 있다. 철저한 개인주의로 공동주택 지하주차장도 각자 개인이 소유하고 사용한다. 이러한 태도는 타인을 배척하고 대립하는 개념이 아니라 남의 시선을 의식하지 않고 자유를 존중하는 자세이다. 상대방에게 간섭하지 않고 본인의 생각과 행동에는 책임감을 지니는 태도이다. 기업이나 단체에서는 본인의 역할에 충실하고 공동의 목표 달성에 최선을 다한다. 전문성과 책임감에 집중하는 문화이다.

독일인들에게 가장 인기 있는 속담은 '아침 시간은 입에 황금을 물고 있다' 라는 문장이다. 독일인의 품성을 일컫는 세 가지 단어는 근면성, 정확성, 철저함이다. 어떠한 일이든 최선을 다하고 결과물을 만들고 말겠다는 철저함은 독일이라는 국가의 브랜드 가치를 높여왔다. 제조업으로 대표되는 산업과 독일이라는 국가의 소프트 파워를 결정하는 요소가 되었다. 항상 이들은 사전에 꼼꼼하게 준비하고 일을 성사하기 위한 체계적인 계획을 수립한다.

기계산업이 번창했던 독일이지만 새로운 제품이나 아이디어를 받아들일 때 보수적인 태도를 가지고 있다. 조심스러울 뿐만 아니라 심지어 저항감이 느껴지기도 한다. 기초 과학과 높은 기술력을 통해 발전했지만 IT를 비롯한 첨단 산업 분야에서는 다소 어려움을 겪고 있다는 평가가 있다. 신사업에서 고전하는 배경에는 이러한 국민성과도 연관이 있다는 설명이다. 기존 강점을 가지고 있던 산업군에서 기본을 중시하되 약간의 융통성도 요구된다.

독일인들은 협업을 할 때 가장 중요하게 여기는 것은 바로 자질과 능력이다. 실력과 전문성이 최고로 높은 가치를 지닌다. 각자의 전문성을 기초로 하고 일을 담당하는 인원이 각각 적절하게 역할을 분담하고자 한다. 전문적인 능력에 우선순위를 높게 두는 이유는 바로 독일인 그들이 지향하는 바이기 때문이다. 인맥, 혈연, 지연 등 다른 요소는 중요도를 낮게 평가한다. 따라서, 일을 추진할 때는 뚜렷한 목적의식을 기반으로 계획을 실천한다.

독일 국가 브랜드 가치를 형성하게 된 큰 배경은 바로 국민성에 있다고 볼 수 있다. 국민들이 창출하는 인적 역량은 무엇과도 비교할 수 없는 큰 가치이다. 지금과 같은 글로벌 시대에서는 오랜 역사와 신뢰성을 꾸준히 쌓아온 국가는 그 자체만으로도 큰 경쟁력을 가진다. 지나온 시간이 만들어온 역사와 인간의 삶 속에서 쌓여온 문화는 돈으로 쉽게 살 수 없다. 성실하고 신뢰받는 국민의 성향이 국민성을 만들고 이들이 모여 국가가 이뤄진다.

5. 독일은 후발 자본주의 국가이나 아우토반 등 국가지원으로 성공할 수 있었다.

유럽 국가 전체에서 독일은 비교적 늦은 성장을 했다. 특히, 독일의 산업혁명은 영국과 프랑스에 비해서도 다소 늦었다. 시작과 달리 독일은 성공적인 결과를 이루며 발전을 이뤄갔다. 19세기 말 후발 자본주의 국가로 교통과 통신 분야를 중심으로 비약적인 산업 발전을 위한 기틀을 만들었다. 1830년에 철도 건설을 시작하여 1870년대에 약 2만 킬로미터의 철도와 약 3만 대의 증기기관차를 소유했다. 독일은 산업화를 통해 경제 강국으로 급부상했다.

독일의 이러한 발전은 19세기 후반 프로이센 중심의 경제 체제가 결정적이었다. 1871년 독일 제국의 통일을 통해 중앙집권적 시스템이 구축되었다. 국가 주도 체제는 경제의 효율성을 강조했고 강점을 집중하는 데 크나큰 기여를 했다. 프로이센은 국내 시장을 통합하고 무역 발전을 위해 도로 등 인프라 구축에 힘썼다. 산업 발전을 위해 철강, 기계공학 등 기술 발전에 주력을 다했다. 교육 체제를 강화했고 핵심 기업에는 지원을 아끼지 않았다.

독일 도시 노동자는 1870년대 180만 명에서 1900년대 570만 명으로 급증했다. 도시 인구 비율은 전체 인구의 60퍼센트를 넘었다. 경제는 급속히 성장했고 중화학 공업의 비중이 커졌다. 금속과 광산업에 종사하는 인구는 증가했고 노동조합에서도 금속과 광산노조가 영향력을 발휘했다. 광산업에 종사하는 인구가 증가했고 빠른 속도로 성장했다. 광산업 종사자들은 대규모 작업장에서 노동했다. 산업혁명은 과학기술의 발전과 경제의 성장을 견인했다.

유럽의 산업혁명은 산업생산과 기술 혁신을 촉진했지만 치열한 경쟁을 야기했다. 자원을 확보하고 시장을 확장시키기 위해 유럽의 열강들은 식민지 확보가 필요했다. 가까운 아프리카부터 아시아, 남미 등으로 진출이 이어졌다. 제국주의의 강화는 유럽 국가들의 군사적 역량을 증가시키고 식민지 경쟁이 심화되었다. 독일은 중앙 유럽에서 지정학적인 위치와 경제력에서 우위를 차지하고 있었다. 국제 정치 상황과 국익 우선주의 정책은 긴장감을 높였다.

독일은 국제적인 지위 향상을 위해 러시아와 프랑스에 긴장을 높였고 해군 확장을 시도하여 영국과 경쟁관계에 있었다. 또한, 제국주의와 민족주의 정책으로 국제적인 영향력을 확장하려는 움직임을 보였다. 이러한 와중에 독일은 발칸 반도 지역에 개입하여 러시아와의 갈등을 일으켰다. 1914년 1월 세르비아 사라예보에서 세르비아인 공증이 암살당했고 제1차 세계대전의 촉발로 이어졌다. 이후 각 나라들이 이해관계를 고려하여 전쟁에 개입하였다.

[사진: 사라예보 총성 사건 / 출처: 위키백과]

　1918년 독일은 프랑스와 아르미스티스(휴전 협정)를 체결하고 전쟁에서 물러났다. 전쟁 종전의 협상으로 독일은 패배를 시인 후 전쟁 행위를 중단했다. 1919년 베르사유 조약을 체결하고 공식적인 종전을 이뤘다. 결과적으로 일부 국토 상실과 군비 제한을 감수해야만 했다. 유럽 국가 내에서 독일의 정치적 입지는 매우 줄어들었고 경제적으로도 막심한 타격을 입었다. 높은 전쟁 배상금은 국민들의 생활에 있어서 경제적인 난관을 불러일으켰다.

　제1차 세계대전의 패전국이었던 독일은 승전국에 1,320억 마르크를 배상해야 했다. 이는 국민소득의 10%, 전체 수출액의 80%나 되는 어마어마한 비용이었다. 배상금을 상환하기 위해 독일은 화폐를 무한정으로 발행했고 이를 금으로 상환하려고 했다. 1921년부터 1923년 월간 물가상승률은 300%나 되었다. 독일의 화폐였던 마르크의 가치는 급속하게 하락했고 휴지 조각이 되었다. 독일에서 일어난 역사상 가장 심각했던 하이퍼 인플레이션이었다.

1900년대 초반 독일의 경제와 산업을 해석할 때 시대적 배경을 제외하고 설명하기는 어렵다. 독일은 국가 주도의 경제 발전으로 다시금 회복하기 시작했다. 나치당이 등장하여 위기를 극복하고 경제를 안정화시키기 위한 역할을 했다. 국가적인 인기를 등에 업고 영향력을 확대하여 자급자족 기조를 추구했다. 성장을 이끄는 긍정적인 측면과 사회주의와 독재적인 특성이 함께 있었다. 1930년대 제2차 세계대전의 원인 중 하나로 작용했다고 평가받는다.

당시 화폐 안정화를 위하여 1924년 금표본제의 전환과 다양한 금융 정책들을 선보였다. 국제적인 도움과 함께 독일은 실물 생산의 증가와 투자의 확대를 이끌었다. 1920년 후반부터 1930년 초반까지 산업 분야에서 큰 발전을 이끌었다. 당시 자동차, 기계, 화학, 철강 등 다양한 산업 분야의 성장이 다시금 진행되었다. 기술 혁신과 생산성 향상은 국가 전체의 산업을 다시 부상시켰다. 이 밖에 아우토반을 비롯한 다양한 국가 인프라 투자도 이루어졌다.

최초 아우토반은 1920년대에 바이마르 공화국에서 구상되었다. 실제 건설은 히틀러의 국가사회주의 정당인 나치 정권 아래에서 진행됐다. 1932년 쾰른-본 구간의 도로가 개통되고, 1935년에 프랑크푸르트암마인-다름슈타트 구간이 개통되었다. 제2차 세계대전 중에는 활주로로 사용되기도 했다. 제1차 세계대전 이후 하이퍼 인플레이션과 세계 대공황의 파도가 독일 경제를 덮쳤다. 위기를 극복하기 위한 수단으로 아우토반 건설을 시작했다고 알려졌다.

아우토반은 독일어로 고속도로라는 의미이다. 고속 주행을 위한 슈넬슈트라세, 일반 국도인 분데스슈트라세로 불린다. 일반적으로 알고 있는 속도 무제한 구역이란 뜻은 아니다. 도로 전 구간이 왕복 4차선부터 8차선까지로 구성되어 있다. 아우토반은 독일 자동차 업체의 성장과 독일 자동차 보급을 위한 기반 역할을 했다. 속도 무제한 구역은 외국 자동차 회사들이 가지지 못한 최대의 장점이다. 자동차 최고의 퍼포먼스를 이곳에서 체험할 수 있다.

아우토반은 전후 독일 경제가 다시 살아나는 데 매우 큰 역할을 했다. 전국을 연결하는 거미줄 같은 고속도로망은 물류 운송을 통해 기업의 생산성을 높여줬다. 1950년대 서독에 남아 있던 아우토반은 2천km 정도 거리였으나 1970년대에 2배인 4천km, 1990년대에는 그 2배인 8천km까지 늘어났다. 아우토반의 제한속도 무제한 구간을 타고 독일의 경제도 함께 제한속도 없이 달릴 수 있었다. 라인강의 기적은 아우토반에서 시작되었다고 볼 수 있다.

[사진: 나치 시절 아우토반 사진 / 출처: 독일 국립 박물관 오픈 데이터]

1933년 히틀러는 아우토반을 건설함과 동시에 자동차 산업을 육성할 준비를 했다. 국가 경제를 담당하고 경쟁력을 강화할 수 있는 수단이라고 판단했기 때문이다. 나치 정권은 국가 지원을 통해 핵심 산업 분야를 육성했다. 기업들에 대한 자본과 기술 지원 등 국가 지원의 영향으로 기업 성장이 이루어졌다. 대중 자동차 생산계획인 '폭스바겐 프로젝트'를 통해 폭스바겐은 1937년에 설립되었다. 국가 주도로 설립된 자동차 회사의 등장이었다.

히틀러는 페르디난트 포르셰 박사에게 독일 국민 모두 이용 가능한 차량 개발을 지시했다. 차량은 4인 가족이 7L의 휘발유로 100km를 주행할 수 있고 1,000마르크 이하의 판매 가격을 목표로 했다. 니더작센주 볼프스부르크에서 차량 생산용 공장 건설이 진행되었다. 1938년 개발 목표를 만족한 KdF(Kraft durch Freude)가 탄생했다. 포르셰 박사가 독일인들의 발이 되어 주길 기대했다. 그러나 1939년 제2차 세계대전이 발발하여 현실화되지는 못했다.

1945년 제2차 세계대전이 종료되고 공장은 생산을 재가동했다. 포르셰 박사가 꿈꿨던 국민차(Volkswagen)의 역사가 시작되었다. 1946년 폭스바겐 타입 1 차량은 1만여 대 이상 생산되었고 전후 연료가 부족했던 유럽에서 매우 큰 인기를 끌었다. 이후 '비틀'이라는 이름을 얻고 글로벌 시장에서 널리 판매가 되었다. 최초 나치 정부에서 국가 주도로 설립되었지만 이후 민간기업으로 독립했다. 독일 자동차 회사 중 하나로 현재 글로벌 기업으로 성장했다.

제1차 세계대전 기간 독일 자동차 회사들은 많은 타격을 입었다. 전쟁으로 생산이 중단되었고 경제 파탄에도 큰 영향을 받았다. 제2차 세계대전 중에는 군용 차량 보급과 기술 발전이 이후 산업에 영향이 있었다. 폭스바겐 비틀은 군사용 지휘 및 수송용 차량으로 공급되었다. 메르세데스는 군용 차량과 항공기 엔진을 생산했다. BMW는 군용 오토바이와 항공기 엔진 등을 공급했다. 아우디는 호르히 브랜드를 통해 군용 차량 및 군수 장비 생산에 참여했다.

전쟁 기간 동안 자동차 기업들은 고성능 엔진과 트랜스미션 등을 개발했다. 전쟁을 지원하기 위한 목적이었지만 이렇게 개발된 기술은 이후 일반 승용차 성능에 기여했다. 항공기 엔진을 비롯하여 군수 공급을 위한 차량 기술은 전쟁 이후 국가 재건에 사용되었다. 특히, 독일은 국가 차원에서 자동차 산업을 다시 일으키기 위해 많은 투자를 진행했다. 기술적인 혁신과 생산능력 향상을 통해 경제적인 회복을 하였고 이후 급격한 성장을 이뤄냈다.

6. 독일은 제2차 세계대전을 거쳐 폐허가 되었지만 라인강의 기적을 통해 발전을 이뤘다.

두 차례의 세계 전쟁으로 독일 경제는 완전하게 붕괴되었다. 1939년 독일의 폴란드 침공으로부터 시작된 제2차 세계대전은 1943년에 이탈리아가 먼저 항복을 선언했다. 이어서 1945년에 독일과 일본이 차례대로 미국, 영국, 소비에트 연방 등 연합국에 항복하며 전쟁은 비로소 종결되었다. 제2차 세계대전이 종식되고 패전국인 독일의 무정부 상태를 막기 위해서 프랑스, 미국, 영국, 소비에트 연방 - 연합국 4개국은 분할 통치를 실시하기로 결정했다.

독일의 행정권과 통치권은 연합국이 수행하고 군대도 해산했다. 연합국은 전쟁배상금을 받아야 했으나 현금 지불 능력이 없어 각국의 점령지역에서 시설물을 철거하기로 했다. 그들의 목적을 실현하기 위해 국가 간 관점 차이로 합의를 통한 해결이 어려웠다. 1949년 5월, 서방연합국 점령 지역은 자유시장원칙을 기반으로 서독을 독일연방공화국으로 선언했다. 이후 10월 소비에트 연방은 계획, 통제경제에 의해 동독을 독일민주공화국으로 탄생시켰다.

독일의 분단으로 동독에 위치한 수도인 베를린도 동서로 나뉘었다. 베를린은 장벽의 건설을 통해 물리적으로 분단이 이루어졌다. 이는 국제 정치, 경제, 역사에 큰 영향을 미쳤다. 독일 내외 긴장감과 불안을 조성하여 냉전의 극대화를 이끌었고 분단은 40년간 이어졌다. 독일의 경제는 그야말로 폐허 상태였다. 교통체계는 완벽하게 붕괴되고 주택난 또한 매우 극심했다. 농토는 황폐했고 식단 관리도 불가능하여 국민들의 영양상태도 최악에 이르렀다.

독일이 역사상 전례가 없을 정도로 빠른 속도로 경제를 복구했다. 이러한 발전을 이루게 된 배경은 무엇일까? 일반적인 경제 성장을 넘어 가히 기적이라고 얘기할 수 있는 수준의 변화였다. 이는 바로 '라인강의 기적'이라고 불리는 서독의 경제 기적에서 이유를 찾을 수 있다. 서독은 아데나워 정부의 정책과 서방의 마셜 플랜의 지원하에 부흥을 이뤘다. 나치 시대의 경제 정책과 사회주의를 탈피한 시장 경제 정책을 바탕으로 부흥을 이뤘다.

[사진: 마셜 플랜 이미지 / 출처: 위키백과]

경제활동의 핵심이 되는 기준은 바로 시장이었다. 국가는 공정한 경쟁과 시장 활동을 장려하고 보호하는 역할을 했다. 효율성과 생산성을 극대화해서 합리적인 이윤을 보장하는 것이 바로 국가의 의무라고 보았다. 국가가 지나치게 경제활동에 개입하는 것을 자제하는 방침이었다. 법률적으로 규정된 합리적인 복지 정책과 자유로운 기업 활동을 결합시켰다. 국민의 복지를 위한 목적이라도 사회주의에서 주장하는 평등한 이윤 분배의 보장은 지양했다.

미국은 전쟁으로 황폐화된 유럽의 부흥을 위해 서유럽 16개국에 대한 대외원조계획을 실행했다. 미국 국무장관인 마셜이 처음으로 공식 제안하여 '마셜 플랜'이라 불리며 정식명칭은 '유럽부흥계획'이다. 1947년 시장경제체제를 채택하는 나라를 대상으로 한 재정적 지원 계획이다. 해당 유럽 국가들이 자국 경제 부흥을 위한 정책 수립 시 경제 원조를 추진했다. 최초에는 유럽에 한정된 정책이었지만 이후 일본까지 포함하여 변경되었다.

마셜 플랜의 핵심은 다음과 같이 크게 3가지로 요약된다. 첫째, 유럽인이 직접적으로 유럽부흥 계획을 수립해야 한다. 둘째, 유럽 국가들이 재정적, 자립적 기반 위에서 원만한 생활을 유지하는 수준까지 경제를 회복시키는 데 원조의 목적을 뒀다. 셋째, 기본적인 계획 참가 대상은 유럽 권역으로 한정하였다. 마셜 플랜 참가 대상을 선정하는 데 있어서 여러 가지 조건을 단서로 붙였다. 소비에트 연합과 동유럽 국가들은 배제가 되어 부흥계획은 진행됐다.

독일의 경제 발전은 1948년 통화 개혁으로 가격 통제 폐지로부터 시작되었다. 국가가 간섭하여 가격을 통제하는 방식을 탈피하자 시장은 원래의 기능을 회복했다. 통화가 안정되어 국민들은 자본을 통해 저축과 투자를 늘렸다. 시장 경제 위주의 국가적인 제도 변화와 미국의 지원을 통해 서독의 경제가 복구되었다. 가장 중요한 요소는 서독 국민들 자신에게 있었다. 근면성과 기술력을 기반으로 한 국민성은 외부 환경과 결합하여 성과를 만들었다.

전후 산업시설과 생계의 대부분이 파괴된 상태에서 독일인들은 생계를 위한 직업에 극심한 갈증을 느꼈다. 1950년대 서독은 8%에 이르는 높은 경제 성장률을 기록했다. 세계 전쟁 이전부터 세계 최초 자동차를 개발하고 높은 공학과 기술력을 가진 국민이었다. 근면과 성실을 기반으로 한 국민성은 국가의 발전에 가장 큰 원동력이었다. 독일의 노동자들은 전후 복구에 동력을 제공했고 생산 시설에 즉시 투입되어도 좋을 정도로 고급 노동력을 가졌다.

독일이 보유한 세계적인 직업 교육제도와 비교적 저렴하고 숙련된 노동력은 전후 환경에서 기업의 빠른 발전을 이끌었다. 동독 및 동유럽을 비롯한 여러 국가에서 유입된 피난민들은 함께 풍부한 노동력을 제공했다. 시장 경제 체제에서 경제는 급속도로 성장했고 서독인들의 삶도 비약적으로 개선되었다. 소비 욕구를 억제당했던 과거와 달리 생필품부터 고가품, 사치품까지도 확대되었다. 여가 시간을 소비하기 위해 취미활동과 여행에도 비용을 지출했다.

가장 큰 변화는 바로 자동차의 보급이었다. 국민차로 불리는 폭스바겐의 비틀은 독일 재건의 역사이자 아이콘으로 평가받는다. 자동차의 보급은 국민들의 생활수준과 산업화의 평가 척도이다. 이윤이 증가한 기업은 고용 증대, 생산량 증가, 신규 투자를 감행할 수 있는 환경이 만들어졌다. 1960년대에 이르러 약 400만 대의 비틀이 독일의 도로를 주행했다. 자국뿐만 아니라 세계 경제의 발전을 통해 수출 중심의 독일은 최대 수혜국이 될 수 있었다.

라인강의 기적을 시작한 1952년부터 독일은 현재까지 단 한 번도 무역적자를 기록한 적이 없다. 무역흑자 규모 역시 1980년대 중반부터 연 1,000억 달러를 넘어서 계속하여 증가하고 있다. 경제규모는 미국, 중국, 일본에 이어 4위이고 인구는 8,200만 명으로 세계 최고 수준의 수출 강국이다. 이러한 경쟁력은 역시 제조업에서 나온다고 평가받는다. 수출 상품의 75%가 자본재와 중간재이며 자동차를 비롯한 기계/화학 제품, 히든챔피언 등이 경쟁력이다.

[사진: 폭스바겐 비틀 생산공장 모습 / 출처: 폭스바겐코리아]

독일의 자동차 산업은 이러한 경제 체제의 가장 큰 수혜를 받은 산업 분야 중 하나로 평가받는다. 자유 경제 체제를 통해 수많은 기업과 기술력을 가진 인재들이 탄생하고 발전했다. 글로벌 무대에서도 경쟁력 있고 특출난 제품을 만들기 위한 환경이 뒷받침되었다. 자본의 투자와 유입이 비교적 유리했고 창의성을 극대화할 수 있는 시대적 분위기가 있었다. 근면과 성실로 대표되는 그들만의 DNA를 바탕으로 독일은 고도성장을 이룰 수 있었다.

1990년 10월 3일, 제2차 세계대전 이후 냉전 시대를 끝내고 동서로 나뉘었던 독일은 다시 하나로 통일되었다. 동유럽의 민주화로 냉전의 상징물인 베를린 장벽이 먼저 철거되었다. 장시간 동안 분열되어 있던 국가가 통일되는 과정에서 사회적, 경제적 후유증은 엄청났다. 가장 심각한 것이 경제적 후유증이었다. 2005년까지 15년간 1조 4천억 유로를 통일비용으로 지출했다. 재정적자가 대폭 확대되어 유럽의 병자라는 악명으로 평가받기도 했다.

[사진: 1989년 11월 9일 베를린 장벽 붕괴 사진 / 출처: 연합뉴스]

2003년 슈뢰더 정부의 개혁을 통해 다시 경제상태는 회복되었다. 혼란스러운 사회를 개선하고 통일 후유증을 극복하기 위해 '아젠다 2010 구조개혁'을 실행했다. 실업급여 제공 기간을 1년으로 줄이고 저임금 일자리를 늘리는 하르츠 개혁과 연금 지출의 축소를 단행했다. 다만 혹독한 개혁의 대가로 2005년 총리직을 내려놔야 했다. 이어 집권한 메르켈 총리는 16년간 집권하며 2021년까지 큰 인기를 누렸다. 독일은 다시 유럽의 강자로 평가받았다.

독일이 이룬 성과는 세계 역사상 유례가 없는 수준으로 평가받는다. 국토

면적이 넓거나 자원이 풍부하지 않다. 지정학적인 측면에서도 유럽 강대국 사이에 위치해 있다. 40년이라는 기간 동안 국가가 분단되었고 통일 이후의 충격도 매우 컸다. 전폭적인 산업화와 자유 시장 경제 체제는 결국 지속적으로 발전할 수 있는 원동력이 되었다. 독일은 유럽 경제와 글로벌 시장을 리드해 왔다. 많은 국가들은 이러한 개발 모델과 발전상을 참고해야 할 것이다.

7. 독일 자동차의 조직력과 장인정신은
독일 축구와 맥주 산업과 닮았다.

독일은 자동차 산업을 비롯한 각종 제조업을 통해 경제발전을 이룩했다. 정교함과 기술력, 조직력을 통한 결과물이라고 말할 수 있다. 독일의 자동차 산업과 비슷한 분야는 바로 독일의 축구가 있다. 독일은 2014년 브라질 월드컵에서 우승컵을 들어 올렸고 1900년 축구협회 설립 이후 월드컵 우승 4회, 유로 우승 3회를 달성했다. 그러나 2018년과 2022년 연이은 월드컵 예선 탈락이라는 나쁜 성적표를 받아 과거의 명성을 되찾기 위한 고민을 하고 있다.

최근 메이저 국제 대회에서 쓴맛을 보고 있지만 여전히 세계적인 축구 강국이다. 걸출한 스타 플레이어들이 활약했고 많은 팬들로부터 사랑을 받고 있다. 독일 최상위 프로리그는 분데스리가이다. 연방리그라는 뜻으로 직역할 수 있다. 22-23시즌 기준 평균 관중이 4만 2,694만 명으로 이는 영국 프리미어리그 평균 4만 308명을 넘어서는 수준이다. 리그 자체의 매력과 독일의 젊은 지도자들이 개발하고 향상한 게겐프레싱이라는 전략이 큰 역할을 했다.

BUNDESLIGA

[사진: 분데스리가 로고 / 출처: 분데스리가]

유럽축구연맹 주최 대회 출전권을 결정하는 UEFA랭킹에서 프리미어리그, 프리메라리그, 세리에A에 이어 4번째 순위에 위치해 있다. 리그는 총 18개의 팀으로 구성되고 시즌 하위 순위 팀은 2부 리그로 내려가는 승강제 형식을 채택했다. 분데스리가의 절대 강호 바이에른 뮌헨은 1부 리그 역대 최다 우승 32회, UEFA 챔피언스 리그 우승 6회를 차지했다. 오랜 역사를 가진 클럽은 하나의 브랜드가 되어 이름만으로 구단의 수준을 가늠하게 한다.

분데스리가는 최고의 스타 플레이어가 원하는 꿈의 무대이다. 현존 최고 스트라이커이자 바이에른 뮌헨 출신 로베르토 레반도프스키, 22-23시즌 EPL(English Premier League) 역대 최다 골을 갱신한 도르트문트 출신 엘링 홀란드, 21-22시즌 EPL 득점왕이자 레버쿠젠 출신 손흥민 등이 활약했다. 2023년 바이에른 뮌헨으로 세리아A에서 33년 만에 소속팀 나폴리를 우승시킨 김민재와 EPL 역대 득점 단독 2위인 토트넘 홋스퍼의 해리 케인이 이적했다.

독일은 오랜 기간 크고 작은 도시국가 형태로 발전했다. 1871년에서야 연방국가로 통일하여 도시 위주의 문화와 전통이 남았다. 20세기 독일 서부와 남부 지역 중심으로 축구는 큰 인기를 끌었다. 뮌헨 지역에서는 바이에른 뮌헨, 뮌헨글라드바흐에서는 보루시아뮌헨글라드바흐, 도르트문트에서는 지역 주류 광고에서 이름을 가져와서 보루시아도르트문트를 창설했다. 도시와 클럽, 지역을 연고로 한 기업 사이 연계가 잘 되고 있다. 바이에른 뮌헨과 BMW의 엠블럼은 바이에른주의 문양인 하늘색과 흰색을 공유하고 있다.

축구는 상대방의 골대에 보다 많은 골을 집어넣어야 승리할 수 있는 스포츠이다. 가장 단순하면서도 박진감이 넘치는 스포츠이기 때문에 많은 팬들의 사랑을 받고 있다. 축구는 팀 스포츠이다. 후방의 골키퍼부터 수비진, 미드필더, 그리고 골을 결정지을 수 있는 스트라이커까지 필요하다. 이러한 자원들을 하나로 결합하여 원팀을 만들 수 있는 뛰어난 역량의 감독과 코치진의 역할이 매우 중요하다. 우수한 개인능력과 조직력이 동시에 필요하다.

폭발적으로 질주하는 독일 축구는 독일 자동차 브랜드와 비슷한 점이 많다. 아우토반 도로에서 제한속도 없이 질주하는 독일 자동차는 높은 마력과 탄탄한 주행 안정감을 자랑한다. 상대방 골대를 향해 전속력으로 달리며 거친 몸싸움에도 안정적인 밸런스를 지닌 선수들을 연상케 한다. 독일산 엔진과 섀시 부품은 효율성이 뛰어나기로 유명하다. 최고 수준의 플레이어들은 각기 화려한 경기력과 개인능력을 선보인다. 뛰어난 개인이 모여 전체가 된다.

전체적인 조직력 또한 매우 유사하다. 우수한 코치진들은 스타팅 멤버들을 신뢰하고 상대방의 전력을 분석하여 최상의 전술을 수립한다. 각 포지션을 담당한 플레이어들은 코치가 의도한 바를 원활히 수행하고 유기적인 협력을 통해 골이라는 결과물을 만들어낸다. 자동차도 엔진, 섀시 부품, 각종 전자장치와 차량 전체의 협조 제어가 결합되어야 드라이버가 원하는 드라이빙 퍼포먼스를 낼 수 있다. 연료 효율과 내구성에도 같은 영향을 미친다.

원칙과 기본기, 결과를 만드는 시스템, 폭발적인 퍼포먼스 등 다양한 분야에서 독일 자동차와 축구는 닮았다. 독일 축구는 피지컬과 기본기가 우수하기로 유명하다. 철저하게 계산된 플레이를 통해 경쟁팀을 무력화시킨다. 독일 고성능 자동차는 기본적인 밸런스에 집중하면서 퍼포먼스와 연료 효율성을 모두 놓치지 않는다. 고성능 차량이면서 평상시 일상적인 기능과 전체적인 효율에 집중하는 것은 독일 특유의 기능주의와 합리주의를 엿볼 수 있다.

독일 자동차 브랜드와 축구는 뗄 수 없는 연관성이 있다. 스포츠 마케팅 측면에서도 그러하다. 메르세데스는 슈투트가르트를 연고로 하여 VfB 슈투트가르트 구단과 메인 스폰서 관계를 갖고 있다. 심지어 홈구장 이름은 메르세데스 벤츠 아레나로 명명하고 있다. 연고지를 공유하고 있어 메르세데스 박물관을 연계한 프로그램도 만들었다. 슈투트가르트 홈구장을 투어 시 자동차 박물관 방문까지도 할 수 있다. 메인 유니폼에는 벤츠의 로고가 함께 있다.

아우디 AG는 FC 바이에른 뮌헨과 2002년 최초 파트너십 계약을 체결했다. 구단 지분 8.3%를 아우디가 보유하고 있다. 2020년 1월에 2029년까지 계약을 연장하며 전략적 협업과 혁신적인 마케팅을 추진했다. 뮌헨 선수들에게 19대의 e-트론을 전달하며 구단 훈련장에는 전기차 충전소까지 설치했다. 구단과 함께 진보를 이루며 아우디의 방향성을 제시했다. 스포츠 후원관계를 넘어 구단과의 유대감을 형성하고 스포티한 이미지를 공유한다.

유럽 축구 팬들은 분데스리가를 포함해 프리미어리그, 프리메라리가 등 유럽 축구 리그에 열광한다. 다양한 전술의 변화와 자본이 몰리고 있는 시장이다. 축구 전술과 트렌드가 변화하고 있다는 점은 주목할 만하다. 전통적인 방식에서 전술과 자본이 결합되어 새로운 바람이 불고 있다. 자동차 산업도 내연기관에서 전동화의 방향으로 흐름이 이동하고 있다. 미래 전략과 시장 분위기를 잘 해석하는 기업이 선두에 서 있을 것이라고 짐작할 수 있다.

독일의 맥주 생산량은 체코와 아일랜드에 이어서 3위에 위치할 정도로 매우 맥주를 사랑하는 국가이다. 생산하는 맥주의 종류만 7,000여 종에 달할 정도로 다양성을 자랑한다. 독일 전역에 수백 년이 넘는 전통을 가진 1,300여 개의 양조장이 있고 그중 절반은 남부 바이에른 지역에 위치한다. 오랜 역사와 전통뿐만 아니라 지역적인 특색을 살려 축제와 문화 행사를 즐긴다. 100년이 넘는 역사를 가진 옥토버페스트라는 축제가 매년 개최되고 있다.

옥토버페스트는 매년 9월 말에서 10월 초에 걸쳐서 개최되는 세계 최대의 맥주 축제이다. 남부 바이에른주의 주도인 뮌헨에서 약 2주 기간 동안 행사가 진행된다. 독일어로 옥토버는 10월, 페스트는 축제라는 뜻이기 때문에 10월의 맥주축제라는 의미로 해석할 수 있다. 1810년 바이에른 공화국 초대 왕인 루드비히 1세의 결혼에 맞춰서 5일 동안 음악과 함께 축제가 시작되었다고 유래된다. 매년 평균 600만 명의 방문객이 행사를 찾고 있다.

[사진: 옥토버페스트 간판 / 출처: 옥토버페스트 공식 홈페이지]

독일에서 맥주 기술은 지역 수질의 영향을 받아 발달했다. 라인강을 비롯한 대부분의 강들이 수질이 좋지 않아 식용으로 음용하기에는 적합하지 않다. 지반이 석회암으로 주로 이루어져 비가 섞여 석회수가 된다. 과거 지하암반수를 퍼올릴 수 있는 기술력이 부재했을 때 맥주가 식수를 대체했다. 발효되는 과정에서 인체에 해로운 미생물이 제거되고 침전물들에 의해 정수가 이루어진다. 발생한 알코올로 인해 저장까지 가능하여 음료로 사용되었다.

중세 시대 학문과 문화를 담당했던 수도원을 중심으로 맥주 양조가 확대되었다. 당시 지식인층이었던 수도사들을 중심으로 생산과 관리 기술이 발전했다. 깨끗하지 못한 물은 질병의 원인이므로 대체 음료 개발이 필요했다. 흑맥주는 약으로 사용되고 액체 빵은 영양 공급원으로 사용되었다. 수도사들은 금식 기간 동안 영양과 수분 공급을 위해 맥주를 마셨다. 제조한 맥주를 판매하여 수도원의 경제를 담당하고 여행객에게도 대접하는 음료로 사용했다.

독일은 라거의 나라라는 명성을 얻을 정도로 라거 맥주가 유명하다. 라거는 하층 발효 맥주라고 불리며 발효가 끝나면서 가라앉는 효모를 사용하여 만드는 방식이다. 이러한 하층 발효 방식은 15세기 초 독일에서 최초로 만들어졌다. 영상 7~15도의 저온에서 7~12일 정도 발효 후 0도 이하에서 1~2개월간 숙성 기간을 거친다. 상층 발효 방법보다 2~3주 정도 숙성 기간이 길지만 황금빛에 탄산과 청량감이 우수하고 맛이 진한 것으로 유명하다.

독일 맥주 품질이 세계적으로 인정받는 배경에는 맥주순수령이 있다고 평가받는다. 약 500년 정도 된 세계에서 가장 오래된 식품 안전법이다. 과거 1516년 독일 남부 바이에른 공국의 빌헬름 4세는 맥주순수령을 공표했다. 맥주의 주재료인 맥아, 홉, 효모, 물을 제외하고 다른 부재료를 사용하지 못하도록 한 맥주 양조 법령이다. 당시 비양심적인 양조업자들이 판매 촉진을 위해 첨가 재료를 사용했고 이를 규제하기 위한 방안이었다.

맥주 생산에 방부재나 다른 부자재 사용은 제한되어 장기 보관이 어렵다. 냉장 보관을 해야 하며 유지비용이 많이 들기 때문에 관리가 어렵다. 맥아, 홉, 효모, 물 등 철저한 원재료 선정부터 발효 과정까지 최고의 품질 관리가 필요하다. 맥주 제조용 보리는 따로 분류되어 재배되고 장기간 동안 발아를 유도하여 맥아가 만들어진다. 독일의 맥아는 현지어인 Malz라고 불린다. 우수한 품질로 유명하며 맥주를 생산하는 다른 나라에도 수출이 될 정도이다.

재료뿐만 아니라 가공방법과 양조 기계에 따라서도 맛은 천차만별이다. 맥주 전문가인 브루마스터는 맥주의 타입에 따라 맥아, 홉, 효모 등의 감별, 분쇄, 여과, 발효 전체를 관리한다. 맥주를 생산하는 일련의 과정에서 사용되는 기계 사용과 제조 과정에서의 시음이 진행된다. 당도와 산성도를 분석하고 숙성까지 잘되도록 관리한다. 맥주 품질을 판매 가능 수준까지 만드는 것이 브루마스터의 역할이다. 독일 맥주의 다양성은 이들에 의해 발전했다.

독일 맥주를 보면 자동차 산업에서의 성공을 충분히 연계할 수 있다. 우선 역사와 전통을 중시하는 사회적 분위기가 있었다. 기본적으로 사람에 대한 이해가 존재했다. 상품을 이용하는 고객이 무엇을 원하는지 고민하고 지속적으로 발전하는 과정이 있었다. 상품성을 극대화한 제조 기법을 개발하고 양보 불가한 품질 기준과 원칙을 준수해 왔다. 우수한 상품성에 대해서는 지속적으로 홍보하고 옥토버페스트와 같은 마케팅 포인트를 잘 선정했다.

독일 자동차와 맥주는 우수한 생산품이자 수출품이다. 글로벌 고객들의 사랑을 받고 전 세계에서 만날 수 있다. 다양한 종류와 상품성을 확보했고 높은 품질 기준을 가졌다. 우수하고 전문성을 가진 전문가들의 손에서 이러한 제품들이 탄생된다. 철저한 장인정신이 성공의 비결로 판단된다. 비록 분야는 다르지만 유사한 철학과 기준이 있다. 명문 브루어리에서 갓 뽑아낸 신선한 맥주와 고객이 갓 인도받은 신차에서 느끼는 감동은 같은 종류일 것이다.

8. 자동차는 국가 산업, 독일 국민의 40%는 자동차 관련 분야에서 일한다.

자동차 산업은 국가 경제활동을 원활히 하는 데 필수적인 기간산업이다. 국가의 산업구조와 경제수준에 막대한 영향을 미치기 때문이다. 직접적인 고용을 창출하고 협력업체와 후방 생태계까지 영향을 함께한다. 산업 범위가 아주 넓고 간접적인 영역까지 파생하는 효과가 있다. 자동차 강국인 독일에서 자동차 산업의 비중은 절대적이다. 독일 국민의 40%가 자동차 관련 분야에서 경제활동을 하고 있다. 독일에서 자동차는 국가 산업이라 할 수 있다.

자동차 분야 중 완성차 업체는 가장 큰 규모이자 영향력을 발휘하고 있다. 가장 큰 규모는 국민차인 폭스바겐 그룹이다. 아우디, 포르쉐, 람보르기니 등 프리미엄 브랜드와 슈퍼카 브랜드를 보유하여 자국뿐 아니라 해외에도 수많은 연구소와 생산 사이트를 보유하고 있다. 프리미엄 브랜드로 메르세데스-벤츠와 BMW는 독일의 자랑이자 핵심 기업이다. 마찬가지로 독일 자국뿐만 아니라 글로벌 시장에서 강력한 브랜드 파워를 바탕으로 입지를 다져왔다.

자동차 부품, 서비스 및 유지 보수 산업은 자동차 생태계에 있어서 큰 비중을 담당하고 있다. 엔진, 변속기, 서스펜션 등을 비롯하여 수많은 자동차 부품은 전체 산업과 차량 제조에 필수적인 역할을 한다. 운행되고 있는 자동차 수와 비례하여 자동차 서비스와 유지 보수 업체는 국민들의 차량을 안전하게 수리하고 성능을 유지하는 데 기여하고 있다. 이러한 산업은 해외 판매 국가와도 연계하여 역량을 육성하고 산업 생태계를 구축하는 데 역할을 한다.

독일 바이에른주는 독일 연방에서 노르트라인베스트팔렌주 다음으로 경제 규모가 크다. 바이에른주의 GDP는 유럽 내에서 7번째 순위이며 인구도 유럽 전체에서 11번째 수준이다. GDP 성장률은 독일 내에서 1위이며 실업률도 3.5% 수준으로 독일 내에서 가장 낮은 수치이다. 자동차 브랜드인 BMW, 아우디의 본사가 바로 바이에른에 위치하고 있다. 뿐만 아니라 지멘스, 알리안츠, 인피니온, 아디다스 등의 유명한 기업들이 위치해 있다.

바덴뷔르템베르크주는 메르세데스-벤츠와 포르쉐 같은 프리미엄 자동차 브랜드가 위치해 있다. 지역에서 자동차 산업이 미치는 영향은 매우 크다. 자동차 엔지니어링과 제조 분야에 집중하고 많은 사람들이 해당 분야에 기여하고 있다. 노르트라인베스트팔렌주는 자동차 브랜드 폭스바겐과 포드의 공장이 위치해 있다. 차량의 대량 생산과 연구개발을 중점에 둔 지역이다. 이 밖에 부품 제조사들은 각 지역에 흩어져 있고 국가 경제에 큰 영향을 미친다.

자동차 관련된 업종은 매우 다양하다. 기본적으로 자동차와 부품을 개발하고 연구하는 인원들이 필요하다. 대학과 연구소에서 우수한 교육을 받고 차량의 기술개발과 혁신에 기여한다. 엔지니어링을 담당하는 인원들은 직접적인 기술 개발을 통해 부가가치를 창출하고 있다. 브랜드의 경영진과 디자이너를 통해 차별성 있는 제품 개발과 비즈니스를 진행한다. 제조 테크니션은 대규모 차량 생산에 근무한다. 기술과 노동을 통해 생산성을 향상해 왔다.

연구개발, 생산, 디자인, 판매, 서비스 등 여러 가지 분야에서 직업 생태계는 구성된다. 국내뿐만 아니라 해외 시장에서도 높은 인기를 끌면서 차량 수출과 무역 흑자를 유지하는 데 기여한다. 자동차 브랜드의 평판이 높아지면서 독일 국가에서 생산하는 다른 제품의 브랜드도 동반적으로 상승하는 효과를 가진다. 주식회사 독일이 만들어내는 상품은 높은 신뢰성과 품질을 담보하여 글로벌 경쟁력을 높인다. 이 밖에도 국가 인프라 개선에도 영향을 미친다.

자동차 생태계는 국민의 삶에도 매우 큰 영향을 미친다. 독일을 비롯한 유럽 국가와 미국, 한국, 일본, 중국 등 자동차 강국은 규모는 다르지만 유사한 경향성을 가진다. 과거 미국 디트로이트 자동차 산업이 붕괴되었다. 지역 경제가 무너진 사례를 본다면 경제와의 연관성을 짐작할 수 있다. 수많은 직장을 제공하고 고용 창출을 통해 국민의 생계에 긍정적인 역할을 한다. 지역 경제 발전을 담당하고 있기 때문에 간접적인 파생 효과도 매우 규모가 크다.

산업 분야의 기술 혁신을 촉진하고 발달을 유도한다. 안전 및 환경 기술에 대한 연구와 개발을 통해 사람들에게 안전하고 친환경적인 차량을 제공한다. 자동차를 생산하는 국가에서 해당 산업의 유지는 필수적이다. 산업이 붕괴된다면 안정적인 차량 공급은 매우 어려워진다. 직접 개발한 차량을 합리적인 가격에 판매하여 국민들에게 높은 교통 편의성을 제공한다. 문화의 발전을 이끌고 개인의 이동성을 높여 지역 간의 연결성을 강화해 왔다.

독일의 자동차 산업은 많은 인구와 경제적인 비중을 담당하고 있다. 전체 지역, 세대, 업종별로 매우 넓은 범위에서 영향을 미치고 있다. 자국민 일자리 창출뿐만 아니라 우수한 인재의 유입에도 큰 역할을 한다. 기술 혁신과 안전성, 편의성 등 다양한 측면에서 국민의 삶에 긍정적인 영향을 미친다. 독일인들의 하드파워뿐만 아니라 소프트파워에도 비중이 크다고 볼 수 있다. 독일이라는 국가와 독일인의 글로벌 이미지도 함께 높아지는 효과가 있다.

9. 독일의 우수한 교육 정책이
자동차 품질을 담보하는 우수한 인재를 육성한다.

한 국가의 교육 정책은 나라의 미래와도 직결된다. 자국민들이 특정 직업을 대하는 태도는 산업과 문화와도 연결된다. 결국 양질의 교육 제도는 국가 경쟁력을 향상하고 경제 수준을 높이는 데 기여한다. 독일은 자원 빈국이다. 수많은 전쟁으로 여러 차례 국토가 초토화되었다. 그럼에도 불구하고 게르만 민족의 정체성을 잃지 않고 번번이 다시 일어섰다. 오늘날 세계 4대 경제 대국이자 최고의 기술 강국으로 발전한 힘은 단연 교육에서부터 출발한다.

독일은 엔지니어와 상인들에게 항상 최고의 대접을 제공했다. 현대 산업화를 이끄는 리더로서 일찍이 기술과 상업의 중요성을 깨달았기 때문이다. 실제로 이를 반영하여 다양한 분야에서 수많은 혁신을 이끌었다. 교육 및 직업 훈련 체계를 구축하여 전문가 육성에 집중했다. 국가 발전을 위해서는 다양한 유형의 인재가 필요했다. 실무 중심의 인재를 비롯하여 기술을 고도화하는 것도 중요하다. 이를 넘어 기업 운영에 전반적인 전문가들이 필요하다.

자동차는 엔지니어링의 최고의 결과물이며 기계공학의 집약체이다. 기본적인 소재의 특성, 동력 전달 및 기계적 시스템, 열 및 유체의 전달, 제조 공정 등 다양한 분야를 포괄한다. 독일은 전통적인 엔지니어링의 강국이다. 자동차의 기초가 되는 기계 및 자동차 공학 프로그램은 학생들에게 풍부한 엔지니어링의 교육과 경험을 제공한다. 세계적인 기술대학교 공학 전문대학을 보유하고 전기, 전자, 화학, 소재 등 전문적인 교육이 지속적으로 강조된다.

뮌헨에 소재한 TUM(Technical University of Munich)은 자동차 엔지니어링 관련 과정을 제공한다. 국제적인 연구와 협력 체계를 보유하고 자동차 산업계와도 연계한다. RWTH Aachen 대학은 자동차, 기계, 전기, 전자 등 다양한 학과를 운영한다. 자동차 기술 연구를 중심으로 국제적인 활동을 수행한다. 슈투트가르트 대학 KIT(University of Karlsruhe)는 자동차, 기계공학 등의 과정을 제공한다. 마찬가지로 국제적인 산업과의 협력을 수행한다.

독일은 우수한 직업교육제도를 보유하고 있다. 오랜 전통에 기반을 두고 있는 제도는 개인은 물론 기업 및 국가까지 그 혜택을 제공한다. 유치원을 제외하고 초등학교 때부터 대학교까지 무상교육이 이루어진다. 중등 교육 이후에는 직업학교에서 실무 중심의 교육을 받고 산업 현장에서 필요한 인재로 성장한다. 또한, 우수한 기술과 전문성을 갖춘 특정 분야의 전문가인 '마이스터'가 존재한다. 다양한 영역에서 특출난 전문가 육성을 목표로 한다.

마이스터는 각 분야별 특화된 교육 기관에서 과정을 진행한다. 짧게는 6년에서 길게는 12년의 직업 훈련이 요구된다. 아우스빌둥 - 학교 수업과 실무 교육을 함께 받는 직업 교육으로 3~4년의 과정이 소요된다. 게젤레 - 아우스

빌둥 과정을 이수 및 졸업시험 합격 후에 전문기능인으로 활동 가능하다. 마이스터 – 게젤레 이후 약 350개 직장 중 현장에서 훈련 및 수업을 최소 3년 간 수행 후 도전 자격이 주어진다. 평생교육 제도를 통해서 40대에서 50대에 마이스터 자격을 획득한 기술 엔지니어들은 독일의 기술을 이끌어간다.

독일 자동차 산업과 제조업의 성공 비결 중 하나는 기업과 대학의 지속적인 협력인 산학연 체계에 있다. 독일 공과대학은 기업에 필요한 인재를 육성하는 것을 목표로 한다. 대학에서의 연구성과와 기업의 연구개발을 연계하는데 집중한다. 전통적인 자동차는 기계공학의 산물이다. 최근 발전되고 있는 전자, 전기, 화학까지 모든 공학 과목의 종합체라고도 볼 수 있다. 실제 업무에서 활용 가능한 내용을 위주로 공부하고 실력을 향상하는 것이 목적이다.

기업과 학계 간 협력 체계는 매우 중요하다. 인턴십과 산업체 프로젝트를 이용하여 우수한 인재들에게 실무 경험을 제공한다. 학생들은 직무를 수행하는 좋은 기회이며 기업은 인재를 미리 파악해 볼 수 있다. 대학은 기업과 함께 연구 개발 프로젝트를 수행하여 새로운 기술 개발과 혁신을 수행한다. 기업은 당장 수익을 확보하지 못하더라도 중장기적인 경험을 누적할 수 있다. 상호 유기적인 협업을 통하여 미래를 위한 새로운 기술력을 확보하기도 한다.

자동차 산업에서는 기술적인 역량 외에 다양한 경영학 및 인문학적인 역할도 중요하다. 회사의 운영을 위해서는 경영 및 재무 관련 전공도 크게 강조된다. 학생들은 기업의 경제적인 측면을 이해하고 수익성 확보와 관련된 업무를 수행하게 된다. 자동차 디자인은 자량 판매에 있어서 매우 중요한 요소이다. 자동차 디자인 및 산업 디자인 등을 전공한 인재들을 장기적으로 육성한다. 디자인과 관련된 역량을 쌓을 수 있는 환경도 다양하게 제공된다.

독일은 차량 개발에서 디자인의 중요성을 일찍이 인지했다. 디자인 분야에서 훌륭한 대학들이 많이 존재한다. 포츠담, 바우하우스, 오픈바흐, 카슬, 브레멘 대학은 우수한 디자인 교육을 제공한다. 포체임, 뮌헨, 베를린, 에스링겐 등 대학은 자동차 디자인 관련 교육을 제공한다. 이를 포함한 독일의 디자인 학교는 국제적인 인정과 디자인 역사에 중요한 역할을 한다. 학생들은 창의적이고 개성이 넘치는 교육을 통하여 우수한 디자이너로 성장하고 있다.

독일의 국제화와 영어 교육은 독일이라는 국가 경쟁력에 있어서 매우 중요한 역할을 한다. 글로벌 시장의 진출을 위해서 어학은 무엇보다 필수적이다. 대부분의 대학은 글로벌 학생들을 위한 영어 강의를 제공한다. 국제 학생 프로그램을 통해 다양한 문화 배경에서 성장한 학생들이 교육에 참여한다. 독일의 대학은 세계 각지 대학과 파트너십을 구축하고 교환 프로그램을 운영한다. 글로벌 문화와 비즈니스 경험을 쌓을 수 있는 도움도 함께 제공한다.

전통적인 기계공학의 강국인 독일은 최근 신기술 분야에도 많은 관심을 가지고 있다. 전동화 및 자율주행 등 기존과 달라진 트렌드를 읽고 있는 것이다. 전기, 전자, 화학, 배터리, IT 등 분야에서는 새로운 혁신을 추구한다. 에너지 저장 장치, 신재생 에너지, 경량 소재, 전력 변환 기술, 사물인터넷, 빅데이터, AI 등 다양한 분야에도 투자를 아끼지 않는다. 새로운 분야에 대한 대응에는 많은 어려움이 따른다. 경쟁자들의 거센 도전을 대응해야 한다.

최근 북미 및 아시아 국가들과 비교하여 IT 분야에서 일부 부족한 부분이 확인되고 있다. 보수적인 독일 문화와 기술은 현재까지 성장세에 큰 기여를 해왔다. 지금과 같이 빠르게 변화하는 환경에 대응이 필요하다. 전통과 역사를 중시하며 현존하는 기술을 보호하려는 관행은 새로운 도전에 제약을 가져올 수 있다. 하드웨어 중심의 사회 구조에서 추가적인 디지털 생태계의 구축이 필요하다. 변화를 수용해야 기존보다 더 큰 발전이 가능할 것이다.

10. 인더스트리 4.0 – 독일의 4차 산업혁명이
독일 3사의 승부의 변수가 될 것이다.

　인더스트리 4.0은 독일이 제조업의 우위를 이어가기 위한 진보된 개념의 산업혁명이다. 정보통신 산업 분야와 제조업을 융합한 개념으로 2011년 하노버 박람회에서 처음 등장했다. 독일 자국 산업에서 강점이 있는 제조업을 중심으로 산업의 디지털 전환 추구를 위해 타 분야와 플랫폼을 구축하고자 한다. 독일 산업은 자동차를 필두로 철강, 조선, 화학 등의 제조업에 인공지능 기술을 도입하여 기존 산업의 혁신과 글로벌 경쟁력 강화를 도모하고 있다.

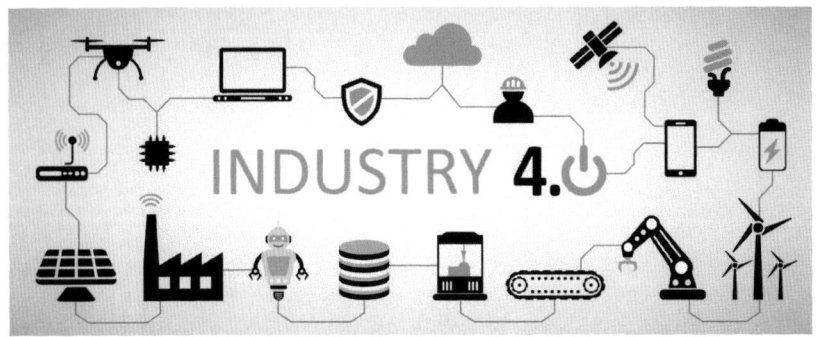

[사진: 인더스트리 4.0 이미지 / 출처: Forbes]

2008년 서브프라임 모기지론 이후 독일 경제는 글로벌 금융위기의 직격탄을 맞았다. 수출 의존도가 높아 글로벌 경제의 붕괴는 매우 큰 충격으로 다가왔다. 해당 시점의 독일 수출 증가율은 2.8%였다. 이는 전년 8.4%의 절반 이하 수준이었다. 경제가 무너질 수 있다는 위기감은 인더스트리 4.0이라는 돌파구를 마련하는 계기가 되었다. 2009년부터 위기를 타계하기 위해 에너지, 교통, 건강, 커뮤니케이션, 보안으로 구성된 5개 프로젝트가 시작되었다.

독일 산업 분야에서 제조업을 튼튼하게 구축해야 한다는 공감대가 형성되었다. 향후 글로벌 위기 상황에서도 제조업의 경쟁력이 국가 경제를 지탱하는 데 필수적이라는 의견이었다. 산업 경쟁력, 위기 저항력, 에너지 사용의 효율성 등 세 가지 분야를 강화하는 것이 목표였다. 제조업의 근본은 산업이 가진 힘과 지속 가능성에 있다. 외부 환경에 대한 이해와 철저한 대응 또한 필요하다. 변화하는 에너지 트렌드를 이해하고 능동적으로 대처해야 한다.

그렇다면 어떠한 방식으로 미래 산업을 준비하는 것일까? 가장 핵심은 ICT(information & communications technology, 정보통신기술)이다. 이를 제조업에 적용하여 제품의 최초 생산부터 물류 공급과 이후 서비스까지 연계하는 스마트 공장을 구축하는 것이다. 딥러닝을 통하여 축적된 빅데이터를 수학적 카테고리로 쉽게 분류할 수 있다. 자동화 기기, 부품, 완성품 사이 3자 간 데이터 이송과 소통이 가능해지며 완전한 자동 생산 체계가 구축된다.

보스턴컨설팅그룹에서는 제조업의 패러다임을 변화할 인더스트리 4.0을 구성하는 핵심기술 9가지를 강소했다. 시스템 통합, 사물인터넷, 사이버보안, 클라우드, 빅데이터, 시뮬레이션, 3D프린팅, 증강현실, 로봇이 대상이다. 이 중 일부는 이미 제조업에서 활용되고 있으며 전통적인 생산 방식을 변화시켰다. 기술 발전과 혁신은 지속적으로 이루어지고 제조업의 변화는 계속 진행 중이다. 기존 산업과 새로운 기술은 서로 융합하여 진화하고 있는 것이다.

제조업은 살아 있는 생물처럼 스스로 발전하며 혁신을 이뤘다. 18세기 영국 내외에서 면직물 수요를 대응하기 위해 제임스 와트가 증기 기관을 개량하며 대량 생산이 시작되었다. 이것이 산업혁명의 시초이다. 20세기 초 자동차왕 헨리 포드는 컨베이어벨트를 착안하여 분업의 효과와 생산량을 극대화하여 2차 산업혁명을 일구었다. 20세기 후반 컴퓨터와 인터넷의 보급을 통해 지식정보를 활용하는 3차 산업혁명은 제조업의 효율성을 혁신적으로 증대했다.

인더스트리 4.0을 통하여 독일은 제조업 분야에서 자국의 '왕의 귀환'을 꿈꾼다. 인공지능과 5G, 클라우딩 컴퓨터, 로봇을 중심으로 한 스마트 생산 공장을 구축한다. 미래에는 공장에서 사람의 손을 거치지 않고 로봇이 작업을 하는 것이 가능하다. 물론 정교한 작업의 경우 수작업이 필요하지만 궁극적으로 완전 자동화가 가능할지 모른다. 설계 단계부터 작업성까지 고려한 방향으로 점점 더 기술이 정교해지고 있다. 이는 새로운 혁신의 바람이다.

인더스트리 4.0은 보다 진보된 형태의 산업혁명이다. 단순한 기술의 발전을 뛰어넘는다. 동시에 산업 생태계 자체의 변화를 꾀한다. 제조업을 서비스화하여 고객 중심으로 맞춤형 생산을 확대한다. 제품 생산성과 효율성을 극대화하여 고객과 근로자 모두에게 높은 삶의 질을 제공한다. 제조업에서 축적된 데이터를 통해 적절한 서비스와 연계하여 활용성을 높일 수 있다. 전통적인 자동차, 조선, 철강 회사 등 제조업체에 거대한 이점으로 작용한다.

자동차 산업에서 인더스트리 4.0은 매우 특별하다. 산업의 영역을 바꾸는 수준을 넘어선다. 기존 산업의 패러다임을 변화하여 새로운 변화를 창출한다. 내연기관을 넘어서 화학 중심의 배터리와 전자, 전기 부품들이 융합한 전기차로 흐름이 이동하고 있다. 자율주행 자동차 기술과 인포테인먼트 산업까지 결합하여 새로운 플랫폼을 창출한다. 새로운 비즈니스와 서비스에서 기회를 찾을 수 있다. 한편으로는 전통 산업과의 충돌은 불가피하다.

변화의 물결은 독일을 넘어 일렁이고 있다. 한국은 2014년 '제조업 혁신 3.0' 전략을 발표했다. 사물인터넷과 사이버물리시스템 등의 기술을 제조와 물류에 결합하여 스마트공장에 초점을 맞췄다. 미국은 오바마 정부 때 '제조업의 부활'을 제시하여 ICT 기업 주도로 제조업 강화를 추진한다. '중국제조 2025' 플랜을 통해 중국은 향후 30년간 제조업 강국을 추진한다. 일본은 로봇 기술과 빅데이터를 산업에 융합하는 '신사업구조비전'을 발표했다.

각종 전동화 부품을 생산하고 정보통신 기술과 융합을 위해 전력 소모 증가가 예상된다. 이를 대응하기 위해서는 에너지 효율을 제고하고 에너지 소모와 오염물질 배출량을 최소화해야 한다. 기업이 사용하는 전력을 100% 재생에너지로 사용하는 RE100 대응은 선결 과제이다. 기존 화석연료가 아닌 태양광과 풍력 등 신재생 에너지를 적극 활용해야 하고 이를 저장하는 ESS 운영 검토가 필요하다. 생존을 위해서는 거부할 수 없는 국제적인 흐름이다.

메르세데스-벤츠는 슈투트가르트 근교 진델핑에서 2020년 스마트공장 팩토리56의 문을 열었다. 현재 S클래스, E클래스, 마이바흐 차량을 생산 중이다. 제조 공정의 대부분인 80%는 로봇이 옥상에서 연간 사용 전력량의 30%를 담당하는 태양광 발전 시스템을 구축했다. 일반적인 생산공장은 컨베이어벨트에서 평면적인 방식으로 조립 공정을 구성한다. 팩토리56에서는 입체적으로 3차원 공정을 활용하여 상하좌우 효율적인 공간 활용성을 자랑한다.

BMW는 레겐스부르크 공장에서 IoT 플랫폼을 융합한 생산라인을 구축했다. 자동화 시스템을 통해 실시간으로 생산 데이터를 분석하고 돌발적인 장애와 품질 문제를 해결한다. 고도화된 로봇은 좌석 조립, 차체 도장 등 다양한 작업을 담당한다. 작업속도를 주문량과 생산량에 맞추어 조절이 가능하여 기존 대비 약 80% 수준까지 공정이 신속해졌다. 또한 3D 스캐닝을 통해 각종 건물 및 시스템 데이터를 클라우드 서버에 저장하고 활용한다.

아우디는 뵐링어 호페 공장에서 2020년에 시설 업그레이드를 통해 스마트 팩토리를 운영한다. 자동화율 80%에 나머지 20%는 고도의 숙련공이 공존한다. 용접과 프레스 작업을 위한 자동화 라인과 부품 이동을 위한 무인 로봇 AGV가 가동 중이다. 전기차 조립 시 차체 하부가 AGV를 통해 투입된다. 그룹 최초로 무선 주파수 인식 RFID를 통해 차량 생산 이력은 관리된다. 현재 재생가능 원료로 생산된 에너지를 사용하며 탄소 중립을 실현 중이다.

보시는 하노버에서 미래 공장의 프로토 타입을 자율로봇을 통해 제시했다. 대표인 나요르크는 미래 공장을 구현하는 데 아직 10~15년이 소요될 것으로 전망했다. 전 세계 280개 자사 공장 내 인더스트리 4.0 기술을 구축해 갈 것이라고 소개했다. 지멘스는 전 세계 28만 개 장비에 센서를 탑재하여 실시간으로 생산 관련 데이터를 수집하여 최적의 서비스를 제공한다. 이러한 결과로 생산비용 절감과 동시에 제조업 자체의 경쟁력 창출을 도모할 수 있다.

인더스트리 4.0은 자동차 업체를 비롯한 각종 산업에 솔루션을 제공한다. 생산비용을 절감하여 자국 기업의 리쇼어링 효과를 유도한다. 제조업의 회복과 일자리 창출의 과제를 해결할 수 있다. 해외 판매를 위해 생산지를 이전한 기업들은 귀환을 고민하게 된다. 해외 진출 공장에도 자국에서 축적한 기술을 확대 전개하기에도 용이하다. 효율성 향상을 위한 고민과 각종 노하우는 글로벌 시장에서 경쟁력 확보에 막강한 무기가 될 것으로 예상된다.

11. 유럽의 강자 독일은
과연 또다시 과거 유럽의 병자로 역행하는가?

독일은 유럽의 병자라는 오명을 다시금 떠올리고 있다. 이 표현은 영국과 프랑스 등 열강들의 분쟁 속에서 19세기 중반 세력을 잃었던 오스만 제국에 최초로 사용되었다. 일반적으로 유럽 내에서 경제적으로 쇠퇴한 국가를 설명하기 위한 표현이다. 1960~1970년대 영국, 2000년대 프랑스, 2005년 이탈리아, 2007년 포르투갈에도 같은 오명이 붙여졌다. 1998년 독일의 통일 이후 막대한 경제 비용 피해를 설명하기 위해서도 인용된 바 있다.

비록 어려운 시기를 겪었지만 독일은 21세기에 들어 유럽의 강자로 변모했다. 압도적인 기술력을 비롯하여 글로벌 대형 기업과 히든챔피언으로 탄탄한 산업 구조를 확보했다. 수출 위주의 경제 구조와 유럽 내에서 부가 집중되는 이점까지 누렸다. 유럽 내에서도 경제적으로는 리더의 역할을 했으며 글로벌 시장에서도 독보적인 입지를 다졌다. 철옹성 같았던 독일 경제에도 균열이 보이기 시작했다. 비교적 최근에서야 가시화가 된 것으로 판단된다.

세계 주요 경제국 중에서 독일은 유일하게 2023년 0.3% 수준의 역성장을 이루었다. 이러한 사실에는 여러 가지 배경이 존재한다. 우선 COVID-19 팬데믹 사태가 큰 악영향을 미쳤다. 과거 러시아에서 값싼 에너지를 수입했지만 전쟁이 발발된 이후 에너지 대란이 대두되었다. 중국이라는 초거대 시장에 제품을 판매하며 누렸던 경제적인 효과도 일부 상실했다. 독일 경제에서 높은 비중을 차지하던 자동차 부문의 부진이 성장의 발목을 잡았다.

독일 경제의 먹구름은 팬데믹 사태에서 촉발되었다. 독일의 러시아산 에너지 의존도는 매우 크다. 전체 수입 중 천연가스의 55%와 석유의 3분의 1 이상을 러시아에서 공급했다. 독일은 발트해 아래로 연결된 파이프 라인인 '노르트 스트림'을 통해 천연가스를 러시아에서 수입했다. 그러나 2021년 우크라이나 전쟁 발발 후 유럽의 러시아 제재에 대한 보복이 있었다. 러시아의 노르트 스트림 가동 중단으로 심각한 에너지 대란이 유럽에 찾아왔다.

독일은 신재생 에너지로의 전환을 지속 도모했다. 메르켈 총리의 탈원전 정책으로 17기의 원전 중 14기가 폐쇄되었다. 남은 3기의 원전도 연료봉 재고 소진으로 2023년 3월 가동이 중단되었다. 천연가스는 독일에서 2번째로 소비 비율이 높은 에너지원이다. 난방 및 산업 분야와 화학산업에서 원자재로 사용되었다. 천연가스의 공급 중단으로 에너지와 원자재의 물가는 급등했다. 독일의 물가 상승률은 2022년 4월 7.4%로 40년 만에 최고치를 경신했다.

2022년 5월, 10억 유로라는 막대한 적자까지 기록했다. 자국민들의 비용 부담은 정부의 친환경 정책에 반하는 그린 래쉬(green lash) 현상을 이끌었다. 지나친 피로감에 지친 독일 국민들은 신규 에너지에 대해 반발했다. 기존 에너지원의 유지가 필요하다는 의견이 지배적이었다. 에너지 인프라의 다각화를 위해 북해에 첫 LNG 터미널을 완공하여 미국에서의 공급을 추진했다. 미래 사회를 위한 준비와 현시대의 생존 간의 적절한 타협인 셈이다.

독일은 주요 원자재 수입과 제품 판매를 중국에 매우 많이 의존하고 있다. 특히, 자동차를 포함한 다양한 산업 분야에서 중국의 의존도는 대단히 높았다. 폭스바겐 그룹은 강력한 상품성과 중국인들의 지지를 받아왔다. 이를 바탕으로 중국 시장에서 15년간 1위를 점유했다. 중국은 2006년 이후 7년 연속 독일의 최대 교역국이었다. 독일 경제에서 중국이 차지하고 있는 비중은 지속적으로 증가했다. 반면 중국의 경제에서 독일의 비율은 점차 줄어들었다.

독일 프리미엄 브랜드의 글로벌 입지와 영향력은 여전히 막강하다. 2023년 폭스바겐 그룹의 글로벌 자동차 판매량은 도요타에 이어서 전체 2위를 차지했다. 독일 3사의 프리미엄 이미지와 브랜드 인지도는 여전히 강력하다. 철옹성과 같던 이들의 입지에 약간의 균열이 감지되었다. 자그마한 구멍 몇 개로도 둑이 무너질 수 있는 것이다. 2023년 폭스바겐 그룹은 중국 시장에서 토종 전기차 업체인 BYD에 판매량 1위 자리를 내주게 되었다.

독일 자동차 분야의 부진은 뜻밖이라는 여론이 지배적이다. 독일 자동차의 글로벌 시장 중 큰 축을 담당했던 중국 판매가 특히 위협을 받기 시작했다. 중국은 전기차를 필두로 시작된 자동차 궐기가 매우 거센 바람을 일으켰다. 지속적으로 IT 분야에서도 부진을 벗어나지 못하고 있다. 기계공학 중심의 독일 산업은 소프트웨어 측면에서 대응이 다소 늦었다는 평가이다. 전 세계적인 트렌드의 변화를 유연성 있게 받아들이지 못했다는 평가이다.

특정 국가에 집중된 의존도는 큰 리스크를 부담한다. 대상 국가의 정세 변화에 의해 크게 영향을 받는다. 올라프 숄츠 총리는 대중국 의존도를 낮추기 위한 정책을 중국이라는 나라를 파트너이자, 경쟁자, 체제 라이벌이라는 표현을 사용했다. 디커플링(공급망 분리)이 아닌 디리스킹(위험 제거)을 추구하겠다고 밝혔다. 경제적인 유대 관계는 유지하면서 경제 의존도는 낮추겠다는 목표이다. 적극적인 신규 시장의 개척을 통한 해결이 필요하다.

강력한 내연기관 중심의 생태계에서 전동화의 전환도 다소 늦었다. 기존 디젤 엔진의 붕괴, 전동화의 성장, 다소 전략 측면에서 고립되어 있다는 평가가 있다. 팬데믹 당시에 불어닥친 반도체를 포함한 글로벌 공급망 혼란이 완벽하게 해결되지 않았다. 글로벌 산업 생태계는 실타래처럼 매우 복잡하게 연결되어 있다. 주요 부품의 공급 지연은 생산과 판매까지 모두 순차적으로 연계된다. 문제점들은 마치 도미노처럼 연계가 된다.

다만 독일에 대한 우려는 지나친 기우라는 시선도 존재한다. 독일의 부채는 2022년 기준으로 총 GDP 대비 가구 부채 총합의 비율이 55.1% 수준이다. 주요 선진국인 미국, 캐나다, 프랑스, 영국과 비교해도 낮은 수준이다. 자동차 산업은 독일 국가 전체에서 5% 수준의 비중을 차지한다. 이 외의 주요 대기업과 강소기업들의 비중이 매우 높다는 의미이다. 현재의 상황을 해석할 때 국부적인 위기를 전체의 현상으로 일반화하는 것일지도 모른다.

독일 재무장관 크리스티안 린드너도 독일이 유럽의 병자라는 의견에 동의하지 않는다. 그는 24년 1월 스위스 다보스에서 열린 세계경제 포럼에서 반대의 의견을 표했다. '다만 수년간의 위기에 피곤할 사람뿐'이고 필요한 것은

'진한 커피 한잔'이라고 말했다. 어려운 시기를 극복하고 위기를 타개할 방안들이 연구되고 있을 것이다. 대외적인 환경의 전환을 통해 문제점들은 자연스럽게 해결할지 모른다. 고난의 터널의 끝은 어디에 있을지 지켜보자.

메르세데스, BMW, 아우디,
그리고
프리미엄 자동차 기업들의
현재와 미래

1. 전 세계 자동차 회사의 현재 위기는 무엇이며
   미래는 어떻게 될 것인가?

글로벌 시장에서 자동차 산업은 성장과 쇠퇴를 반복하며 발전해 왔다. 최초 부유층의 전유물에서 시작하여 일반인까지 누릴 수 있는 이동 수단으로 이미 자리 잡았다. 산업 측면에서도 국가에서 높은 비중을 차지하고 있다. 현대자동차의 창업주인 정주영 명예회장은 "자동차는 달리는 국기이다. 자동차가 수출되는 곳에서는 자동차를 자력으로 생산, 수출할 수 있는 나라라는 이미지 덕분에 다른 상품도 높이 평가받기 때문"이라고 이야기한 바 있다.

전 세계 249개국이나 되는 국가에서는 자동차 산업에 직간접적으로 관여하고 있다. 이 중 자동차를 생산하고 브랜드를 보유 중인 나라는 극히 소수이다. 일부 국가에서는 전체적인 자동차 생태계를 구축했다. 생존을 위한 치열한 경쟁은 쉬지 않고 이어지고 있다. 지금까지는 기업과 기업 간의 경쟁이었다고 볼 수 있다. 앞으로는 외부의 변화가 더욱 큰 리스크로 다가올 것이다. 단순히 판매량에서의 우위를 점유하는 것만으로는 생존을 담보할 수 없다.

전통적인 자동차 산업에서 회사가 영속하기 위해서 많은 차를 판매해야 했다. 많은 이익을 남기고 미래를 위한 투자로 이어졌다. 그렇다면 현재는 어떻게 변했을까? 사실 원칙은 동일하다. 여전히 많은 차를 판매하여 이익을 남기고 다시 투자하는 대원칙은 바뀌지 않았다. 다만 이익을 남기는 방식과 투자의 대상이 달라졌다. 이것이 전 세계 자동차 기업들에는 위기로 다가오고 있다. 심각한 어려움인 동시에 다른 측면에서는 기회일지 모른다.

자동차 판매량은 매우 중요하다. 판매량 집계는 차량의 성공을 측정하는 척도로 평가된다. 도로를 달리는 차량은 아주 훌륭한 홍보 수단이다. 길거리에 보이는 차량의 운행 대수에 고객은 매우 예민하게 반응한다. 디자인의 우수함과 고급스러움을 경험하며 주위 사람과 공유할 것이다. 이는 특정 모델뿐만 아니라 전체 브랜드의 판매량까지 연결되는 선순환 구조를 만든다. 고객이 관심을 잃은 브랜드가 판매량을 다시 끌어 올리는 것은 매우 어려운 일이다.

생산 측면에서도 마찬가지이다. 차량을 끊임없이 만들지 못한다면 결국 제조라인은 멈추고 만다. 차량이 판매되지 않는다면 이는 재고로 이어지게 된다. 제조사는 누적된 재고 차량을 관리하는 비용까지 부담해야 한다. 2008년 서브프라임 모기지론 사태로 세계는 경제위기를 경험했다. 자동차 산업은 고유가의 영향에 힘입어 2012년까지 다시 한번 성장의 발판을 얻었다. 공급과잉과 유가의 하락 등의 영향으로 약 10여 년간 저성장의 터널이 이어졌다.

많은 회사들은 높은 판매량에 대비하여 적게 남기는 구조를 이어왔다. 모두 치열한 경쟁으로 시장은 과열되었다. 제조사에서는 프로모션을 지급하고 낮은 수익률을 감안했다. 급성장을 이어온 회사들은 대형 품질 문제를 경험했다. 안전 문제를 해결하기 위해 높은 리콜 비용을 지급하기도 했다. 고성장 기간 동안 많은 채용과 고임금 구조로 인해 고정비 또한 높게 운영됐다. 그럼에도 지속적인 생존을 위해서는 신규 기술 발전에 투자비를 아낄 수 없었다.

2015년 9월, 폭스바겐 그룹발 디젤게이트는 블랙홀처럼 모든 이슈를 빨아들였다. 세계 최대 자동차 판매를 자랑하는 브랜드에서 조작장치를 사용했다는 사실은 세계에 큰 충격을 주었다. 2018년 폭스바겐 그룹 내 고급차 브랜드인 아우디에서도 동일한 조작이 있었다는 사실이 확인되었다. 이어서 BMW와 다임러 차량에서도 배출가스 조작 소프트웨어 발견으로 유럽 디젤 신화에는 금이 가버렸다. 자동차 산업 역사 전체의 변곡점이 되는 순간이었다.

탄소 저감은 자동차 업계에 최대 목표가 되었다. 디젤게이트 이후인 2015년 12월, 유엔기후변화협약에서 파리협약이 체결되었다. 전 세계 평균 기온 상승을 2도 미만으로 낮추는 목표를 위해 모든 플레이어들의 참여가 필요하다. 미국의 ZEV, 중국의 NEV, 유럽 도시 운용 규제 등은 전동화 시대를 더욱 가속화했다. 자동차 기업들은 전동화에 대한 즉각적인 대응이 필요했다. 한편 전기차 시장에는 일시적 수요 저하 현상인 캐즘으로 성장이 위축되었다.

자동차 산업계에는 생존을 위한 수많은 고난과 시련이 이어졌다. 현재까지는 정해진 규칙 내에서 누가 가장 강한가를 다투는 싸움이었다고 할 수 있다. 게임의 룰이 바뀌고 있다. 130여 년간 왕좌를 차지하고 있던 독일 3사 또한 이러한 변화의 흐름 속에 최대의 위기를 경험하고 있다. 중국 춘추전국 시대와 같이 적자생존의 시대로 돌입하고 있는 것이다. 수많은 자동차 회사들은 이 위기를 극복하기 위한 고민을 통해 해결책을 제시하고 있다.

진퇴양난의 어려운 상황 속에서 출구가 보이기 시작했다. 전동화 차량을 기본으로 각종 산업장치를 융합한 CASE 혁명이 바로 그 해답이다. 스마트폰의 보급이 인류의 생활 패턴을 바꾸었다면 모빌리티가 그 2부의 막을 열고 있다. 연결화, 자율주행, 전동화, 공유경제 등 새로운 모빌리티 수단으로 변모하는 중이다. 인류의 삶에 직간접적으로 큰 변화를 가져다줄 나비의 날갯짓을 준비하고 있다. 향후 수년 안에 그 행위의 결과가 드러날 것이다.

자동차를 포함한 모든 사물 기기들을 연결하는 작업들이 진행 중이다. 스마트폰과 자동차의 연결을 넘어 개인의 삶은 이동 수단과 연계될 것이다. 자동차는 부유층의 전유물에서 속도를 경쟁하는 시대를 넘어 개인이 소유한다. 한 단계 더 진보되어 공유의 형태로 발전할 것인지 확인이 필요한 변곡점이다. 전동화와 자율주행 차량은 미래 자동차의 모델로 제안된다. 세계 최대 전기차 판매 회사인 테슬라는 단숨에 자동차 회사 시가총액 최고가 되었다.

한국의 현대차, 기아는 양적 성장의 정체를 벗어나 전동화, 고급차 등 전 분야에서 다시 재도약을 시도하고 있다. 도요타를 비롯한 일본 자동차 회사들은 이 변혁의 시대에 또다시 반전을 기다리고 있다. 위기는 내부에서뿐만 아니라 외부에서도 찾아온다. 전 세계 경제에 큰 타격을 주게 된 코로나 사태는 자동차 생태계에 또 다른 기폭제가 되었다. 고용의 불안, 근무 제도의 변화 등 기술의 발달에서 사회의 변화까지 수많은 변화가 찾아왔다.

전 세계 자동차 회사는 이러한 위기를 어떻게 극복할 것인가? 자동차를 통해 인류에게 새로운 미래는 어떻게 제시될 것인지 매우 궁금하며 한편으로는 기대가 된다. 최초 내연기관 차량을 통해 인간의 이동 수단이 탄생했던 것처럼 새로운 모빌리티 시대가 준비 중이다. 독일 3사는 어떠한 전략으로 이러한 위기를 극복할 것일까? 미래 자동차 산업을 여전히 리딩할 것인지, 보편적인 자동차 회사로 남거나 플랫폼 기업에 기기만 제공할 수도 있다.

2. 배출가스 규제 및
시장의 변화를 어떻게 맞이할 것인가?

2015년 9월, 미국 환경보호국에서는 독일의 자동차 제조사인 폭스바겐 AG 그룹을 고발했다. 폭스바겐의 불법 소프트웨어 조작인 임의 설정을 통해 디젤 엔진에서 배출가스가 기준치의 40배나 발생한다는 사실을 밝혔다. 임의 설정 – '디피트 디바이스'는 시험 시에만 규제 만족을 위해 소프트웨어를 수정하여 배출량을 조절하는 일종의 속임수 행위이다. 일반주행 모드와 시험주행 모드를 구분할 수 있도록 프로그래밍하여 규제를 통과할 수 있었다.

인류는 기술의 발전으로 많은 편리를 누리고 있다. 이에 대한 부작용으로 대기, 토양, 수질 등에 악영향을 가져오는 각종 환경오염이 가중되었다. 산업 활동으로 발생한 배출가스는 환경오염의 주범으로 지목되고 있다. 지속 가능한 발전을 위해 각종 산업에서의 환경 규제가 추가되고 강화되었다. 특히, 차량에서 연료를 소모하는 과정에서 발생하는 배출가스는 철저하게 규제되고 있다. 자동차 제조사에서는 차량 제작 시 환경 규제를 만족해야 한다.

독일 자동차 업계는 높은 연비와 경제성으로 우수한 디젤 차량으로 많은 인기를 끌었다. 디젤 엔진은 가장 오래된 내연기관의 역사를 자랑하고 신뢰도가 높은 제조방식이다. 저렴한 연료 비용뿐만 아니라 심지어 높은 퍼포먼스까지 자랑했기 때문에 고객들의 큰 사랑을 받았다. 친환경 정책에서도 디젤 엔진이 이산화탄소량이 낮다는 점을 강조하여 클린 디젤이라는 정책을 실시했다. 그러나 디젤 게이트를 통해 탄탄한 클린 디젤의 신화는 무너져버렸다.

배출가스량 측정 시험은 운행 모드를 모사한 테스트 기계 장치 위에서 진행되었다. 많은 개정이 있었지만 바퀴를 롤러에 올려 주행 상황과 유사한 조건에서 시험은 이루어진다. 배출가스를 포집하고 시험결과를 계측하기 위한 방법이다. 차량의 ECU는 조향장치, 주행모드, 여러 센서 감지 결과를 통해 주행모드를 판단한다. 정상 주행이 아닌 시험모드에서는 배출가스 저감 모드가 작동하여 환경기준을 만족하도록 제어로직이 프로그래밍 되었다.

이는 폭스바겐 그룹의 배출가스 조작 또는 디젤 게이트라는 이름으로 널리 알려졌다. 자동차 산업에 엄청난 변곡점이 되었던 사태로 매우 심중하고 엄중한 시선으로 바라봐야 한다. 유럽 브랜드의 기술은 자동차의 역사와 함께 했다. 내연기관을 최초로 개발했고 직분사 시스템, 커먼레일, 요소수 등 효율을 극대화했다. 전통과 뚝심이 발목을 잡은 것으로도 평가받는다. 역사와 전통의 프리미엄 브랜드는 시장에서의 우위를 놓치고 싶지 않았을 것이다.

폭스바겐 그룹에서 약 210만 대 차량이 대상이었다. 브랜드 이미지가 실추되고 그룹사가 리콜, 벌금, 사업소지 등으로 약 30조 원을 회계적으로 지불했다. 동일한 내연기관 및 플랫폼을 사용하는 아우디도 일부 모델이 해당하는 것으로 밝혀졌다. 당시 고급 브랜드인 아우디와 포르쉐로 이슈 확장을 막고 문제를 국한시키고자 했던 것으로 보인다. 2018년 루퍼트 슈타들러 아우디 이사회장이 수감되었고 범그룹 차원에서 행해진 문제로 여겨진다.

유럽 자동차 브랜드의 디젤 엔진에 대한 불신과 의혹은 도미노처럼 파급이 확산되었다. 2017년 독일 검찰은 다임러 그룹의 디젤엔진을 배출가스 조작 혐의로 수사에 착수했다. 폭스바겐 디젤게이트와 유사하게 인증테스트 때만 배출가스를 저감했다는 의혹이었다. 다임러 그룹에서는 당시 약 300만 대 디젤 차량을 대상으로 ECU 업그레이드 무상수리 조치를 취했다. 이후 2018년과 2019년에는 수십만 대 디젤 차량을 대상으로 리콜 명령을 받았다.

2021년 EU에서는 폭스바겐과 BMW의 배출가스 관련 담합을 인정했고 약 1.2조 원의 과징금이 부과되었다. 두 그룹이 의도적으로 배출가스 저감장치(SCR) 개발을 늦추고 정화능력도 억제했다는 판결이다. 질소산화물 정화장치 기술 개발을 늦췄고 요소수 탱크의 크기를 축소하자고 합의했다는 내용이다. EU 집행위에서는 반독점 규정을 위반했다고 설명했다. BMW는 배출가스 불법 장치를 사용하지 않았다는 입장을 밝혔다. 다임러 그룹은 카르텔에 동참했으나 EU 집행위에 자진 신고했다고 한다.

독일 자동차 업계를 무너뜨리고 경쟁사를 띄우기 위했다는 음모론도 존재한다. 미국이 자국 자동차 산업의 발전을 위해 세계 최고 권위의 독일 자동차 업계가 타깃이라는 일각의 주장이 있다. 내연기관의 전통 강자인 독일 자동차 업계가 큰 충격을 받았다. 전기차로 대표되는 테슬라의 태동이 자연스러운 흐름으로 일부 해석된다. 불법적으로 제어로직을 조작하고 담합 사태를 묵인한 자동차 업계의 태도가 근본 원인이라는 점은 부인할 수 없다.

디젤 게이트를 통해 유럽에서는 또다시 대기오염이 사회적 이슈가 되었다. 환경 단체의 시위와 행정 소송이 계속되고 정치권에서는 전기차 보급을 추진했다. 2017년에 영국과 프랑스 정부에서는 2040년까지 내연기관 차량 사용을 인정하지 않겠다는 정책을 취했다. 디젤 사용은 이미 점진적으로 제한되기 시작했다. 독일 함부르크, 아헨, 슈투트가르트, 하이델베르크 등 도시에서는 구형 디젤 자동차의 시내 진입을 금지하는 방향을 추진했다.

유럽연합에서는 자동차 배출가스 저감을 위해 배출가스 기준을 적용하고 있다. 최초 1992년에 시행한 유로1에서부터 시작했다. 2014년부터 현재까지 유로6 기준을 적용 중이다. 단계적으로 질소산화물(NOx), 일산화탄소(CO), 미세먼지(PM), 탄화수소(HC) 배출량을 허용치를 낮춰 최종적으로는 제로 수준을 목표로 한다. 연료 분사량 제어 및 배출가스 저감장치 개발이 대응책이었다. 2025년 유로7은 마지막 규제 등급이 될 것으로 예상된다.

유럽연합 집행위는 배출가스 제한을 위해 진보적인 대응방안을 제시했다. 기후 대응변화 패키지 Fit for 55가 바로 그것이다. 일반적인 배출가스를 포함하여 운송, 에너지, 배출권 거래제 등을 포괄하고 있다. 이산화탄소 배출량을 감소시켜 2050년에 유럽 전 국가를 기후 중립국으로 만들고자 한다. 개정안 만족을 위해 이산화탄소 배출량을 1990년대 대비하여 2030년까지 55%, 2035년까지 100% 감축해야 한다. 2035년부터 탄소 배출 차량 판매가 금지되고 2050년부터는 주행이 불가하나.

배출가스 관련 법규와 제도는 매우 구체적이면서도 강력하다. 자동차 산업과 생태계까지 뒤흔들 정도로 파급효과가 크다. 각 자동차 제조사에서는 신속하게 친환경 전략을 수립하고 있다. 최종 목표를 달성하기 위해서는 내연기관 개선이 아니라 궁극적으로 전기차 보급 확대가 필요하다. 다임러 그룹의 수장인 올라 셸레니우스는 2030년이면 자동차 시장은 전기차만의 시장이 될 것이고 10년 내 전기차 승부의 결판이 날 것이라고 전망하고 있다.

지속 발전을 위해서는 기존의 틀을 깨고 새로운 도전을 해야 한다. 탄소배출권을 만족하지 못할 경우에는 차량을 판매할 수 없다. 탄소배출권은 지구온난화 현상의 주요 원인으로 지목되는 온실가스를 배출할 수 있는 권리를 의미한다. 기업에서는 할당받은 범위 내에서 온실가스 사용이 가능하다. 남거나 부족한 배출권은 탄소거래소에서 거래할 수 있다. 남는 배출권은 판매가 가능하며 할당 범위를 초과한 온실가스를 배출 시 막대한 벌금이 부과된다.

EU 기준으로 2021년 배출가스 기준을 만족시키지 못한 자동차 업체가 내야 할 벌금은 172억 달러 수준이다. 반대로 전기자동차 회사인 테슬라는 탄소배출권으로만 2020년 15억 8,000만 달러를 벌어들였다. 이미 크레딧을 돈을 주고 사야 하는 사태가 발생했다. 차량을 판매하여 수익을 내더라도 다시 투자에 들어가는 비용이 막대하다. 회사가 영속성을 이어가기는 매우 어려운 상황이 도래했다. 근본적인 대응책은 역시나 전동화로 귀결되는 추세이다.

전동화 차량은 미래 경쟁에 필수적이다. 새로운 기술 개발을 위해서는 천문학적인 비용이 필요하다. 기존 기술 경쟁력으로는 미래를 담보할 수 없다. 신규 투자를 위한 자금력이 부족한 회사는 장기적으로 도태된다. 코로나 팬데믹 사태와 우크라이나 전쟁 이후 국제 유가의 상승으로 내연기관의 입지는 더욱 좁아졌다. 연비와 가격 측면에서 강점을 가진 디젤 연료는 어느덧 시장에서 퇴장을 앞두고 있다. 단순한 수요 감소로 보기 어려운 시점이다.

메르세데스-벤츠는 2030년까지 모든 라인업에 전기차량 보급을 목표로 설정했다. A클래스부터 S클래스까지 전 라인업을 구축할 계획이다. 전기차의 핵심 요소 기술인 배터리 제조까지 진행을 위해 화학 기초단위부터 셀 제조까지 수직계열화를 강화하고 있다고 한다. 국가나 지역의 특성 차이에 따라 일부 내연기관을 판매하는 방안도 검토 중이다. 국가 경제 규모, 규제 수준, 충전 인프라, 전기 품질 등의 차이로 내연기관의 수요는 여전히 존재한다.

BMW는 2030년까지 전기차 1,000만 대를 판매하고 생산 과정에서 이산화탄소 배출을 80% 줄이는 것을 목표로 하고 있다. 2030년 이후에도 내연기관 차량은 계속하여 출시할 계획이다. 아우디는 2033년까지 단계적으로 내연기관 차량 생산을 중단하는 것을 목표로 하고 있다. 마지막 내연기관 생산 모델은 2025년에 출시하여 2026년부터는 순수 전기차만 생산할 계획이다. 중국의 내연기관 차량 수요가 2033년 이후까지 전망되어 예외가 될 전망이다.

미국의 자동차 법규를 만족하는 것도 중요한 과제이다. 미국에서 차량을 판매하기 위해서는 크게 환경법규와 안전법규를 만족해야 한다. 특히 환경법규와 관련해서는 연방환경법규를 담당하는 EPA(Environment Protection Agency)와 캘리포니아 법규인 CARB(California Air Resources Board)를 만족해야 한다. 디젤 스캔들 이후 인증 절차는 너욱 상해실 선방이다. 이저럼 디젤 이슈가 당긴 트리거는 100년이 넘는 내연기관의 근간을 뒤흔들고 있다.

3. 시동 꺼짐, 화재 등 품질 이슈에는
   어떻게 대응할 것인가?

프리미엄 자동차 브랜드에 요구하는 안전과 품질에 대한 기대치는 매우 높다. 차량 구매를 위한 많은 선택 요소가 있다. 그중 고객들은 높은 품질과 신뢰성을 위해 기꺼이 고가의 비용을 지급한다. 치열한 경쟁 속에서 글로벌 자동차 브랜드의 품질은 상향 평준화가 되었다. 우수한 품질을 자랑하는 브랜드는 많지만 모두 프리미엄 브랜드가 될 수 없다. 반대로 프리미엄 브랜드에 품질은 필수 불가결의 조건이다. 품질은 브랜드의 영속성을 결정한다.

자동차는 매우 복합적인 상품이다. 기업이 꾸준히 생존하기 위한 전제조건은 무엇일까? 제조업의 기본은 많은 제품을 판매해서 높은 이윤을 창출하는 것이다. 산업구조 측면에서 자동차 산업의 영업이익률은 높지 않다. 실제 영업이익률 10프로 이상을 넘기는 것은 사실상 꿈의 숫자라고 볼 수 있다. 연구개발 비용과 부품의 원가 측면에서 전자 제품 대비 매우 불리하다. 특히, 판매한 차량의 보증비용은 매우 치명적이며 회사의 생존을 결정할 수 있다.

품질 이슈는 고객의 안전과 생명에 심각한 영향을 끼친다. 자동차 제조사에는 회복하기 어려운 수준의 재정적인 부담과 신뢰도 저하라는 결과로 연결된다. 2009년 도요타는 급발진 사태로 품질에 대한 신용도에 큰 타격을 입었다. 운전석 바닥에 깔려 있는 매트가 페달에 끼이는 현상이 확인되었다. 액셀러레이터 페달이 밟힌 상태에서 회복이 되지 않았다고 한다. 글로벌 1,000만 대가 넘는 차량을 리콜 조치했고 최대 12억 달러의 벌금을 지불했다.

BMW는 2018년 연속적으로 발생한 자동차 화재 이슈로 큰 홍역을 치렀다. 배기가스 재순환장치인 EGR의 결함으로 디젤차에서 화재가 다발한 것이다. 이미 디젤게이트로 인해 독일 차의 신뢰도가 떨어진 상황이었다. 품질 문제는 브랜드 인식에 더욱 악영향을 끼쳤다. 2018년 여름 집중적으로 화재가 발생 후 해가 지난 2019년에 문제가 재발했다. 국내 주차장에서는 BMW 차종 출입을 제한하고 브랜드 전체의 신뢰도가 급격하게 떨어진 사건이다.

[사진: BMW 화재 사건 / 출처: SBS]

품질 문제에 대해 면밀하게 조사한 결과 배기가스재순환장치(EGR) 쿨러에서 제작 결함이 발견되었다. 쿨러 내부에서 냉각수가 누설될 경우 엔진 출력에 제한이 오거나 화재가 발생할 수 있는 문제가 밝혀진 것이다. 차량에서는 안전 문제가 발생하기 이전에 출력을 저하시키거나 경고등을 점등시킨다. 고객이 문제를 사전 인지하고 대응하게 하기 위함이다. 그러나 차량 시스템에 결함이 존재했고 현상의 변화를 조기에 감지하지 못한 것이 문제였다.

시동 꺼짐 이슈는 가장 중요한 안전 문제 중 하나이다. 주행 중에 차량의 동력이 상실될 경우 심각한 손해가 야기될 수 있다. 자동차 제조사에서는 오류 상황에서도 안전을 보장하는 fail-safe 전략이 매우 중요하다. 메르세데스는 48V 마일드 하이브리드 적용 모델에서 시동 꺼짐 이슈가 있었다. 온보드 전기 시스템 배터리 컨트롤 유닛 소프트웨어 문제임을 밝히고 로직 업데이트 대책을 발표했다. 차량의 제어로직 개선을 통해 문제점을 해결한 것이다.

자동차의 기능은 고도화되어 왔다. 독일 3사 자동차는 고급 트림을 자랑한다. 첨단 사양을 대응하기 위해 많은 제어기와 전장품으로 구성되었다. 기능 개선을 위해 소프트웨어의 업데이트는 필수적이다. 휴대폰과 같은 모바일 장치는 손쉽게 잠자는 시간 동안에도 업그레이드를 받을 수 있다. 자동차의 경우 제어기 업데이트 절차가 번거롭고 해당 절차를 대행하는 딜러에 많은 인건비를 지불해야 한다. 움직이는 전자장치인 자동차에는 대안이 필요했다.

OTA(Over The Air)가 이에 대한 해답으로 제안되었다. OTA는 차량 제어기를 무선으로 업데이트하는 기능이다. 소프트웨어 정의 자동차 SDV(Software Defined Vehicle)의 핵심 기술로 평가받는다. 독일 3사를 비롯한 자동차 제조사는 내비게이션과 인포테인먼트 시스템을 우선으로 대응했다. 고객이 딜러를 방문하거나 인터넷에서 파일을 다운받는 불편함이 해결되었다. 차량 제어 관련된 제어기를 차량에서 업데이트 받는 방향으로 발전 중이다.

아우디는 2019년 미국에서 e-트론에 대한 자발적 리콜을 실시했다. 배터리 내부 습기가 유입될 수 있는 잠재적인 불량이 발견되어 배터리 화재 예방 목적이었다. BMW는 2023년 국내에서 전기차 3종(i4 eDrive40, i7 xDrive60, iX3 M sport) 배터리셀 감시 모듈 결함으로 리콜을 했다. 감시 모듈 기판 내 제작 공정상 오류가 발견되어 차량이 멈출 수도 있다고 밝혔다. 메르세데스-벤츠 S클래스는 전압 변환기 소프트웨어 문제로 리콜을 실시했다.

글로벌 자동차 협력업체 역시 무한한 책임을 가진다. 자동차 역사상 최대 규모의 리콜 사태는 바로 타카타 에어백 리콜이다. 한때 타카타는 에어백 제조사 중 20%를 넘는 시장 점유율을 차지했다. 에어백 전개 시 금속 파편이 튀어 승객에게 심각한 상해를 입힌 치명적인 결함이 문제가 되었다. 독일 3사를 비롯하여 글로벌 리콜 규모가 1억 대를 초과했다. 2017년 6월 누적 부채가 1조 엔을 넘었다. 이는 파산보호신청 역사의 최대치를 기록했다.

[사진: 타카타 에어백 구성 / 출처: 타카타]

전기차 배터리나 전력반도체 등의 부품은 품질 관리의 중요성이 강조되고 있다. 특히 완성차에서는 협력업체에 의지하는 비중이 매우 크다. 협력업체가 가진 기술적인 우위와 정보의 제약까지 존재한다. 따라서 각 회사의 롤(Role)과 게임의 룰(Rule) 모두 바뀌게 되었다. 전통적인 부품업체는 완성차의 요구사항을 충족하기 위해 수동적인 입장에 위치해 있었다. ICE에서 전기차로 넘어가는 과정에서 완성차 업체는 많은 고민과 숙제를 떠맡게 되었다.

배터리의 품질 관리는 향후 완성차 업계의 운명을 결정할지도 모른다. 모든 부품이 중요하지만 전기차에서 배터리는 비교가 어려울 정도로 비중이 크다. 이 부품은 차량 전체의 퍼포먼스를 결정하고 주행을 위한 에너지를 저장한다. 특히 전기차 원가의 25~30% 수준을 차지한다. 높은 에너지 밀도로 화재 사고가 발생 시 진화가 어려운 치명적인 문제가 잔존한다. 안전과 관련된 품질 이슈는 사회적인 문제와 천문학적이 비용을 유발하게 된다.

2024년 8월 국내 인천에 소재한 아파트 지하 주차장에서 전기차 화재가 발생했다. 최초 발화원은 메르세데스의 EQE 모델에 탑재된 고전압배터리로 지목되었다. 주변 차량 140여 대가 소손되었고 언론에도 대대적으로 보도되었다. 해당 모델에는 중국의 파라시스 배터리가 탑재된 것으로 밝혀졌다. '전기차 포비아'라는 용어가 생길 정도로 시장의 불안감은 증가했다. 배터리의 품질확보, 시스템 단위에서의 열전이, 제어 기술의 고도화는 지속가능성을 결정할 것이다.

[사진: 인천 청라 벤츠 EQE 화재 사건 / 출처: 네이버카페]

점차 강화되는 자동차 법규와 고객의 불만 최소화가 요구된다. 미국의 소비자보호법인 레몬법은 현재 전 세계에서 유사한 법규를 제정하고 시행 중이다. 레몬이라는 표현은 결함이 있는 불량품을 의미한다. 고객은 달콤한 오렌지인 줄 알고 구매했지만 알고 봤더니 신 레몬이라는 은유적인 표현이다. 캘리포니아 기준으로 자동차 구입 1년 또는 1만 2천 마일 미만 차량에서 안전과 관련된 중대 문제가 2번 이상, 일반 문제가 4번 이상, 수리 기간이 30일 이상일 경우 불량으로 간주하고 제조사가 제품 가격을 전액 환불하거나 교환해 줘야 한다.

미국의 안전법규를 담당하는 미국교통부 산하의 NHTSA(National Highway Traffic Safety Association)는 미국에서 판매되는 자동차의 안전을 철저하게 관리하고 있다. 기업에서 스스로 법규를 만족했는지 확인하고 마무리되는 자기인증제도를 취하고 있다. 자유도를 제공하는 동시에 시시각각 변화하는 자동차 기술에 대해 자율적이지만 철저한 검증을 요구한다. 오토파일럿이나 주행과 관련된 안전 기술은 더욱 민감하게 시장에서 판단이 될 전망이다.

자동차 제조사는 법규를 이해하고 품질 문제를 예방하는 방향으로 기술 발전이 요구된다. 회사가 손실이나 처벌을 피하기 위한 목적으로 해석하는 것은 지양해야 한다. 고객의 안전과 생명을 보호하고 제품에 대해 만족하도록 각 부문이 최선을 다해야 한다. 다만, 기술은 완벽할 수 없다는 사실을 명확하게 인지하고 고객 대응에 철저한 기준 수립이 필요하다. 독일 3사는 기업의 창업과 전통을 잘 이어왔지만 이를 수성하는 것은 또 다른 도전이다.

4. 프리미엄 자동차 경쟁사들의 역습은
승부의 변수가 될 것이다.

독일 3사는 프리미엄 브랜드의 대명사로 평가받고 있다. 수많은 자동차 메이커의 경쟁자이자 목표이다. 메르세데스-벤츠는 자동차의 역사를 써 내려온 최정상 프리미엄 자동차 브랜드이다. BMW는 성공한 젊은 비즈니스맨의 상징으로 자리해 왔다. 아우디는 혁신적인 기술력을 통해 비약적인 발전을 이루었다. 독일 3사는 현재까지 프리미엄 자동차 시장에서 공식과도 같은 성공의 기록을 만들었다. 마치 난공불락의 성처럼 굳건한 위치를 차지하고 있다.

이들 간의 경쟁은 매우 치열하게 이어져 왔다. 메르세데스-벤츠는 최고의 프리미엄 브랜드라는 입지를 선점하고 오랫동안 챔피언의 자리를 지키고 있다. 도전자 입장이었던 BMW는 운전의 즐거움과 동력 성능을 강조한 전략으로 벤츠를 공략하여 실제 판매량을 앞지르기도 했다. 아우디는 폭스바겐에 인수가 되고 비교적 후발 주자로 언더독의 입장에 있었다. 기술력과 기본기를 통해 브랜드 자체의 매력을 강조하는 전략으로 고객층을 확보했다.

최근 자동차 산업의 지각 변동이 거세게 일어났다. 글로벌 자동차 경쟁사들은 매우 매서운 기세로 질주하고 있다. 지금까지 독일 3사의 입지는 매우 견고하고 튼튼하다고 평가받았다. 클린디젤의 몰락과 전기차의 출범, 기존 강자들의 약진, 신흥 프리미엄 브랜드의 출현 등 많은 요소들이 독일 3사를 위협하고 있다. 물론 당장 브랜드 가치나 판매량에서는 차이가 존재한다. 그러나 게임의 룰이 바뀌고 시장 상황이 달라진 것은 부인할 수 없는 현실이다.

현대자동차의 프리미엄 브랜드인 제네시스, 게임체인저이자 전기차의 신흥강자인 테슬라, 도요타의 프리미엄 브랜드 렉서스, 고급 세단과 SUV를 지향하는 재규어 & 랜드로버, 안전의 대명사 볼보, BYD의 양왕과 중국 프리미엄 브랜드 등 경쟁사의 도전이 거세다. 이들은 당장 경쟁자를 극복하지는 못하더라도 브랜드의 철학과 기술 투자를 통해 경쟁력을 확보해 왔다. 독일 3사의 경쟁사들이 지금까지 시장에서 다져온 입지와 미래 전략을 살펴보자.

[제네시스]

제네시스 브랜드의 성장세가 무섭다. 제네시스가 속한 현대자동차 그룹은 2022년 도요타, 폭스바겐 그룹에 이어 글로벌 판매량 Top-3에 등극했다. 북미와 유럽 등 글로벌 시장에서 양적 성장을 쉬지 않고 달려온 결과이다. 전기차와 프리미엄 분야에서는 질적 성장을 선보이고 있다. 출범한 지 약 8년 만에 글로벌 판매량 100만 대 고지에 다가섰다. 현대차의 영업이익률은 23년 8.1%, 24년 10.4%를 기록했다. 제네시스는 프리미엄 브랜드로서 수익성에 큰 공헌을 했다.

제네시스는 현대자동차 그룹에서 오랜 시간을 통해 준비한 브랜드이다. 2015년 11월, 차근차근 내실을 쌓아 세계 고급차 시장에서 입지를 견고히 하겠다는 목표는 성과로 증명되었다. 2008년 현대자동차의 고급 자동차인 제네시스라는 차량 모델로 시장에 최초 등장했다. 기존 현대차의 플래그십 모델인 에쿠스와 과거 성공의 상징으로 불리는 준대형급인 그랜저의 중간 포지션을 차지했다. 1세대인 BH 모델을 거쳐 2세대인 DH 모델이 판매되었다.

국내 판매차량에는 제네시스 전용 엠블럼을 장착하여 고급감을 부여했다. 당시 북미 수출 모델에는 브랜드 파워를 강화하기 위해 현대 로고를 사용했다. 고급 이미지 구축을 위해 이탈리아 명품 브랜드인 프라다와 협업하여 제네시스 프라다를 출시하기도 했다. 이러한 노력을 통해 글로벌 고급차 시장에서 탄탄하게 입지를 다졌다. 고객들에게 충분히 품질을 인정받고 인지도를 향상해 왔다. 내실을 충분히 쌓고 2015년 고급 브랜드 제네시스를 론칭했다.

제네시스 브랜드는 현대자동차의 프리미엄 차량 모델을 브랜드로 확장한 전략이었다. 2세대인 제니시스 DH 모델을 G80으로 이름을 변경했다. 현대차의 최상급 플래그십 모델이었던 에쿠스를 편입하여 G90이라고 명명했다. 시장에서는 차량의 우수한 품질과 고급스러운 이미지를 통해 자연스럽게 브랜드가 자리 잡는 효과가 있었다. 최초 기존 양산된 세단 2개 모델로 출범한 브랜드는 2023년 기준 세단 3종, SUV 3종의 완성된 라인업을 구축했다.

[사진: 제네시스 G80 / 출처: 제네시스]

제네시스 브랜드의 엠블럼은 가운데 방패 모양에서 양쪽으로 날개가 펼쳐진 형태이다. 브랜드 영문명 'GENESIS'가 가운데에 표기되어 있다. 엠블럼의 형태는 차량의 디자인에도 반영이 되었다. 전면부는 방패 모양의 크레스트 그릴과 4개의 램프로 구성된 쿼드램프가 장착되었다. 차량명은 제네시스의 대표 머리글자를 사용한다. 세단의 경우 'G', SUV는 'GV'로 시작하고 차급을 나타내는 숫자를 덧붙인다. 차급 순으로 세단은 G70, G80, G90이 있으며, SUV는 GV60, GV70, GV80이 존재한다.

이 중 GV60은 제네시스 브랜드 최초의 전용 전기차 모델이다. 현대기아자동차 그룹의 전기차 플랫폼인 e-GMP를 공유한다. G80과 GV70 차량은 전기차 파생 모델을 운영하고 있다. 전기차 라인업을 별도로 운영하여 모델의 절반을 전기차로 운영하며 경쟁력을 갖추고 있다. 디자인과 기본기 상품성뿐만 아니라 전기차 분야에서도 라인업을 확장했다. 고유의 경쟁력을 더욱 강화하고 2030년까지 제네시스는 전기차 모델을 17종까지 늘릴 예정이다.

제네시스 브랜드는 론칭 8년 만에 글로벌 누적 판매량 100만 대를 넘어섰다. 비교적 신생 브랜드이지만 세계에서 실력을 입증했다. 한국과 북미 시장에서는 차량의 품질과 디자인 경쟁력을 인정받아 시장에 성공적으로 안착했다. 프리미엄 브랜드에 대해 높은 기준을 가진 한국 시장에서는 독일 3사를 합산한 수준과 유사한 수준의 판매량을 기록하고 있다. 또한 미국에서는 프리미엄을 입증하여 렉서스의 판매량을 역전한 지 2년 정도의 시간이 지났다.

2021년 중국 상하이 하늘에 제네시스 로고를 드론으로 수를 넣어 그랜드 론칭을 했다. 독일 3사와 로컬 브랜드, 테슬라 등 강력한 경쟁자가 존재한다. 중국 시장에서 강력한 도전자의 자세로 선전포고를 완료했다. 자동차의 본고장인 유럽에서도 시장을 확장하기 위해 문을 두드리고 있다. 이미 현지 시장에 먼저 도전한 렉서스마저도 고전을 면치 못하는 지역이다. 입증된 품질과 일관된 신뢰성을 통해 현지인의 마음을 여는 신중한 전략이 요구된다.

대중은 기존의 강자들을 신뢰하고 강한 로열티를 지니고 있다. 허나 동시에 강력한 신성의 출현을 원하기도 한다. 고유의 헤리티지와 스토리를 가진 기업이 기존의 챔피언을 넘어서는 시나리오는 충분히 대중을 열광케 할 것이다. 이를 위해서는 꾸준한 실력과 성과로 증명해야 한다. 이미 일부 국가에서는 괄목할 만한 성과를 이루어냈다. 이러한 과성은 현재진행형이다. 제네시스 브랜드는 글로벌 시장에서 독일 3사의 가장 강력한 상대일지 모른다.

[테슬라]

테슬라는 전기차 회사이면서 럭셔리 브랜드를 지향한다. 2020년 글로벌 판매 대수 49만 대를 기록했고 계속해서 신기록의 역사를 쓰고 있다. 전기차 특유의 모터 토크를 통한 가속 성능은 기존 내연기관 기반의 고성능 차량을 능가하고 있다. 모델S P100d의 경우 정지 상태에서 시속 60마일(96.6km)에 도달하는 시간인 제로백이 2.7초로 세상을 놀라게 했다. 신형 모델S 플레이드는 제로백이 1.99초에 불과하여 양산 전기차 중 최고 속도를 자랑한다.

순수 전기차 브랜드로 고가부터 보급형 차량까지 상품군을 구성하는 Top-down 전략을 펼치고 있다. 고성능 전기차를 선제적으로 시장에 출시하는 전략을 통해 고객들에게 프리미엄 브랜드라는 이미지를 각인시켰다. 뛰어난 기술력과 마케팅 전략을 통해 일반 보급형 차량까지도 프리미엄 효과를 함께 누렸다. 전기차뿐만 아니라 고도의 자율주행 기술도 우수한 세일즈 포인트이다. 새로운 것을 좋아하고 유행에 민감한 소비층에게 큰 인기를 끌었다.

[사진: 테슬라 모델X / 출처: 테슬라코리아]

테슬라는 일반적인 광고나 마케팅에 비용을 투자하지 않는다. 미디어나 SNS를 통해 의도적으로 노출을 증대하고 고객들의 입으로 홍보하는 바이럴 마케팅 전략을 펼친다. 애플이 스마트폰 시장을 장악한 것처럼 프리미엄 전기차 시장의 선두를 차지했다. 전통적인 딜러숍 판매가 아닌 웹사이트 판매 방식을 채택했다. 테슬라는 프리미엄 전기차 전략을 통해 독자적인 생태계를 구축했다. 독일 업체들이 후발 주자로서 뒤를 따르는 형국이 펼쳐지고 있다.

[렉서스]

렉서스는 도요타의 프리미엄 브랜드이다. 이미 북미 시장에서는 독일 3사의 위상을 위협한다. 렉서스가 소속된 도요타 자동차 그룹은 글로벌 판매량 1위를 차지했다. 현재까지 우수한 상품성, 연비, 품질 등을 통해 베스트 셀링 모델을 다수 보유 중이다. 전 세계에 생산 거점과 판매 능력을 갖추고 있다. 렉서스는 도요타 브랜드에서 구축한 우수한 품질을 최대한 활용했다. 전 라인업을 대상으로 풀 하이브리드 전략을 채택하는 행보를 이뤘다.

프리미엄 브랜드는 고급화 이미지가 필요하다. 1989년 미국에서 최초 LS400 모델을 출시하며 유럽과 미국의 프리미엄 브랜드와 경쟁했다. 당시 북미 고급차 시장을 점유하고 있던 벤츠, BMW, 캐딜락, 재규어 등과 경쟁하기 위해 노력했다. 도요타에서는 브랜드를 론칭 이전 미국 부촌인 라구나비치에서 부유층들이 자동차를 이용하는 패턴을 분석했다. 고급차의 핵심 요소를 연구하고 고급 이미지, 고품질, 고성능, 안전성, 잔존가치 등에 집중했다.

렉서스는 엘레강스 세단을 지향한 ES 모델로 미국 시장에 성공적으로 정착했다. 글로벌 누적 판매 대수 300만 대를 향하는 스테디 셀러 모델이다. 플래그십 모델인 LS를 통해 한층 더 높은 브랜드 이미지를 구축했다. 스핀들 그릴을 비롯한 패밀리룩 적용도 성공적이며 디자인에 대해서도 호평을 받고 있다. L자를 중심으로 한 타원형의 엠블럼은 고급스러움을 상징한다. 순수 전기 SUV인 RZ450e는 2023년 하반기부터 북미에서 판매가 되고 있다.

[사진: 렉서스 ES300h / 출처: 렉서스 코리아]

코로나 팬데믹과 글로벌 반도체 공급난 등을 경험하며 글로벌 자동차 메이커들이 고전했다. 렉서스는 어려운 시기를 극복하고 프리미엄 차종들을 공격적으로 투입하고 있다. 하이브리드 구동 방식이 가진 정숙하면서 안락하고 연비 효율이 뛰어난 장점을 적극적으로 활용하고 있다. 렉서스가 소속된 도요타 그룹은 2022년 전 세계 자동차 판매량 960만 대를 기록했다. 이것은 역대 최고 수준이었던 2018년 954만 대를 뛰어넘은 수치이다.

렉서스는 전동화 전략에서 경쟁사에 대비하여 다소 뒤처진다는 평가를 받고 있다. 하이브리드 차량도 일종의 전기차라는 개념을 고수 중이다. 리튬이온 배터리의 신뢰성을 확보하고 전고체 배터리를 상용화하겠다는 전략이다. 2022년 12월 전기차 로드맵에서 달라진 행보를 보인다. 2035년부터 100% 전기차만 판매하겠다는 계획을 선보였다. 한발 늦었지만 글로벌 전동화 패러다임에 동참하기로 했다. 프리미엄 전동화 차량의 경쟁에 참전한 것이다.

[중국 프리미엄 전기차]

중국의 테슬라라고 불리는 BYD에서는 프리미엄 브랜드 양왕을 공개했다. 한자어를 해석하면 '우러러보다'라는 의미이다. 2023년 1분기 전기차 프리미엄 자동차 시장에 도전한다는 출사표를 던졌다. 프리미엄 모델은 80만 위안(약 1억 5천만 원)에서 150만 위안(약 2억 8천만 원)으로 책정될 예정이다. BYD는 중국 전기차 브랜드로 테슬라를 제치고 전 세계 전기차 판매량 1위를 달성했다. 자국 내 판매량의 비중이 매우 높다는 한계점이 있지만 그 저력은 무시할 수 없다.

[사진: BYD 양왕 / 출처: BYD]

전통적인 완성차 브랜드의 글로벌 전체 점유율은 여전히 견고하다. 전기차만 놓고 본다면 이야기가 달라진다. BYD를 비롯한 중국 전기차 업체들은 해외 시장 진출에도 적극적인 노력을 기울이고 있다. 중국 현지 자동차 업체들은 프리미엄 전략을 가속화 중이다. 20만 위안(약 4천만 원) 이상의 전기차들이 출격을 기다리고 있다. 전기차의 부품들은 내연기관 대비 고가이기 때문에 고급 차량에서 가격적인 이점을 취할 수 있다.

독일 차량이 가성비로 중무장한 중국 브랜드들과의 경쟁에서 안심할 수 없는 상황이다. 앞서 얘기한 BYD가 글로벌 판매 1위를 차지한 것이 대표적인 예이다. 중국 현지 고객들은 동등 수준의 상품성이라면 자국 차량에 호의를 보인다. 고급 차량에서도 어떠한 결과가 나타날지 알 수 없다. 독일 차량들이 기존에 보유하고 있던 브랜드 가치와 고급화 이미지로 시장 점유율을 유지하기는 어려울 수 있다. 그 흐름이 중국의 국경선을 넘어설지도 모른다.

5. 중국 자동차 업계와 시장은
지속적인 위험요소가 될 것이다.

2018년 1월 다임러는 독일 증권거래소에서 중국 자동차 시장을 선도하는 지리자동차의 리수푸 회장이 지분 9.7%를 인수했다고 공시했다. 이전 해인 2017년 11월 전기차 기술 제휴를 희망했다. 신주 형태로 지분 5%를 구매 의사를 거절당한 이후의 행보이다. 2019년 12월 베이징자동차 그룹은 기존 보유 지분의 약 2배인 10%로 출자 비율을 늘려 다임러의 최대 주주로 등극했다. 베이징자동차 그룹의 지분은 베이징시 정부가 100% 소유 중이다.

중국의 자동차 회사가 다임러의 지분을 도합 19.7% 보유 중이다. 독일에서는 자국 핵심산업 부분은 해외 자본이 20%를 넘지 못하도록 법으로 막고 있다. 경영권 간섭이 추가적으로 어렵다고 해도 중국의 야심을 엿볼 수 있다. 지리자동차의 지리지주그룹은 2010년 스웨덴의 볼보의 승용 부문을 인수하기도 했다. 중국은 메이드인차이나 2025라는 야심 찬 계획을 구상하여 신에너지 자동차, 로봇 등 첨단기술 분야에서 세계 최강국이 되고자 한다.

중국은 전 세계에서 가장 많은 자동차가 판매되는 중요 전략지이다. 고급 차량의 수요 또한 매우 높으며 특히 독일 자동차는 프리미엄 이미지로 현지에서 많은 사랑을 받고 있다. 독일 차의 인기와는 별개로 중국 자동차 회사들은 현지에서 영향력을 점점 확장했다. 그들은 미래에 독일 차의 위치까지도 넘보길 희망할 것이다. 중국은 자동차 업계에서 강력한 플레이어가 되기를 희망한다. 중국은 최대의 시장인 동시에 최대의 경쟁자로 변모하고 있다.

중국에서는 1994년부터 국제 경제 협력과 기술 교류를 확대하기 위해 외국 기업과의 합작 사업을 인정하는 법률인 중외합작경영 기업법을 도입했다. 일반적인 중국 내 자동차 합작 법인은 50:50 지분구조이다. 합작법인을 피할 수 없는 배경은 바로 관세에 있다. 해외 생산 차량을 중국에 수출하려면 최대 관세가 40%까지 붙게 된다. 중국 내 비즈니스를 위해서는 반드시 현지 법인과 합작이 필요하다. 이러한 합작 구조가 중국 자동차 산업을 육성했다.

결국 중국은 독일 자동차 3사에 가장 중요하면서도 한편 큰 리스크를 안고 있는 시장이다. 앞서 얘기한 바와 같이 합작사 운영 방식을 통해 기업의 수많은 노하우를 중국 업체에 전수해 주었다. 기업의 원천 기술은 보안을 통해 관리되고 있더라도 부품 구매 관리부터, 설계, 디자인, 생산, 판매까지 모든 기업 운영 방식을 내부에서 볼 수 있다. 이미 수십 년간의 합작사 운영 과정을 통해 중국 자동차 업체들은 지금까지 실력을 키워올 수 있었다.

최근 독일 3사는 중국 현지 지분 확대에 나섰고 발언권을 강화할 수 있는 기회를 잡았다. 2022년 1월부터 중국은 자동차시장을 전면적으로 개방했다. 기존 외국기업의 지분 제한을 폐지하면서 합작법인을 통해 중국에 진출하는 방식도 함께 해제되었다. 2018년 친환경차를 시작으로 하여 2020년에는 상용차 분야가 먼저 폐지되었다. 중국 진입을 위한 문이 활짝 열린 것이다. 반대로 중국이 자립할 수 있다는 자신감의 반증으로 해석할 수 있다.

점진적으로 해외 자동차 브랜드들의 중국 내 지분 확보가 진행되고 있다. 이는 중국 자동차 기업들의 경쟁력이 상당히 확보되었기 때문이다. 중국 정부에서 자국 산업의 수준이 향상되었고 글로벌 브랜드와도 경쟁이 가능하다고 판단한 것이다. 미국 전기차 업체인 테슬라는 상하이에 중국 기업과 합작 없이 지분 100%를 투자하여 기가팩토리를 건설했다. 독일 3사들을 비롯하여 해외 브랜드들은 중국 합작사 지분을 지속하여 확대하고 있다.

다임러 그룹은 2005년 베이징자동차 그룹과 합작을 하여 베이징 벤츠 오토모티브를 설립했다. 전륜구동, 후륜구동, 전동화 차량 플랫폼을 비롯하여 내연기관과 배터리 공장을 함께 갖추었다. 완성차와 핵심 부품을 함께 생산하고 중국 시장의 판매를 위한 중요한 역할을 담당하고 있다. 베이징 벤츠에서 생산된 차량은 2020년 연간 판매 60만 대를 돌파했다. 다임러는 합작사 보유 지분을 기존 49%에서 65%까지 높이는 방안을 검토 중이다.

BMW는 2003년 중국 현지 자동차 기업인 화천그룹과 합작하여 화천 BMW를 설립했다. 각각 지분 50%를 보유 중으로 다둥과 톄시 등 선양에 2개의 공장을 운영하고 있다. 연간 최대 생산 능력은 2017년 기준 약 45만 대에 달하며 중국 자동차 출하량의 3분의 2 수준을 차지했다. 2020년 중국 신용 채권시장의 확대로 부동산 개발 업체인 헝다그룹부터 연쇄적인 기업의 부도가 이어졌다. 여기에는 BMW의 파트너인 화천 자동차 그룹도 포함되었다.

아우디의 모기업인 폭스바겐 그룹은 중국 상하이 자동차와 합작 법인인 SAIC-폭스바겐을 1985년 설립했다. 기존에 중국 아우디 법인은 이치자동차가 60%, 폭스바겐이 30%, 아우디가 10%의 지분을 보유했었다. 자체 협력사와 전동화 시장에서 우위를 선점하고 있는 중국 기업과 연계도 있다. 아우디는 이치자동차와 함께 중국 창춘시에 전동화 전용 합작사를 설립했다. 현지 보도에 따르면 합작지분은 아우디가 60%, 이치자동차가 40%를 보유한다,

중국 시장에서 독일 자동차 브랜드의 입지는 중요한 기로에 서 있다. 폭스바겐과 40여 년간 파트너십을 유지한 상하이 자동차는 난징 공장의 폐쇄를 검토하고 있다. 이 공장은 연간 약 36만 대의 폭스바겐 파사트와 스코다 차량을 생산할 수 있다. 이는 전통적인 내연기관 차량의 수요 감소를 염두에 둔 대응이다. 현재 한 개 라인의 생산이 중단되었고 또 다른 라인도 생산량을 감소했다. 저장성 닝보에 위치한 스코다 모델 생산 라인도 수개월간 쉬고 있다.

2022년 상반기 기준 글로벌 전기차 판매량 Top-5 기업은 BYD, 테슬라,

상하이자동차, 폭스바겐, 현대기아자동차 순서이다. 중국 회사인 BYD와 상하이자동차가 Top-5 기업 중 1위와 3위에 랭크하고 있다. 중국 내 판매가 대부분이지만 내수 시장의 영향력을 간과해서는 안 된다. 동 기간 전기차용 배터리 사용량 Top-5 기업은 CATL, LG에너지솔루션, BYD, 파나소닉, SK On 이다. CATL과 BYD가 전기차와 마찬가지로 각각 1위와 3위에 랭크 중이다.

[사진 – BYD 로고 / 출처: BYD]

중국 전동화 시장에서 글로벌 완성차 업체들은 치열한 경쟁을 하고 있다. 중국 상하이 자동차 등 기존 로컬 브랜드와 니오, 샤오펑 등 신생 업체들도 시장에서 존재감을 드러냈다. 해외 브랜드들이 신차를 출시하며 경쟁은 매우 치열해졌다. 기존 내연기관의 경우 역사와 전통이 깊은 기존 레거시 브랜드들과의 경쟁에서 이기기는 매우 어렵다. 하지만 전기차 시대에서는 동일한 출발선에 서 있다. 중국은 신에너지차의 왕국 건설을 꿈꾸고 있다.

중국 자동차 브랜드에서는 독일 차를 비롯한 유럽 브랜드 출신의 우수한 디자이너를 영입하였다. 신규로 출시하는 자동차들의 디자인은 상당히 진일보한 것을 확인할 수 있다. 아직까지는 벽이 높을지 모른다. 국가의 전폭적인 지원과 막대한 자금력을 통해서 시장의 판도를 바꿀 수도 있다. 이에 선행되는 것은 기술에 대한 집요함과 제품의 품질을 최상의 수준으로 향상하는 것이다. 적당히 해서는 고급차 브랜드 시장에서 절대 통하지 않는다.

이미 모바일 분야에서는 화웨이, 오포, 샤오미 등의 기업들을 통해 시장을 자리 잡았다. 하지만 일반 브랜드가 아닌 '고급' 브랜드는 또 다른 관점에서 설명이 필요하다. 제품 자체의 상품성과 제품의 품질, 그리고 브랜드에 대해 전 세계 사람들의 공감대 수준이다. 럭셔리 브랜드는 역사와 전통성, 모든 사람이 얼마나 공감할 수 있느냐에 따라서 결정된다고 볼 수 있다. 중국은 이러한 단점을 극복하기 위해 고급 브랜드를 준비하고 있다.

중국 자동차 브랜드가 극복해야 할 가장 큰 장애 요소는 무엇일까? 아마도 브랜드 이미지가 아닐까 예상된다. 지금까지 중국은 세계의 공장 역할을 하며 가성비 높은 제품을 생산했다. 해외에 자국 브랜드로 차량을 판매하기 위해서는 이미지 개선이 필요하다. 중국 자동차 기업들은 인수합병과 저가형 차량을 판매하는 전략으로 초기 시장을 대응했다. 향후 고급화 전략을 통해 글로벌 시장에서 독일 자동차 업체를 위협할 수 있을지도 귀추가 주목된다.

6. 다임러의 선택
– CASE 혁명은 룰 브레이커(Rule Braker)가 될 것이다.

자동차 산업은 130여 년이라는 시간 동안 한 방향을 향해 달려왔다. 마치 결승점을 향해 달려야 하는 레이싱 경기처럼 여러 회사들은 선두를 차지하기 위해 질주했다. 수많은 회사들이 낙오하거나 도태했고, 새로운 참가자들이 경주에 합류하여 달리고 있다. 모든 자동차 회사는 보다 질적으로 우수한 차량을 양적으로 많이 판매하는 것이 최대 목표였다. 인간의 수명보다 더 오랜 시간 동안 지켜왔던 규칙은 마치 영원히 변하지 않고 이어질 것만 같았다.

게임의 규칙이 바뀌었다. 동일한 목적지로 달려온 과거의 경기방식에는 종착지가 보인다. 사회, 산업, 기술, 환경 등 시대적인 요구사항은 자동차를 단순한 이동 수단으로 보지 않는다. 더 이상 같은 종목의 게임으로는 살아남을 수 없게 되었다. 자동차는 모든 산업과 문화를 종합하는 수단이 되었다. 내연기관의 역사가 끝날지 다른 형태로 공존하게 될지 많은 추측이 난무한다. 개인이 자동차를 소유하는 마이카도 한 세대의 유행으로 끝날지도 모른다.

자동차 산업과 관련된 경계선은 허물어졌다. 기계 산업의 전유물이었던 자동차는 전자, 전기, 화학 등 다양한 기술과 융복합하여 모든 분야의 중심으로 자리 잡았다. 기존 자동차 산업의 개념을 넘어 새로운 가치의 정리가 필요했다. 2016년 9월 파리모터쇼에서 다임러는 차세대 자동차 산업이 대응할 미래 트렌드에 대해 정리했다. 다임러의 전 회장인 디터 체제는 캐주얼한 청바지에 콧수염과 함께 등장하여 미래 모빌리티를 선도할 전략을 발표했다.

디터 체제 전 회장은 기자회견 자리에서 왜 기계공학이 아닌 전자전기공학을 전공했냐는 질문을 받아왔다고 했다. 이에 대해 자신의 전공을 살릴 수 있는 시대가 왔다는 견해를 자신감과 함께 표현했다. 다임러의 미래 모빌리티 4대 전략인 CASE를 최초로 발표했다. CASE는 커넥티드(Connected), 자율주행(Autonomous), 공유 & 서비스(Share & Service), 전동화(Electric)를 의미한다. CASE라고 정의된 새로운 규칙에 대해 순서대로 살펴보자.

[사진: CASE 이미지 / 출처: 메르세데스벤츠]

[C: Connected]

C는 연결을 의미하는 커넥티드(Connected)이다. 기존 자동차 시스템에 인터넷과 IT 기술을 접목하여 새로운 서비스를 제공하게 된다. 자동차를 플랫폼으로 한 새로운 네트워크 기반의 서비스가 확장되었다. 똑똑해지는 개념을 넘어 고객의 라이프까지 스마트하게 지원해 준다. 집에서부터 자동차까지 서비스를 제공해 주는 홈투카부터 탑승자의 컨디션까지 체크하게 된다. 자동차는 한 단계 더 진보하여 차량과 제품, 고객까지 연결되는 시대를 준비한다.

독일 3사는 커넥티드카의 개발을 선도한다. 각각 메르세데스미 커넥터, BMW 커넥티드 드라이브, 아우디 커넥트 서비스를 운영 중이다. 우선 인포테인먼트 시스템을 통해 다양한 교통정보를 제공한다. 운행 중 비상사태나 고장이 발생했을 때 긴급히 콜센터에 연결도 가능하다. 차량의 상태를 확인하고 제어할 수 있는 기능까지 확장시키고 있다. 차량에서뿐만 아니라 각사에서는 별도의 애플리케이션을 제공하여 원격으로 제어가 가능하다.

커넥티드 분야의 성장을 위해서는 다양한 기술 개발과 협업이 필요하다. 업데이트 기술인 OTA(Over The Air)는 커넥티드 서비스의 핵심 기술로 자리잡았다. 내비게이션과 인포테인먼트 시스템은 휴대폰처럼 무선으로 업데이트할 수 있다. 자동차 기업과 ICT 기업의 협업은 필수적인 추세로 변화 중이다. BMW는 마이크로소프트와 시스코가 함께 협업한다. 아우디는 중국 3대 IT 회사인 바이두, 텐센트, 화웨이와 손을 잡고 기술 개발 중이다.

[A: Autonomous]

A는 자율주행(Autonomous)을 의미한다. 자율주행은 메르세데스에서 1960년에 최초 선보였던 크루즈 컨트롤부터 현재까지 비약적으로 발전해 왔다. 미국 자동차공학회(SAE)의 0~5단계 분류 중 완전 자율주행으로 평가받는 4단계를 달성하기 위해 자동차 기업들은 열을 올리고 있다. 미국에서는 자율주행을 뜻하는 단어로 self-driving car를 더 많이 사용한다고 한다. 이동하는 차량 안에서 운전에서 해방될 수 있는 완전 자율 주행에 대한 요구는 높다.

메르세데스는 자율주행에서도 선두를 지킬 계획이다. 1995년 네 개의 카메라와 최신 마이크로프로세서를 탑재한 벤츠 S클래스로 독일 뮌헨에서 덴마크 코펜하겐까지 완주했다. 또한 2013년 독일 만하임~포르츠하임 약 100km 구간 일반도로에서 자율주행에 성공했다. 더뉴 EQS를 통해 2022년 세계 최초 도로를 달리는 자율주행 전기차를 시판할 계획을 공표했다. 카메라, 레이더, 라이다를 장착하여 자율주행 표준 레벨3을 구현했다고 밝혔다.

BMW는 IT 회사와의 연합으로 완전 자율주행에 대응 중이다. 미국의 인텔, 이미지 반도체 개발사인 이스라엘의 모빌아이와 합동으로 자율주행 플랫폼을 개발하고 있다. 2022년 출시 차세대 7시리즈 전동화 모델에서 레벨3 자율주행을 구현할 계획이다. 폭스바겐 그룹에서는 폭스바겐은 자동주차, 아우디는 자율주행으로 역할을 분담했다. 2017년 A8로 자율주행 3단계를 실현하고 5단계 자율주행 콘셉트카인 무인 택시 세드릭을 발표했다. 2021년 8월 미래 럭셔리 전기차 스카이스피커 콘셉트 차량에서 레벨4 기반의 자율주행 비전을 제시했다.

[S: Share & Service]

S는 공유화 및 서비스화다. 자동차는 소유의 개념을 넘어 공유와 서비스의 제공으로 변화 중이다. 확장하자면 구독 경제까지 포함 가능하다. 시대의 변화에 따라 차량에 대한 가치관은 변화되었다. 승차 공유와 차량 공유의 개념이 보급 중이다. 구독은 특정 기간 동안 정기적인 비용을 지불하며 이용하는 방식이다. 차량은 소유용과 대여용으로 분류되고 있다. 미래에는 기체 종류가 아닌 항공사를 선택하는 항공업처럼 차량 브랜드가 약해질지도 모른다.

메르세데스는 2008년부터 대여한 차량을 다른 장소에서 반납할 수 있는 차량 공유 서비스 카투고를 제공하고 있다. 회원 수가 300만 명을 넘는 서비스로 성장했다. 메르세데스와 BMW가 함께 프리나우라는 차량 호출 서비스도 운영 중이다. 아우디는 서비스 업체로 변모할 준비를 하고 있다. 2016년에는 이스라엘 공유업체인 겟트에 출자를 했다. 또한, 2018년에는 자체 공유 서비스인 모이아를 개시했다. 폭스바겐 그룹에서는 위 쉐어를 운영 중이다.

전통적인 자동차 회사들은 플랫폼 기반 모빌리티 서비스인 Maas(Mobility-as-a-Service) 기업으로 변화를 준비하고 있다. 다양한 이동 수단을 조합한 모빌리티 서비스에 대한 논의가 이어지고 있다. 우버와 리프트와 같은 승차 공유 회사들의 존재는 위협적이다. 구글, 애플 등 글로벌 IT 기업들도 플레이어로 참여해 같은 테이블에 앉아 있다. 코로나 사태로 다시 기존처럼 소유로 돌아간다는 의견이 등장했고 모빌리티 서비스의 방향도 지속적으로 수정 중이다.

[E: Electric]

마지막으로 E는 전동화(Electric)이다. 문자열 순서상으로는 가장 뒤에 있지만 실제로는 CASE의 핵심이다. 연결화, 자율주행, 공유 및 서비스의 개념은 전동화 차량을 중심으로 융합이 가능하다. 전기 모터로 구동되는 전동화 차량은 전장 부품으로 구성되어 전자 제어에 유리하다. 외부 시스템과 연결되어 움직이는 사물 인터넷 역할이 구현 가능하다. 우수한 자율주행 시스템과 장소 제약 없는 충전 설비 등으로 공유 서비스와도 잘 어울린다.

메르세데스와 BMW, 아우디는 별도의 전동화 브랜드를 출시했다. 메르세데스는 2030년까지 400억 유로 이상을 투자할 계획을 밝혔다. EQ 시리즈를 출시하여 완전 전동화를 이루기 위한 청사진을 제시했다. BMW는 전동화 브랜드인 i시리즈를 출범하였다. 2025년까지 EV와 PHEV를 포함하여 모두 25개 모델 출시를 목표로 한다. 아우디는 전동화 차량 판매에 집중하여 e-tron 시리즈를 필두로 2025년까지 판매 비중 40%라는 공격적인 목표를 수립했다.

향후 자동차 산업의 패권은 전동화 시장의 점유에 달려 있다고 볼 수 있다. 이러한 물결은 자동차 산업의 생태계를 뒤흔들고 있다. 전동화 차량 전용 플랫폼 구축이 필수적인 추세이다. 배터리, 공조, 구동모터, 전장품 등 주요 부품의 연구개발과 신뢰성 확보가 필요하다. 탄소 중립 대응을 위해 전기차의 보급화는 피해 갈 수 없는 숙제이다. 변화는 고객과 기업 모두에게 새로운 기회가 된다. 기존의 챔피언들이 명성을 지속하여 유지할지 지켜보자.

7. 구글, 애플 등 빅테크 기업들은
전략적 파트너이자 잠재적인 경쟁자가 될 것이다.

자동차의 정의가 달라지고 있다. 이제는 모빌리티라는 용어가 더욱 화두가 되고 있다. 모빌리티는 자동차보다 한 단계 진보된 개념이다. 자동차는 동력원을 이용하여 바퀴를 통해 땅 위를 움직이는 이동 수단이다. 모빌리티는 이동성을 제공하는 목적에 초점을 맞춘다. 탈 것이라는 기술적인 의미를 넘어 이동 수단에서 인간이 어떠한 편리를 누릴 수 있느냐가 더욱 중요해졌다. 이제 전통적인 자동차 회사들은 모빌리티 기업으로 다시 태어나고 있다.

이동에 필요한 에너지가 기존 화석연료에서 전기로, 동력원을 내연기관에서 전동화의 개념으로 바꾸는 것에서 새로운 혁명이 시작된다. 차량에서 운전의 피로를 해결하고 운전자에게 자유를 부여하기 위해 자율주행 기술이 발전했다. 기존의 택시가 제공하는 운전 서비스를 제외하고 목적지까지 이동에 집중하는 로보택시가 개발 중이다. 항공 이동 기술인 UAM(Urban Air Mobility)은 교통체증을 해결할 미래의 이동 수단으로 상용화를 준비 중이다.

변화의 틈을 빅테크 기업들이 비집고 들어오고 있다. 단순히 파이 한 조각을 나눠 가지는 것이 아니다. 이들은 전체를 통제하고 종속하기를 원할지도 모른다. 하드웨어 중심이었던 자동차 산업에서 모빌리티 시대로 전환된다. 소프트웨어 중심의 IT 기업들에는 매우 좋은 기회이다. 단순한 이동이라는 목적보다 이동 수단에서 누릴 수 있는 서비스가 더욱 중요해지는 시대가 다가오고 있다. 시장의 변화를 눈여겨보고 대처하는 모습들이 목격된다.

향후 자율주행 시대에서 운전자는 높은 자유도를 부여받는다. 비행기의 기장 역할을 AI 운전수에게 위임하고 좌석에서 휴식을 취하는 모습을 상상할 수 있다. 수면을 취하거나 콘텐츠를 즐기며 개인의 시간을 활용할 수 있다. 공간이 제공하는 자유도에 따라 지불해야 할 비용이 달라진다. 자동차에서는 더욱 안락하고 프라이빗한 공간이다. 따라서 더욱 방대한 영역의 자유도를 부여받는다. 이렇게 창출된 영역은 새로운 비즈니스를 창출한다.

구글은 다양한 IT 서비스를 통해 고객들에게 더욱 많은 편리를 제공하고자 하는 기업이다. 웹 브라우저와 포털 서비스를 넘어 유튜브, 구글맵, 구글 어스 등 다양한 플랫폼을 제공한다. 구글은 회사의 사명을 "전 세계의 정보를 조직화해서 그 누구라도 접근할 수 있는 유용한 것을 만드는 일"이라고 한다. 자율주행차에 집중하는 것 또한 마찬가지이다. 고객에게 자동차라는 하드웨어를 제공했다면 이들은 정보 서비스 제공 목표가 있다.

[사진 – 구글 로고 / 출처 – 구글]

구글은 지금까지 글로벌 서비스를 제공하면서 동시에 방대한 정보를 데이터베이스로 구축해 왔다. 포털 서비스나 유튜브와 같은 서비스를 통해 고객의 취향과 시대의 트렌드를 누구보다 정확히 이해할 수 있다. 또한, 구글맵과 구글어스 등을 통해 모빌리티에 필수적인 지리와 지형에 대한 정보도 확보했다. 향후 본격적인 모빌리티 시대가 펼쳐질 때 이는 기업에 있어서 무엇보다 강력한 무기가 될 것이다. 이는 이 기업의 사명과도 일치한다.

구글과 함께 기존 모바일 플랫폼 OS를 장악하고 있는 애플은 모빌리티 생태계에 큰 변화를 가져올 것으로 예상된다. 글로벌 시가총액 1위를 차지했던 애플은 항상 창의적이고 혁신적인 솔루션을 시장에 제공해 왔다. 창업주 스티브 잡스는 스마트폰을 통해 손바닥 안에서 세상의 모든 정보를 다룰 수 있게 하였다. 최근 IT 기술이 모빌리티와 접목되고 있고 트렌드는 변화하고 있다. 미래 모빌리티 산업이 요구하는 것은 어쩌면 애플이 가장 잘하는 것일지도 모른다.

애플은 기존의 고정관념에서 탈피하고 고객과 사용자에게 보다 우수한 경험을 제공하기 위해 많은 고민을 하고 있다. 기존 휴대폰에서 복잡한 버튼을 다 없애고 홈 버튼으로 통합하는 한편 최근에는 그마저도 없애서 심플하지만 고객 편리를 위해 집중한다. 이러한 아이디어를 통해 만약 애플이 자동차를 만들면 어떨까 하는 상상을 고객들에게 일으키게 한다. 실제로도 애플에서 선보인 콘셉트카에서는 핸들이나 가속, 제동 페달들을 없애기도 했다.

미국의 또 다른 혁신 기업 마이크로소프트, 국내 네이버, 중국의 바이두 등 전통적인 IT 회사도 주요 시장 참여자이다. 기존에 보유하고 있는 S/W 처리

기술을 비롯하여 정보 활용 능력을 발전시켜 자율주행을 비롯한 모빌리티 핵심 기술에 기여하고자 한다. 자율주행 시대에서는 AI가 운전자 역할들 대신해야 한다. 이를 현실화하기 위해서는 반도체의 소비와 역할이 절대적이다. 인텔이나 엔비디아 등 반도체 제조사 역시 매우 중요한 플레이어이다.

[사진 – 글로벌 빅테크 기업 로고 / 출처 – 위키백과]

자동차가 제공하는 서비스의 범위와 질은 지속적으로 발전했다. 이제 단순한 정보 제공이나 경로 안내하는 내비게이션 기술은 새롭지 않은 수준이다. 앞으로는 고객이 이동하는 시간도 더욱 의미 있고 가치를 찾을 수 있게 자율주행 기술 발전이 필요하다. 더욱 편리하고 폭넓게 정보를 효과적으로 전달해야 한다. ICT 기업은 전 세계 모빌리티 수단에서 고객의 시간을 점유하고자 한다. 고객의 시간과 공간을 점유하는 것이 수익성과도 직결한다.

만약 글로벌 자동차 회사가 모두 구글의 오픈 플랫폼이나 애플의 OS를 활용하여 데이터를 공유하고 확장한다고 가정해 보자. 현재 치열하게 경쟁하고 있는 하드웨어 중심의 자동차 회사들은 이 글로벌 IT 기업에 절대적으로 의존할 수밖에 없다. 자체 플랫폼으로 대항하려고 한다면 과연 경쟁력 측면에서 이길 수 있을까? 고객 접점을 확장하면서 모빌리티 내에서 광고 수입을 늘리고 고객의 소비도 유도하는 환경을 구축할 수 있다.

여기에서 고민해야 할 부분이 존재한다. 자율주행과 IT 기술의 품질은 어떻게 담보할 것인가? 소자 불량이나 제어로직 판단 오류로 찰나의 시간에 인간에게 가장 큰 재산인 안전과 생명에 위협이 될 수 있다. 과연 차량에서 요구하는 완벽한 신뢰성을 보장할 수 있을까? 전자제품은 고장이 나더라도 비용을 지급하고 비교적 쉽게 제품을 교환할 수 있다. 모빌리티 산업에 진출하고자 하는 IT 기업들은 자동차의 신뢰성에 대해서 필히 이해해야 한다.

독일 3사를 비롯한 전통적인 자동차 기업들이 IT 업계와 차별성을 가질 수 있는 요소이다. 지나칠 정도로 보수적이고 철저한 검증을 통해 품질 문제를 사전에 방지하기 위해 노력해 왔다. 내구성 관점에서도 차별성이 있다. 전 세계의 모든 도로 환경과 기후, 가혹한 사용조건을 만족시키기 위해 개발 프로세스와 검증 절차를 강화해 왔다. 모빌리티 이동 수단과 이를 통제하는 제어를 담당하되 신규 업체들과 연합하는 방향으로 향후 발전할 가능성이 높다.

자동차 산업은 기존 하드웨어에서 소프트웨어 중심으로 전환되고 있다. 소프트웨어 중심 자동차(SDV, Software Defined Vehicle)라는 용어 그대로 소프트웨어가 하드웨어를 관리하고 제어하게 된다. 정보통신 분야부터 자율주행을 비롯한 각종 전장부품까지 자동차의 핵심 요소로 떠오르고 있다. 미래 모빌리티 시대에서는 치열한 기술개발이 요구된다. 완성차 업계와 거대 IT 기업, 그리고 소프트웨어를 구현할 부품업계까지 무한경쟁시대에 직면해 있다.

8. 우버, 리프트, 그랩
  – 플랫폼 업체는 콘텐츠 산업의 공룡 넷플릭스가 될 수 있을까?

플랫폼 비즈니스는 수요자와 공급자를 연결해 주는 역할을 한다. 기차를 타고 내리는 정거장을 의미하는 사전적 뜻에서 단어의 의미를 이해할 수 있다. 무언가 탈것을 타고 내리는 승강장의 역할이다. 비즈니스 관점에서는 기업이 재화를 생산하고 소비자를 만나기 위한 영업 방식의 하나이다. 기업은 수입을 창출하고 고객은 편리하게 서비스를 이용하므로 서로에게 유리하다. 기업과 고객을 연결하기 위해 플랫폼 서비스를 제공하는 기업이 존재한다.

승강장의 역할을 통해 플랫폼의 개념을 이해할 수 있다. 승강장은 교통수단과 승객의 접점이다. 이곳에서 승객은 원하는 목적지로 이동하기 위해 교통수단을 선택한다. 승강장에서는 식당과 매점, 카페 등 다양한 서비스를 고객에게 제공한다. 대기 시간 동안에 공연이 제공되기도 하며 무수한 광고를 접할 수 있다. 많은 사람이 모이는 장소에서 다양한 비즈니스 모델이 창출된다. 교통수단과 승객이 만나는 거점에서 새로운 가치 교환이 발생한다.

다양한 분야에서 플랫폼 비즈니스가 활발하게 진행되었다. 콘텐츠 분야가 성장하고 COVID-19에서 기인한 팬데믹 시대에 넷플릭스와 같은 기업은 글로벌 OTT 산업의 공룡이 되었다. 드라마, 영화, 공연 등 자체 콘텐츠의 영향력은 작아지는 반면 다양하고 독자적인 콘텐츠를 동시에 제공하는 플랫폼에 고객들은 주목했다. 덕분에 고객은 승강장에서 쉽고 편리하게 비즈니스를 즐길 수 있었다. 모빌리티 산업에서도 이러한 플랫폼 기업이 강세이다.

자동차는 신규 기업들의 진입 장벽이 매우 높고 기존 브랜드들의 강세가 계속되어 왔다. 제조사 중심의 비즈니스로 지금까지 발전해 온 것이다. 자동차 분야에도 플랫폼의 돌풍이 불어오고 있다. 우버, 리프트, 그랩과 같은 대표적인 승차 공유 업체는 자동차를 소유에서 공유의 개념으로 바꾸고자 한다. 대부분의 비즈니스는 시대가 원하는 방향으로 트렌드가 바뀌었다. 수단보다는 이동 자체에, 제조자에서 수요자를 중심으로 생태계를 변화하고 있다.

[사진: 우버, 에어 B & B 로고 / 출처: 우버, 에어 B & B]

우버는 2009년 미국 캘리포니아에서 시작된 승차 공유 서비스이다. 기업에서는 모바일 앱을 통해서 공유된 차량의 운전자와 고객을 연결해 준다. 우버X와 같은 서비스는 개인의 차량을 등록하면 기사로 등록이 가능하다. 택시 면허가 없어도 영업이 가능하다는 점에서 논란이 되었다. 구글에서 개발하는 무인자동차 회사인 웨이모에서는 우버를 통해 자율주행 시스템을 활용하여 차량 호출과 배달 시스템을 운영하는 방안도 지속적으로 연구 중이다.

리프트는 우버의 경쟁사로 마찬가지로 승차 공유 서비스를 운영하고 있다. 미국과 캐나다에서 주로 사용된다. 그랩은 싱가포르에 기반하여 동남아시아 8개국에서 서비스를 제공하고 있다. 2018년 그랩과 합병하여 동남아시아를 전담하고 있다. 이처럼 다양한 플랫폼 기업들이 글로벌 시장을 선도하고 있다. 이동 서비스 제공 사업자와 고객을 연결해 주는 카헤일링의 형태가 주로 이용된다. 자동차를 공유해 주는 카쉐어링도 여러 기업이 진출해 있다.

향후 플랫폼이 모빌리티 산업을 지배할 것이라는 전망이 있다. 글로벌 자동차 브랜드의 기술력, 상품성, 품질의 상향 평준화가 이러한 변화의 배경에 있다. 고객은 승강장 대기실에서 개인이 선호하는 상품을 선택할 수 있다. 고객의 수요를 창출할 수 있는 플랫폼이 시장의 확장과 참여자들을 관리할 수 있는 힘을 가진다. 이미 우버나 리프트 같은 승차 공유업체는 도시 시스템의 구조를 변화시킨다. 고객은 이동을 원할 때 원하는 수단을 선택할 수 있다.

플랫폼의 한계는 분명히 존재한다. 앞서 예로 들었던 콘텐츠와 자동차는 비즈니스의 성격이 크게 다르다. 이러한 차이는 결국 소유의 개념에서부터 시작된다. 고객은 자동차라는 값비싼 제품을 구매하고 사용하면서 행복감과 만족감을 느낀다. 모빌리티의 개념이 아닌 공간으로 인식되는 점도 간과해서는 안 된다. 집을 제외하고 가장 오랜 시간을 보내는 장소는 자동차이다. 플랫폼과 개인 고객의 비율은 어느 특정한 지점에서 수렴할 가능성이 높다.

플랫폼 업체와 기존 자동차 메이커는 수요자와 공급자인 한편 여전히 조율해야 할 과제들이 산적해 있다. 내구성과 신뢰성을 가장 중요하게 요구하는 자동차라는 상품의 품질 보증 방안 또한 풀어야 할 숙제이다. 자동차 제조사가 자체적으로 플랫폼 생태계를 구축하려는 움직임도 보이고 있다. 고객에게 다양한 자동차를 이용할 수 있는 기회를 제공하기 위한 구독 서비스가 등장했다. 이는 정해진 브랜드 내에서 특정 상품을 선택하는 것이다.

독일 3사도 이러한 트렌드의 변화에 대응하기 위해 발 빠르게 움직이고 있다. 벤츠, BMW, 아우디는 자동차 구독 서비스를 출시했다. 이와 동시에 전기차 구독 시스템도 함께 운영 중이다. 차량을 구독 형태로 서비스하거나 고전압배터리를 제외한 차량만 판매하는 방식이다. 핵심 부품인 고전압배터리의 소유권은 제조사가 보유하고 고객은 차량만 구매하게 된다. 아직까지 정의되지 않은 다양한 구독 방식이 개발되고 고객에게 제공될 것으로 예상된다.

2022년 7월 유럽에서 BMW의 커넥티드 드라이브 옵션이 시장에서 매우 큰 이슈가 되었다. 정기적으로 비용을 지불할 경우 열선시트, 핸들열선, 차량 블랙박스 기능을 사용할 수 있는 구독형 옵션을 선보였다. 메르세데스는 2022년 11월 1,200달러를 지불하면 전기차 가속력을 증가시켜 주는 구독 서비스를 선보였다. 0초에서 100초까지 도달하는 시간인 제로백이 약 1초가량 빨라지는 효과를 경험하게 된다. 아직까지는 다소 어색한 개념이긴 하다.

차량에 하드웨어는 장착하여 판매하고 소프트웨어를 옵션으로 제공하는 서비스이다. 완성차에서 제공하는 구독 서비스를 이용해야 기능을 사용할 수 있다. 존재하는 기능에 추가적인 요금을 부과하는 것은 지나친 상술이라는 의견이 지배적이다. 이는 지금까지의 통념일지도 모른다. 눈에 보이는 하드웨어를 구매하는 것은 당연하게 여겨진다. 소프트웨어를 개발하고 관리하는 가치를 인정하고 비용을 지불하는 방식으로 패러다임이 바뀌고 있다.

메르세데스는 2008년부터 대여한 차량을 다른 장소에서 반납할 수 있는 공유 서비스 카투고를 제공하고 있다. 회원 수가 300만 명을 넘는 서비스로 성장했다. 메르세데스와 BMW가 함께 프리나우라는 차량 호출 서비스도 현재 운영 중이다. 아우디는 서비스 업체로 변모할 준비를 하고 있다. 2016년에는 이스라엘 공유업체인 겟트에 출자를 했다. 2018년에는 자체 공유 서비스인 모이아를 개시했다. 폭스바겐 그룹에서는 위 쉐어를 운영 중이다.

자동차 회사들은 플랫폼 기반 모빌리티 서비스인 Maas(Mobility-as-a-Service) 기업으로 변화하고 있다. 자동차에 국한하지 않고 다양한 이동 수단을 조합한 모빌리티 서비스에 대한 논의가 이어지고 있다. 승차 공유 회사들의 존재는 위협적이다. 글로벌 IT 기업들도 플레이어로 참여하여 같은 테이블에 앉아 있다. 코로나 사태로 공유의 개념은 다시 소유로 변화하는 흐름도 존재한다. 독일 3사도 역시 모빌리티 서비스에 대한 방향을 지속 수정 중이다.

결국 어떠한 형태라도 플랫폼을 지배하는 자가 모빌리티 생태계를 주도할 것이다. 자율주행, 인공지능, 빅데이터 등 하이테크 기술을 기반으로 이동 수단의 혁신이 진행되고 있다. 플랫폼을 중심으로 구독과 공유의 형태로 고객은 서비스를 이용하게 될 것이다. 전반적인 정보통신, 모바일, 정보, 금융, 엔터테인먼트 등 무수한 산업이 연결되는 중이다. 고객이 원하는 형태의 모빌리티 서비스를 제공하면서 수익성을 확보하는 형태로 발전되어야 한다.

9. 테슬라와 전기차 제조사들은
게임 체인저(Game Changer)가 될 것이다.

 내연기관의 시대가 저물고 전기차의 시대가 성큼 다가오고 있다. 사실 우리는 이미 전기차의 시대에서 살고 있다. 미래의 이동 수단이라고 여겼던 전기차는 이제 당당히 고객들의 선택을 받고 있다. 테슬라의 성공은 전 세계 자동차 산업 전체의 판도를 뒤흔들었다. 테슬라발 전기차 혁명은 100년이 넘는 내연기관 중심의 자동차 시장에 지각 변동을 일으킨 것이다. 글로벌 자동차 브랜드들은 전동화 차량의 보급을 위해 가속페달을 힘차게 밟고 있다.

 테슬라는 2003년 일론 머스크가 창립한 전기 자동차 회사이다. 전기학자인 니콜라 테슬라로부터 이름을 따왔으며 글로벌 전기차 판매량 1위를 차지하고 있다. 2021년 1월 시가총액 8,370억 달러를 기록했다. CEO 일론 머스크는 전 세계 최고의 부호가 되었다. 전기차 전용 회사 이미지를 구축했고 전통 자동차 브랜드와는 차별성을 강조했다. 아이디어와 기술력만을 강조하는 단계를 넘어 글로벌 공장 증설을 통해 생산성에서도 강점을 보이고 있다.

[사진 – 테슬라 모델S / 출처 – 테슬라코리아]

테슬라는 고급, 고부가 모델부터 출시하는 Top-down 방식의 전략을 취하고 있다. 2008년 전기 스포츠카 로드스터 출시를 통해 시장으로부터 많은 주목을 받았다. 2021년 사실상 지금의 테슬라의 브랜드 이미지와 성공을 이끈 럭셔리 세단 모델 S를 통해 프리미엄 전기차 회사라는 이미지를 구축했다. 2015년 럭셔리 SUV 모델 X를 출시하여 고급화 전략을 지속하였다. 이어서 보급화 모델인 모델3, 모델 Y까지 출시하며 볼륨을 키우고 있다.

생산 공장 확장에 있어서도 테슬라는 고유의 브랜드를 구축했다. 테슬라의 생산공장은 '기가팩토리'라는 명칭을 사용한다. 평범할 수 있는 '팩토리'라는 단어에 매우 거대한 수치를 의미하는 '기가'를 덧붙였다. 비즈니스 규모를 상징화하는 전략으로 세계가 그들의 행보를 주목하고 있다. 최초 기가팩토리는 미국 캘리포니아주 프리몬트시에 위치해 있다. 뉴욕주 버펄로시, 중국 상하이, 독일 베를린, 텍사스주 오스틴의 기가팩토리5까지 운영 중이다.

눈여겨볼 것은 독일 베를린 그륀하이데에 위치한 기가팩토리4이다. 유럽 자동차의 본고장이며 자동차 생산 및 판매의 심장부에 공장을 증설한 것이다. 유럽 마켓을 공략하겠다는 테슬라의 의지를 엿볼 수 있다. 전기차 생산지뿐만 아니라 핵심 부품인 배터리셀, 모터, 드라이브 유니트까지도 직접 생산 운영을 추진 중이다. 기가 네바다, 기가 뉴욕, 기가 상하이, 기가 베를린, 테라 텍사스, 기가 인디아까지 테슬라의 확장 정책은 현재진행형이다.

2020년 3월 COVID-19 사태 이후 마이너스라는 가격대를 경험한 유가는 100불 시대를 돌파했다. 또한, 러시아-우크라이나발 이슈로 천연가스의 불안정한 공급은 에너지 대란의 트리거를 당겼다. 각 국가들은 발전 비용 상승을 대체하기 위해 기존 화석연료가 아닌 신재생 에너지로 변화를 꾀할 것이다. 개인 운전자나 상용 차량 역시 높아진 연료비의 부담은 더욱 가중되고 있다. 마치 활시위를 떠난 화살처럼 에너지 전환의 시대적 흐름은 피할 수 없다.

자동차의 핵심 기술은 기계 분야에서 전자/전기/화학으로 이동하는 중이다. 신규 산업 영역인 배터리/모터/제어기/충전 등 새로운 기술 영역은 새로운 도전자에게 좋은 기회의 장이다. 또한, 각국 정부에서는 탄소 배출권 등 친환경 정책을 더욱 강화하고 있다. 특히, 미국의 인플레이션 감축법은 미국 시장에 차량을 판매하기 위해서 피할 수 없는 매우 높은 허들이 되고 있다. 미국 현지 부품부터 완성차 생산까지 해결해야 할 과제가 산적해 있다.

독일 정부 역시 친환경 사업에 큰 지원을 아끼지 않고 있다. 독일인들은 평균 9.6년의 구형 자동차를 보유하고 있다. 신차로 교체를 희망하는 시기에 도래한 것이다. 이는 잠재적인 고객이 많다는 의미이기도 하다. 신형 전기차 구매 시 보조금 지원과 부가가치세 인하의 혜택을 받을 수 있다. 2030년까지 전기차 구매 시 자동차세를 면제받는다. 이러한 조치에 힘입어 2019년도 전기차 신규 등록 건수는 6만 3천여 대로 2014년 대비 642% 증가했다.

전기차의 핵심 전동화 부품은 생산단가가 높다. 차량의 가격이 인상되어 고급화 전략이 병행되기 매우 유리하다. 패러데이퓨처, 다이슨 등 다수의 스타트업과 이종업체들도 전동차를 통해 고급차 시장 진입을 추진 중이다. 볼보, 재규어, 랜드로버 등 세컨 티어 업체들은 전 라인업의 전동화로 독일 브랜드에 추월 전략을 전개하고 있다. 전동화 시장의 성장은 고급차 시장의 진입 장벽을 완화하고 있다. 독일 3사에 위협적인 시장 분위기가 형성되었다.

독일 프리미엄 자동차 업체들이 기존에 지배해 왔던 주행 성능의 우위는 새로운 시장에서 유지되기는 어렵다. 주행의 재미와 프리미엄 가치를 제공해 독보적인 지위를 선점했다. 전기차는 모터와 배터리 출력이 주행 성능을 좌우하는 비교적 단순한 구조이다. 엔진, 변속기 등 수많은 부품이 종합적으로 성능을 구현하는 내연기관 대비 접근성이 유리하다. 모터 가동 초기부터 최대 토크 구현이 가능하다. 변속기가 필요 없고 가속력과 응답성이 탁월하다.

독일 3사는 전동화 부문에서도 Top-tier의 위치를 지키고자 하는 의지를 선보였다. 수동적으로 일부 전동화 모델을 출시하는 방식을 탈피하여 라인업을 개편했다. 별도 브랜드를 론칭하는 전략을 수립하기도 했다. 메르세데스-벤츠는 EQ시리즈를 론칭했다. 아우디도 유사한 방식으로 e-트론 시리즈를 통해 대응 중이다. BMW는 전동화 전용 브랜드인 i 브랜드를 독자적으로 운영하고 있다. 과도기를 이겨내기 위해 기업들은 적극적으로 대응 중이다.

자동차에서 상품성만큼 중요한 것은 바로 안정적인 부품의 공급과 차량의 생산이다. 핵심 부품인 배터리의 물량 확보는 판매량에 있어서도 회사의 성패를 좌우할 수 있다. 전기차 전용 공장 구축도 미래 과제이다. 전용 플랫폼에 대한 이해가 기틀이 되어야 한다. 다임러는 다양한 배터리 업체와 계약을 체결했다. 안정적인 공급을 위해 중국 파라시스와 투자 협력을 하였다. 전기차 시장의 격전지인 중국에서 연구 개발부터 차량 생산까지 활동을 넓혔다.

　아우디와 폭스바겐은 전고체 전지 개발사 미국 퀀텀 스케이프사와 2012년부터 협력했다. 한국 배터리 제조사인 SK온과 LG에너지솔루션은 주요 공급원이다. 독일 츠빅카우 공장과 엠덴 공장에 10억 유로를 투자하여 2022년부터 ID.4 모델을 생산 중이다. BMW는 삼성SDI, CATL, 노스볼트로부터 배터리를 공급받는다. '유럽 배터리의 독립'으로 평가받던 스웨덴의 노스볼트는 2024년 11월 파산신청에 들어갔다. 이는 산업 전반에 알리는 경고 메시지이다.

　지금까지 독일 업체가 강력한 우위를 선점할 수 있었던 배경에는 우수한 유럽 현지 부품 제조사의 지원이 중요했다. 전통적인 내연기관을 중심으로 해왔던 독일 제조업의 생태계가 큰 위협을 받고 있다. 현재 배터리 기술은 아시아 업체들이 강세를 보이고 있다. 글로벌 자동차 제조사들은 한국의 배터리 3사와 중국의 CATL, BYD 등의 회사에 의존하고 있다. 과거와 같이 전통적인 부품 업체들의 역할만으로는 산업 구조를 이어나가기 어렵다.

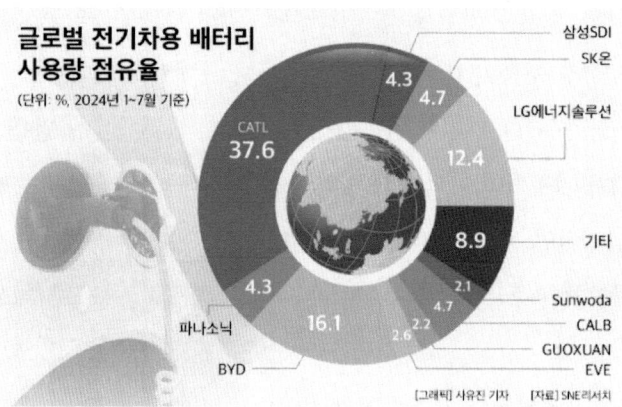

[사진: 글로벌 전기차 배터리 점유율 / 출처 – CEOScoreDaily]

전동화 시대에서는 모든 것을 원점에서 다시 검토해야 한다. 설계, 구매, 상품, 생산, 마케팅 등 전 분야에서 기존과 다른 관점이 요구된다. 테슬라는 모빌리티 시장에 새로운 화두를 던졌고 게임의 룰을 바꾸었다. 경쟁자들은 각자 위기를 기회로 새로운 도전에 임하고 있다. 독일 3사는 항상 선두에 있었기 때문에 이러한 상황이 어색할지 모른다. 이러한 치열한 시장의 변화는 고객들에게는 이롭다. 경쟁 속에서 항상 새로운 가치가 탄생하곤 했다.

10. COVID-19 팬데믹 사태 이후에는
어떻게 대응해야 할 것인가?

2020년 COVID-19로부터 시작된 팬데믹 사태는 전 세계를 강타했다. 유래가 없는 규모의 전염병은 전 세계인의 삶에 막대한 악영향을 미쳤다. 각국 정부에서는 이동을 제한했다. 경기 침체로 인해 각종 산업과 경제가 마비되었다. 소비는 위축되었고 기업은 긴축 운영을 피할 수 없었다. 불안정한 근로 시장으로 실직자가 급증하고 한 치 앞을 예측할 수 없는 흐름이 이어졌다. 여러 산업 분야 중에서도 특히 자동차 산업에 더욱 민감하게 영향을 미쳤다.

자동차 산업 부문에서는 다시금 경험하고 싶지 않은 역사일 것이다. 얼어붙은 소비 심리로 글로벌 자동차 수요는 급감했다. 코로나 확진자의 증가로 인하여 생산라인은 일시적으로 가동을 중단했고 공급에도 타격을 입었다. 2020년 말부터는 차량용 반도체 수급 문제가 발생하면서 생산까지 문제가 생겼다. 단기간 동안 수요와 공급의 변동성이 극심했으며 오히려 공급 부족 이슈가 극심해졌다. 특정 차종은 인수하기까지 수년의 시간이 예상될 정도였다.

2020년 3월 글로벌 자동차 제조사는 COVID-19의 여파로 공장을 모두 멈췄다. 메르세데스-벤츠, 폭스바겐 그룹, BMW 등 유럽 곳곳에 산재한 공장의 문을 닫았다. 미국과 다른 대륙에 진출한 공장도 마찬가지였다. 2022년 중국 코로나 조치가 확대되면서 일시적으로 생산을 중단하기도 했다. 폭스바겐 그룹의 지린성 창춘 공장도 일부 운영을 멈췄다. 중국 정부가 제로 코로나 정책을 펼치면서 도시가 봉쇄되고 직원들은 격리 조치가 되었다.

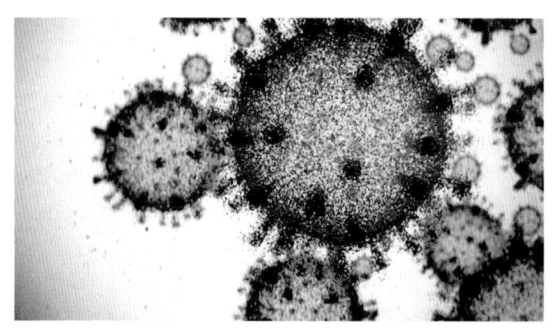

[사진 - 코로나 바이러스 / 출처 - CDC]

코로나가 확산되면서 전 세계 정부에서는 경기 부양책을 펼쳤다. 고객들의 소비를 촉구하기 위해 돈을 풀기 시작한 것이다. 미국에서는 트럼프와 바이든 행정부에서 대규모의 자금을 시장에 공급했다. 독일을 비롯한 각국에서는 일시적으로 부가가치세를 완화했다. 설상가상으로 러시아-우크라이나 전쟁까지 발발했다. 유가를 비롯한 각종 시세들의 변동성이 극심해졌다. 예상치 못한 수준까지 폭증한 물가를 통제하기 위해 금리 인상도 이어졌다.

어려운 시기임에도 독일 3사를 비롯한 고급 브랜드는 높은 프리미엄 가치를 통해 유리한 위치를 선점했다. 각국 정부에서는 물가안정책과 소비촉진

정책을 지속해서 펼쳤다. 기업은 할부 제도와 프로모션을 이어갔다. 위기와 변동성은 기회를 만든다. 극심한 변화 속에서 풀린 돈은 소비로 이어졌다. 부동산과 사치재에 많은 재화가 집중되었고 고가의 차량 판매가 촉진되었다. 독일 3사를 비롯하여 자동차 회사들이 다시 성장할 수 있는 배경이 되었다.

일반적인 전염병이나 소요 사태 등 사회적인 이슈가 발생하면 경제 침체가 이어지기 마련이다. 한창 COVID-19가 유행하던 시절에도 경제 위기가 올 것이라는 회의적인 기사들이 언론에 도배가 되었다. 막상 실제로도 예측이 맞았을까? 결과는 다소 차이가 있었다. 시장은 심리로 움직이지 않고 자본의 흐름으로 이어졌다. 메르세데스-벤츠 그룹은 2022년 전년 대비 매출액이 12% 증가한 1,500억 유로와 순이익은 34% 증가한 148억 유로를 기록했다.

팬데믹 기간은 자동차 수요와 공급의 변곡점이 되는 시기였다. 긍정적인 측면은 공급 과잉의 시대가 종료된 것이다. 2008년 서브프라임 모기지론 사태를 거쳐 2012년 고유가 시대까지 글로벌 자동차 업계는 호황을 누렸다. 자동차 전문 연구소(CAR: Center Automotive Research)의 보고에 의하면 독일 자동차 평균 사용 연수는 9.6년이라고 한다. 이전 호황기로부터 약 10년이 지난 시점에서 글로벌 차량 교체 시점이 어느덧 도래한 것이다.

내구 수명 연한의 도래와 산업 트렌드의 변화로 신규 소비는 필연적으로 발생했다. 전 세계적으로 다시 자동차 산업 부흥의 시대가 시작되었다. 지금까지 자동차 기업들은 내부적인 노력과 대외적인 환경의 도움으로 위기 국면을 잘 이겨냈다. 자동차 미래 산업의 패러다임은 변화에 직면했다. 뿐만 아니라 자동차 생태계에 많은 영향이 함께했다. 전동화, 자율주행, 디지털 전환,

스마트 팩토리, 근로 패턴의 변화, 플랫폼 비즈니스 등이 대표적인 예이다.

미래 자동차 산업 혁명은 매우 공격적으로 변화하고 있다. COVID-19 사태는 이러한 변화의 흐름을 가속화했다. 전통적인 자동차의 생산과 판매는 전체 자동차 산업의 일부 영역에 포함되었다. 산업은 매우 광범위하게 영역을 확장하고 있다. 기존 기계공학의 산실이었던 자동차 산업은 전동화, 자율주행과 같은 전자/전기/화학/IT 산업 등 융복합 영역으로 발전했다. IT, 반도체, 배터리 기업들의 영역은 더욱 확장되고 흐름의 변화는 이미 체감되고 있다.

근로 패턴의 변경과 스마트 워크가 인기를 끌었다. 전통적인 오피스 근무가 아닌 재택근무와 자율 출퇴근이 결과물이다. 또한 불필요한 대면 회의나 출장도 대폭 축소되었다. 전체적인 기업 문화도 효율을 강조하는 방향으로 변화하고 있는 것이다. 전동화와 자동화의 영향으로 인재 채용과 고용 트렌드의 변화가 이어졌다. 각 기업들은 수익성과 생산성을 고려한 인사 정책을 고수하기 시작했다. 이는 사회 전체에도 큰 영향을 끼치는 변화로 작용했다.

코로나 이후로도 플랫폼 비즈니스는 다시 인기를 끌기 시작했다. COVID-19 시기에 이슈가 되었던 거리두기나 자가격리 조치는 지나간 기억이 되었다. 당시 제기되었던 공유 플랫폼의 최대 약점이었던 공유라는 점은 사람들의 뇌리에선 사라졌다. 오히려 모빌리티 서비스의 확장성은 강점으로 작용하고 있다. 음식 배달, 물류 배송, 공유 승차 서비스를 비롯하여 목적기반 차량(Purpose Built Vehicle)은 자동차 제조사에 새로운 기회가 될 것이다.

큰 위기 뒤에는 언제나 큰 기회가 함께 찾아온다. 대외적으로 어려운 환경을 혁신적으로 극복하고 버텨내는 자가 새로운 무대의 주인공이 될 자격이 있다. 모든 플레이어들은 함께 기회를 잡기 위해 부단히 노력하고 있다. 팬데믹 기간이라는 어려운 시기를 묵묵하게 임직원이 함께 극복한 기업들이 실력 발휘를 할 시기이다. 독일 자동차 3사뿐만 아니라 글로벌 프리미엄 브랜드들, 국내 브랜드가 앞으로 어떤 성과를 이루어낼지 귀추가 주목된다.

독일과 한국, 닮은 듯 다른 나라.
두 나라를 대표하는 자동차 산업

독일이라는 나라는 한국과 정말 많이 닮았다. 비행시간 기준으로 12~14시간이나 떨어진 국가들이라는 점을 생각하면 특이한 사실이다. 민족, 언어, 지리, 음식, 문화 등 다양한 차이가 있음에도 유사점이 있다는 것은 친밀감을 유발한다. 국가 발전사를 들여다보면 더욱 비슷한 부분이 확인된다. 타국의 사례를 바라보면서 자국의 역사와 산업을 비교해 보는 과정은 매우 독특하다. 우수한 점은 분명히 벤치마킹해야 하지만 차이점은 분명히 해야 한다.

독일과 한국은 모두 분단의 역사가 있다. 독일은 서독과 동독으로, 한국은 남한과 북한으로 분단이 되었다. 두 국가의 분단은 제2차 세계대전의 산물이었다. 독일과 한국 모두 단일민족 국가지만 한쪽은 자유민주주의 체제로, 한쪽은 공산주의 체제로 나뉘었다. 수십 년간 체제 유지는 국민들의 삶과 경제적인 부분에도 매우 많은 영향을 미쳤다. 다만 독일은 1989년 베를린 장벽이 무너지고 통일했고 한국은 세계 유일의 분단국가로 남게 되었다.

독일은 1930년대에 인력과 물자를 운송하기 위해 아우토반 고속도로를 건설했다. 국민차 폭스바겐의 판매량이 증가했고 승용차가 보급되었다. 철강, 정유, 화학 등 각종 산업들이 연이어 발전했다. 서독은 라인강의 기적으로 신흥 강대국으로 급부상했다. 한국은 1960년대에 국가 경제 발전을 위해 경부고속도로를 비롯한 고속도로를 건설했다. 마찬가지로 각종 산업이 발전했고 한강의 기적을 이루었다. 현재 한강 주위에는 고가의 아파트들이 자리해 있다.

독일은 프랑스 및 유럽 국가와도 많은 전쟁을 치렀다. 활발한 기술 교류와 수출입을 통해 발전이 이뤄졌다. 한국도 주변 아시아 국가와 역사적인 큰 갈등이 있었다. 1953년 한국전쟁 이후 주변 국가와 교류가 지속적으로 이뤄졌다. 성실히 노력하는 국민성도 서로 닮았다. 경제적으로 어려운 시기를 극복한 것은 결국 국민들의 노력 덕분이었다. 1970년대 많은 선배님들이 독일에서 광부와 간호사로 일했다. 외화를 벌어왔고 경제 발전의 기틀이 되었다.

독일과 한국은 제조업을 기반으로 성장해 왔다. 독일은 자동차 산업을 기반으로 수출 중심의 경제발전을 이뤄왔다. 한국도 자동차, 반도체, 중화학 공업 등의 제조업은 국가 경제의 기틀이었다. 독일은 프리미엄 자동차와 대중 자동차 산업이 동시에 발전했다. 수많은 브랜드들 중 살아남은 기업들은 최정상에 위치했다. 한국은 비교적 후발 주자였기 때문에 일본식 전략을 채택했다. 도요타와 같이 대중차량으로 시작해서 프리미엄 브랜드를 출범시켰다.

최근 독일 경제와 자동차 산업이 겪고 있는 어려움은 주목이 필요하다. 그동안 자동차 산업은 내연기관을 중심으로 장기적으로 우상향해 왔다. 시대의 흐름에 따라 시계추의 움직임처럼 특정한 주기를 따라서 등락을 반복했을 뿐이다. 최근 징후들은 다소 심상치가 않다. 과연 과거와 유사한 패턴으로 이어질지 의문이 드는 시점이다. 미래 모빌리티 혁명은 기존 자동차 산업의 판도를 뒤흔들고 있다. 강력한 진동의 여진이 독일을 강타하고 있다.

130년이라는 시간 동안 지속해서 성장한다는 사실은 단연코 쉬운 일이 아니다. 특히나 자동차라는 높은 신뢰도를 요구하는 상품이기에 박수 받아 마땅하다. 긴 시간 동안 누적해 온 경험으로 구축한 헤리티지는 견고했다. 이러한 헤리티지는 역설적으로 변화에 대응이 어려운 양날의 검이 될지도 모른다. 패러다임은 이미 변화가 감지되고 있고 시장의 판세도 달라졌다. 전기차 캐즘의 도래로 도착 시간은 조금 연장되었지만 방향성은 변하지 않았다.

한국과 한국의 자동차 기업에도 기회가 찾아왔다. 기존에 잘하던 것을 더욱 잘하는 역량은 두말할 나위 없이 중요하다. 전통을 중시하고 발전시켜 온 것들을 잘 계승하여 발전시켜야 한다. 새로운 것을 시도하고 극복하여 시장을 개척하는 영역은 다른 분야이다. 기존 산업에 이종산업을 연계하고 확장해야 한다. 전통산업을 정확히 이해하고 미래의 비전과 융합해야 한다. 단순하게 스마트한 것을 넘어 열린 사고와 소통이 중요한 시대가 되었다.

독일은 제조업의 비중이 크며 IT 부문의 경쟁력이 다소 약하다. 마에스트로로 대표하는 장인정신 문화는 작업자의 높은 품질 의식을 강조한다. 이러한 경험과 마인드는 모든 분야에서 핵심적인 요소이다. 아날로그 사회에서 디지털로 급격하게 시장이 바뀌고 있다. 달라진 게임의 룰을 이해하고 플레이어는 신속하게 게임에 적응해야 한다. 장인정신의 기본은 유지가 되더라도 방식은 변화한다. 자동화와 전산화가 되면 비용을 지불하고 구매할 수 있다.

미래 자동차 산업은 SDV(Software Defined Vehicle)로 대표될 것으로 예상된다. AI(Artificial Intelligence)와 전산을 활용한 첨단기술이 많은 것들을 대체할지 모른다. 기존에 중요하던 것이 덜 중요해지거나, 중요하지 않게 될 수 있다. MZ세대, Gen Z세대로 불리는 젊은 고객층은 트렌드에 민감하다. 향후 주요 소비층으로 성장하게 될 고객에 대한 정확한 이해가 필요하다. 이들은 고객이자 동시에 미래를 이끌어갈 주요 인재들이기도 하다.

한국은 자동차 산업뿐만 아니라 반도체, 전자, IT산업의 토대를 닦아놓았다. 인터넷의 보급과 통신망의 구축이 매우 잘되어 있다. 소프트웨어 이해도가 높고 적극적으로 차량 개발에 접목 중이다. 관련 기업들과의 협업도 원활하게 진행 중이다. 한국인들에게는 '빨리빨리' 문화가 있다. 성격이 급하며 조급하다는 평을 받기도 한다. 반대로 신속하게 결과를 창출할 수 있다고도 해석할 수 있다. 목표 의식이 뚜렷하고 변화에 대한 적응이 매우 빠르다.

소프트웨어와 더불어 변화의 한 축을 담당하고 있는 것은 바로 전동화이다. 고전압배터리 산업은 동북아시아가 선점하고 있다. 한국, 중국, 일본 기업들이 전 세계를 장악했다. 전동화 차량에 에너지를 공급하는 이 부품은 향후 기업들의 성패를 좌지우지할지도 모른다. 부품의 성능과 더불어 안전, 품질, 공급 등에 있어서 핵심적인 역할을 한다. 각 기업들이 해당부품과 산업을 바라보는 시각을 비롯하여 어떠한 전략으로 대응할지 지켜봐야 한다.

중국 시장을 이해하고 극복하는 것도 매우 중요하다. 한국은 '사드(THAAD) 사태' 이후 많은 산업 분야가 철수했다. 자동차 산업도 어려움을 겪고 시장 분위기에 맞춰서 대응하고 있다. 이러한 흐름은 대중 브랜드를 넘어 프리미엄 브랜드의 차례가 온 듯하다. 중국은 국가의 지원과 자본력을 바탕으로 프리미엄 전동화 차량들을 대거 출시하고 있다. 기존 레거시 자동차 브랜드에는 위기가 될 것이다. 대안이 필요하지만 완벽한 대체는 어렵다.

한국 프리미엄 자동차 브랜드는 글로벌 시장에서 경쟁을 펼치고 있다. 정말 과거에는 상상하기 어려운 일이었지만 어느덧 현실이 되었다. 미국 시장에서 이미 일본의 렉서스가 먼저 독일 3사에 승부를 신청한 사례가 있다. 한국은 아마도 현시점 자동차 분야에서 가장 견제가 되는 국가일 것이다. 전통적인 강자들과도 견줄 수 있는 기본기가 있다. 소프트웨어, 전동화 등 미래 차에 대해서도 철저하게 준비 중이다. 미래가 더욱 기대되는 이유이다.

한국을 대표하는 현대자동차그룹은 2022년 글로벌 판매량 '빅3'에 이름을 올렸다. 실로 괄목할 만한 성과이다. 2000년도 최초 10위에 진입하고 2010년 5위를 차지했다. 판매량 기준으로 도요타와 폭스바겐 그룹만이 앞에 위치해 있다. 현대차그룹의 프리미엄 브랜드 제네시스도 점차 영역을 확장하고 있다. 미래 차 시대에서 고유의 색채를 짙게 하며 더욱 강점을 보일 것으로 기대가 된다. 지금껏 경험하지 못한 새로운 프리미엄 차량이 등장할지 모른다.

지금까지 독일 프리미엄 자동차 3사 - 메르세데스-벤츠, BMW, 아우디의 발전사를 살펴봤다. 현재와 같은 명성을 이루기 위해서 정말 오랜 역사와 수많은 사람들의 노력이 필요했다. 창업자에서부터 수많은 엔지니어와 직원들, 국민들과 국가, 고객과 팬층, 대학과 연구단체, 언론과 전문가 등이 연계되어 있다. 각자가 기여한 바가 다르며 브랜드를 이해하고 느끼는 점도 차이가 있을 것이다. 이를 해석하는 방식 역시 상이하게 들여다봐야 한다.

2025년의 어느 날 들여다본 독일 명문 자동차 브랜드는 역시 경쟁력이 있고 매력적이다. 소비자의 입장에서 구매를 희망하게 하는 요소들이 존재한다. 지금까지 프리미엄 자동차가 나아가야 할 길을 제시해 왔다고 평가받는다. 후발 주자들에게 분명 가이드가 되어 온 것은 사실이다. 다만, 현시점 독보적으로 비교 우위가 있다고 해석할 수 있을까? 그 대답은 결국 고객에게서 찾아야 한다. 변화하는 시장과 시대의 흐름 속에 정답은 숨겨져 있다.

국가와 기업에는 철저한 마스터플랜과 100년 뒤를 바라보는 넓은 시야가 필요하다. 미래 모빌리티 혁명의 종착지에는 무엇이 있을까? 여러 가지 정답지가 존재하겠지만 'SDV 기반의 자율주행 전동화 차량'이 기다릴 가능성이 높을 것이다. 종착지로 가는 여정은 무척이나 길고 험난하다. 역사에서 그래 왔듯 많은 경쟁자들이 도태되고 사라질 것이다. 독일 프리미엄 브랜드가 같은 위치에 있을지는 장담할 수 없다. 한국의 프리미엄 브랜드가 이들과 함께 경쟁하고 앞서 나가는 과정을 지켜보자.

참고 문헌

■ 서적

- 헤르만 지몬, 『히든 챔피언』, 흐름출판, 2008.
- 구상, 『자동차 디자인 교과서』, 안그라픽스, 2016.
- 타카키 나카니쉬, 『자동차 산업 CASE 혁명』, 골든벨, 2018.
- 찰리 모리스, 『테슬라 모터스』, 을유문화사, 2015.
- 최연혜, 『벤츠 베토벤 분데스리가』, 유아이북스, 2012.
- 데이비드 카일리, 『BMW 성공신화의 비밀』, 이지북, 2004.
- 이즈미다 료스케, 『구글은 왜 자동차를 만드는가』, 미래의창, 2014.
- 다나카 미치아키, 『누가 자동차 산업을 지배하는가?』, 한스미디어, 2022.
- 박래식, 『이야기 독일사』, 청아출판사, 2006.
- 자일스 채프먼, 『카북 자동차 대백과사전』, 사이언스북스, 2013.
- 피터 슈라이어, 『디자인 너머』, 월북, 2021.
- 토마스 슐츠, 『구글의 미래』, 비즈니스북스, 2016.
- 박진형, 『독일의 이해』, 신아사, 2018.
- 요시모루 마사루, 『독일 100년 기업 이야기』, 한국경제신문, 2022.

■ **웹사이트**

- 아우디 공식 홈페이지

  https://www.audi.co.kr/

  https://www.audi.com/

  https://www.audi.com/

  https://www.audi-mediacenter.com/

- 메르세데스-벤츠 공식 홈페이지

  https://www.mercedes-benz.co.kr/

  https://www.mercedes-benz.com/

- BMW 공식 홈페이지

  https://www.bmw.co.kr/

  https://www.bmw.com/

- 분데스리가 공식 홈페이지

  https://www.bundesliga.com/

- 옥토버페스트 공식 홈페이지

  https://www.oktoberfest.de/

독일 프리미엄 자동차
3사 성공의 비밀

초판인쇄 2025년 7월 4일
초판발행 2025년 7월 4일

지 은 이 다니엘 D (Daniel D)
펴 낸 이 채종준
펴 낸 곳 한국학술정보(주)
주   소 경기도 파주시 회동길 230(문발동)
전   화 031-908-3181(대표)
팩   스 031-908-3189
투고문의 ksibook1@kstudy.com
등   록 제일산-115호(2000. 6. 19)

ISBN   979-11-7457-055-0 03320

이담북스는 한국학술정보(주)의 학술/학습도서 출판 브랜드입니다.
이 시대 꼭 필요한 것만 담아 독자와 함께 공유한다는 의미를 나타냈습니다.
다양한 분야 전문가의 지식과 경험을 고스란히 전해 배움의 즐거움을 선물하는 책을 만들고자 합니다.